生きのびるための社会保障入門

春田吉備彦
奥貫妃文
河合塁
今野晴貴 編著
佐々木達也
井村真己
藤田孝典
葛西リサ
松﨑吉之助

堀之内出版

目次

第4部 生きているとイロイロあります 214

第5部 社会保障を、いろんな角度から考えてみよう 292

はじめに

社会保障という言葉は、ニュースやネットでもよく目にするでしょうが、「よくわからない」とか、「ヤバイんでしょ」といったように、あんまりいいイメージがない人も多そうです。実際、バラ色とは程遠いのがいまの社会保障ですが、だからといって「じゃあなくせばいい」というほど単純な話でもありません。そこが社会保障の難しいところでもあり、面白いところでもあります。

本書のタイトルは「生きのびるための社会保障入門」ですが、皆さんはここからどんなイメージを持つでしょうか。「私たちを助けてくれる制度はこんなに色々あるんだ」といったノウハウ的なもの？　逆に「他人を蹴落としてでも生きのびるため」の手段？　あるいは、「最近の流行りの言葉にあやかろうと思ったんでしょ！」と思う人もいるかも。……でも、タイトルを「生きのびる」としたのは、そういう意味ではありません。1つは、程度の差こそあれ、多くの人が生活難にあえぐ時代を「みんなで生きのびるため」には社会保障が必要なんだよ、という思いからです。大げさに思う人もいるでしょうが、社会保障とは、まさに「みんなで生きのびるため」という観点から発展してきたしくみなのです。もう1つは、いまの話と矛盾するかもしれませんが、社会保障という大きなシステム（そしてそれを取りまく現実）と対峙し、その意義や課題と正面からきちんと向き合ってほしいという思いからです。ちょっとわかりにくいかもしれませんが、社会保障が対象としている「困りごと」「困っている人」「制度そのもの」のすべてが不安定ないまこそ、より良く「生きのびる」ために、原点に立ち返って一緒に考えていきたい……そんな思いを込めて、このようなタイトルにしました。

ところで本書は、初めて社会保障を学ぶ方や、国家資格受験の方にも読みやすいよう、できるだけわかりやすい記述にしていますが、一般的な教科書とは一味違った角度からも考えることができるよう、いろいろと工夫もこらしています。ちょっと醒めた「ねこにゃん」、意識高い系の「ペンペン」、あまり深く考えていない「うさぴょん」に自分自身を重ね合わせて読んでみるのもいいと思います。

２０２３年３月　編者を代表して　春田吉備彦・河合塁

いっしょに勉強する仲間たち

ペンペン

社会福祉士をめざす大学生

大学の授業で知った「子どもの貧困」問題に関心をもって、近所の「子ども食堂」でボランティアをしている。将来は社会福祉士になって、困っている人の助けになりたいと思って、勉強も熱心。でも、大学で勉強したことと、ボランティア現場で知ることの違いに戸惑うことも……。

うさぴょん

ペンペンの友だちの大学生

サークル活動とアルバイトでいつも忙しくしている大学生。教養科目の授業で社会保障を勉強しているけれど、自分には関係ないと思って、忙しいと授業を休んじゃうこともしばしば。でも最近は、悩みごとも多いみたい。そんなとき社会保障ってどうやって使うんだっけ……？

ねこにゃん

運送会社で働く社会人

高校を卒業してから、トラック運転手として働いている、お魚が大好きな社会人。より良い生活をするためにいつもがんばって仕事をしている。でも、たくさんお金が引かれている給料明細を見て毎月ガックリ。だから、社会保障に頼ろうとする人を見るとちょっとイライラ。

凡例

〈法律名〉

育児・介護休業法…………育児休業、介護休業等育児又は家族介護を行う労働者の福祉に関する法律
介保法…………………………介護保険法
行審法…………………………行政不服審査法
行訴法…………………………行政事件訴訟法
憲法……………………………日本国憲法
高齢者医療確保法…………高齢者の医療の確保に関する法律
困難女性支援法……………困難な問題を抱える女性への支援に関する法律
障害者雇用促進法…………障害者の雇用の促進等に関する法律
障害者差別解消法…………障害を理由とする差別の解消の推進に関する法律
障害者総合支援法…………障害者の日常生活及び社会生活を総合的に支援するための法律
精神保健福祉法……………精神保健及び精神障害者福祉に関する法律
入管法…………………………出入国管理及び難民認定法
風営法…………………………風俗営業等の規制及び業務の適正化等に関する法律
ホームレス自立支援法……ホームレスの自立の支援等に関する特別措置法
労基法…………………………労働基準法
労契法…………………………労働契約法
労働施策推進法……………労働施策の総合的な推進並びに労働者の雇用の安定及び職業生活の充実等に関する法律
労災保険法／労保法………労働者災害補償保険法

〈判決〉

最大判…………………………最高裁判所大法廷判決
最判……………………………最高裁判所判決
高判……………………………高等裁判所判決
地判……………………………地方裁判所判決

第1部

社会保障って何だろう？

社会保障はどこまで守ってくれる?

»

生きていればいろいろと出てくる困りごとから私たちを守ってくれるもの。それが社会保障……といわれても、ちょっとよくわからないかも。年金や医療、福祉などのそれぞれの制度を学ぶ前に、第1部では、社会保障の全体像や、どんな考え方にたっているのかなど、基本的なしくみをみていきましょう。

第１章

社会保障の目的・機能・法体系

1 社会保障って、そもそも何なの？

社会保障の定義

社会保障という言葉は、新聞やネット、テレビのニュースを見ていれば、かなりの頻度で目にすると思います。では、「社会保障」と聞いて、皆さんはどんなものをイメージしますか？　年金？　医療？　生活保護？　それとも社会福祉？　あるいは「大切そうだけどよくわからない」とか「少子高齢化でヤバいんでしょ」といったイメージの人もいるかもしれませんね。

言葉としてはよく聞くわりに、あらためて何かといわれると、案外難しいもの。ちょっと漠然としていますが、次のように説明されることが多いです。

誰もが遭遇する可能性がある「生活上の困りごと」に対し、国家の責任で、金銭やサービスの提供などを通じて、国民[1]の生活を守るしくみ。

1 「生活上の困りごと」とは？

まず、「生活上の困りごと」とは何でしょうか。

よく引用されるものとして、1950年の社会保障制度審議会[2]勧告があり、この中では「疾病、負傷、分娩、廃疾（＝障害）、死亡、老齢、失業、多子その他」が挙げられています。具体的には、病気やケガをしたり、障害を負ったり、一家の支え手が死んだり、年を取ったり失業して働けなくなったりなどで、**生活事故**、**社会的事故**などともいわれます。こういった困りごとは、「働けなくなる＝お金が入ってこなくなる」（あるいは、その可能性が高くなる）ということに直結します。お金がなくなれば、生活は大変ですからね。

ただ「お金さえあれば世のなか何も困らない」ともいい切れません。たしかに、お金がないのが一番の困りごとかもしれませんが、大きな病気や障害は、日常生活そのものが大

▼1 厳密には、日本に住所を持つ外国人もかなりの程度、対象となっています。ただし、ここでは一応「国民」としておきます。

▼2 **社会保障制度審議会**とは、社会保障制度全般の調査、審議、勧告をおこなう内閣総理大臣の諮問機関（専門的な立場から調査・検討し、答申をおこなう機関）です。2001年に廃止され、現在は厚生労働省の社会保障審議会などにその機能が移されています。

変になります。また、それ以外にも「小さい子を預けて働きに行きたいけど、保育所に預けられない」「子供を産むときに、近くに産婦人科がない」といったように、お金はあっても必要なサービスが受けられなければ、やっぱり困りますよね。こういった、もろもろの「生活上の困りごと」を国家の責任で守る（保障する）▼3のが、社会保障なのです。

2 「誰もが遭遇する可能性がある」って？

次に、「誰もが遭遇する可能性がある」という点、これはどうでしょうか。

世の中には、徹底的に健康に気を遣っている、万が一のためにしっかり貯金をしているから大丈夫、という人もいるでしょう。たしかに、そういった努力自体はいいことです。でも、誰でもいつでも完璧にできるわけではないですし、仮に完璧にしていても、絶対に大丈夫ともいい切れません（どんなに健康でも、交通事故で大けがをするかもしれませんし、いくらお金があっても、詐欺や災害・家族の失敗などで全財産を失うかもしれません）。もちろん、本人の努力も大切ですが、このように「本人の努力だけでは回避しきれない」困りごとだからこそ、国家（いいかえれば、社会全体）で守っていこうというのが、社会保障なのです。

▼3 「保障」というのは「守る」という意味ですが、似た言葉で「保証」「補償」もあります。「保証」は、電化製品の「〇年間無料保証」みたいな使われ方をしますが、こちらは「責任を取る」という意味です。「補償」は、プロ野球での「人的補償」（他のチームに移籍した選手の代わりに、移籍先のチームが、自分のところの選手を移籍させること）などに見られるように、何らかの損害が発生したときに、その損害を「埋め合わせる」という意味です。

3 どこまでカバー？——社会保障の「要保障事由」

最後に「人々の生活を守るしくみ」ということですが、社会保障は、何をどこまで守ってくれるのでしょうか。さすがに「レポートの提出期限忘れててマジ詰んだ（泣）」みたいな困りごとまで国家が守ってくれると思う人はいないでしょうが、何をどこまで守ってくれるかは、意外に難問です。

まず、社会保障制度そのものが、**憲法25条**の「健康で文化的な最低限度の生活」を営めることを出発点とした制度ですので、社会保障がカバーしているのは、基本的には「**健康で文化的な最低限度の生活**」ということになるでしょう。ただ、財源の問題もあります。詳しくは第3章で触れますが、社会保障は「金銭やサービス」を提供するものですから、そのためにはお金がかかります。本来的には、社会保障は必要があるからこそ実施されるべきものであって、「**お金がないからやらなくてよい」というものではない**のですが、残念ながら現実には、お金（財源）がないと実施できない、という面は否定できません。そのお金のもととなるのは、私たちの税金や社会保険料（後述）であり、限度があります。このため、お金のことを全く考えずに手厚く保障するということは、現実には不可能です。

さらに、どこまでが「健康で文化的な最低限度の生活」かというのは、時代によっても変わってきます。たとえば、先ほどの1950年勧告では「多子」が生活事故として挙げられていましたが、いまは「子だくさんで生活が苦しい」ということはそれほど多くない

でしょう。逆に2022年4月からは、不妊治療が医療保険の対象となっており、「少子」のほうが生活上の困りごと(?)に位置づけられているとみることもできます。このように、「どこまで」を社会保障の対象とするのかは、なかなか難しいところです。▼4

2 社会保障は何を目指しているの?

社会保障の「目的」

「社会保障は大切なもの」といわれる一方で、ネガティブな話も多いですよね。「別にいらなくない?」と思っている人もいるかもしれませんが、では社会保障は、いったい何のために存在しているのでしょうか。主に挙げられるのは次の2つです。

1 国民の生活の保障

1つはまず「**国民の生活を守る**」という点です。もともと社会保障は、資本主義社会が発展するなかで生じてくる「**貧困**」に対応するために登場してきたという歴史的な特徴が

▼4 第1章⑤「社会保障といってもいろいろある?」を参照。

あります。[▼5]

とはいえ最初は「貧しい人が増えて、犯罪にでも走られると困るから」といった程度の発想でした。しかしながら(国によって細かな違いはあるものの)それが長い年月を経て、「貧困は、個人の努力不足だけでは説明がつかない=国家がきちんと対応すべき問題」といった考えへとだんだん変わっていきます。国民の生活を守るもの、生活安定を目指すものとして整備されてきたのが現在の社会保障制度といえるでしょう。[▼6]

ちなみに、社会保障の目的を、憲法25条に即して「生存権の保障」だとする説明もあります。たしかに日本では、日本国憲法25条で、国民には「健康で文化的な最低限度の生活を営む権利」(生存権)がある、と明記されていますので、法学の観点からは生活を守ること=生存権実現であり、それが社会保障の目的である、との説明もできるでしょう。[▼7]

2 個人の「自律(自立)」の支援

最近では、「健康で文化的な最低限度の生活」(憲法25条)の実現は、あくまでも「一人ひとりが、自分らしい生き方をできるための条件整備」であるとして、社会保障の目的に「自分らしい生き方(自律)の支援」を挙げる考え方も登場しています。

ちなみに、(自律ではなく)「自立」の支援が社会保障の目的だ、といわれることもあります。実際に、介護保険法、ホームレス自立支援法など、自立の支援が法の目的に入って

▼5 詳しくは、第2章「社会保障の歴史と現代社会の変化」を参照。

▼6 もっとも、「本当にそこまで生活を守ってくれてるの?」といった疑問も出てきそうですが……。

▼7 ただし、生存権の考え方が世界的に定着してくるのは第二次世界大戦後ですので、(国にもよりますが)社会保障の制度自体は、生存権思想が定着してくるより前から存在していたことは、注意が必要でしょう。

いるものもあります。では「自立」とはなんでしょう？　学生の皆さんのなかにも、親から「さっさと自立しろ！」なんていわれた経験のある人がいるかもしれませんが、「自立」と言う場合はこのように「自分の意思で、自分の力で生きていく」といった意味で用いられることが多いです（**経済的自立**）。しかし、そのような意味だけだと、高齢や寝たきりなどで働けない人は、そもそも自立は困難です。また、そこまではないにせよ、本人の事情を無視して「とにかく自立しろ」と追い立てることになってしまったら、本末転倒ではないでしょうか。自立という考え方には、そういった観点からの批判もあります。▼8

3 社会保障を支えるもの

社会保障の「理念」

1 社会連帯

社会保障を支える考えとしてよく挙げられるのが、「**社会連帯**」です。社会連帯とは、社会全体で協力しあいましょう、助け合いましょう（相互扶助）というものです。

▼8　もっとも現実には、「自立」と「自律」はそこまで明確に区分されずに使われている感もあります。ぜひこの点は、読者の皆さんも考えてみてください。

たしかに、社会保障がなかった時代には、生活に困った場合、家族や村人同士で助け合うことで対応していましたが、家族や村のような小さな集団のなかだけで助け合うには限界があります。社会保障制度は、それを「国の制度」に拡大していったものという面があり、そういった経緯からすれば、社会保障の根底に社会連帯の考えがあることは間違いないでしょう。また、法の目的に「国民の共同連帯」が登場するものもあります（国民年金法、介護保険法など）。さらに最近は、地域包括ケアシステムにおいても、「自助・共助・公助・互助」といったことがうたわれていますが、このなかでの「共助」や「互助」は、助け合いを意味しています▼9（この点はコラム②「地域包括ケアシステム」を参照）。

2 ノーマライゼーション

ノーマライゼーションとは、「障害のある人もない人も、地域のなかで、一緒に生活をしていくことが望ましい」という考え方で、社会福祉の分野ではもっとも基本となる概念です。かつては、障害者は、人里離れた地域の施設に入れてそこで「保護」する、というやり方も見られましたが、同じ人間なのですから、地域のなかで健常者と一緒に暮らせるほうが望ましいでしょう。もちろん障害者の場合、健常者にはできないこともありますから、ただ単に「地域のなかで健常者と同じようにやれ」といわれても困る場合はあるでしょうが、社会福祉サービスによって障壁をなくし、障害のある人もない人も、地域のなかで

▼9　他方、①社会連帯の過度な強調は、国家が果たすべき役割を後退させかねない、②費用負担の根拠として安易に用いられているのではないかなどの批判もあります（さらには、そもそも、そういったものが本当に社会連帯なのかという問題もあります）。「助け合い」と言えば聞こえはいいですが、「なんでもかんでも国に頼ってないで、自分たちで何とかしなさい」と突き放されてしまうのも、ちょっとモヤモヤする感じも。社会連帯が社会保障を支える理念であることは間違いではないのですが、こんな使われ方がされてしまいがちなことや、それへの批判もあることには留意が必要でしょう。

一緒に暮らせるようにすべきだというのが、ノーマライゼーションの考え方です。最近では、その発展形として、誰もが必要な支援を受けながら地域に包み込まれて生きていくべき、という考え方も登場してきています（**ソーシャル・インクルージョン（社会的包摂）**）。この考え方は、障害者権利条約にも見られます（19条）。

社会保障があると、どんないいことが？

社会保障の「機能」

次に、社会保障制度があると何がいいのか、言い換えれば「社会保障はどんな働きをしているのか」▼10を見ていきます。ここではよく言われるものとして、次の5つを紹介しておきましょう。

1 貧困の予防・救済

社会保障の主たる目的に、「国民の生活の保障」があることは前に述べたとおりですが、

▼10 といってもこれは、あくまでも理論的にはこのような機能（働き）が期待されている、ということであり、実際にそうなっているかどうかは別の問題ですが……。

これは、社会保障が果たしている(あるいは、果たすことが期待されている)働きとも密接にかかわっています。

1つは、「**貧困の予防**」(**防貧**)です。詳しくは第2部で見ていきますが、たとえば医療保険は「病気になったときにも、安い費用で治療が受けられる」ためのもの、年金保険は「年を取ったときにも、一定の収入が確保できる」ためのものです。病気になったり年を取ったりするということは「働くことが難しくなる」ことであり、それは「収入の途が途絶えてしまう→貧困になる」ということにつながりかねません。だからこそ、医療保険や年金保険は、貧困に陥らないように予防しているわけです。もう1つは、「**貧困の救済**」(**救貧**)です。これは、すでに貧困に陥っている人(生活できないような人)に対して保護をする、生活保護(公的扶助)制度が代表的なものです。予防だけでは、貧困の発生を完全に防ぐことは難しいですが、実際に貧困に陥っている人を救済することで、国民の生活の安定につながる、というわけです。なお、救貧制度については、国民の生活を支える「最後の砦」という意味で「セーフティネット(**安全網**)」ともいわれます。

2 所得再分配機能

資本主義社会は、「所得」は生産(貢献)したものに対する見返り(報酬)、という考え方に立っていますが、現実には、所得が一部の人に集中しすぎてしまうこともあります。

また、この考え方だけでは、生産が難しい人たち（寝たきりの人や赤ちゃん）は何ももらえなくても仕方ないのか、という問題もでてきます。

その意味で社会保障は、税金や社会保険料というかたちでいったん国家（国や地方公共団体）がお金を集め、それをもとに必要な人に給付をおこないます。所得再分配には、**垂直的所得再分配**と**水平的所得再分配**とがありますが、どちらも低所得者の生活の安定や、所得格差の是正につながるとされます（表1）。たとえば医療保険は、病院に行かない健康な人も、病気がちな人も、所得が同じであれば原則として保険料には違いはありませんし、窓口では原則として3割を自分で負担します。これはつまり、健康な人（病院を使わない人）の納めた保険料が、病気の人（病院をよく使う人）に流れているという意味で「再分配」なのです。「じゃあ健康な人が損してるの？」と思うかもしれませんが、いまは健康でも、将来体を壊したり、大ケガして、病院のお世話になる（＝お金がかかる）可能性もあります。社会保障にはこのようなかたちで、再分配を通じて困っている人を支えるという機能があるのです。

ただし再分配のやり方によっては、国民の不満につながることも。たとえば国民年金は「現役世代から高齢世代への再分配」機能を持ちますが、世代間格差の議論にみられるように、現役世代の不満が高まっていたりします。

表1　垂直的所得再分配と水平的所得再分配

	概要	例
垂直的 所得再分配	高所得者層から 低所得者層への再分配	生活保護
水平的 所得再分配	同一所得層内での 再分配	**医療保険** 健康な人から病気の人へ **国民年金** 現役世代から高齢世代へ

どう再分配するのがよいのかは、非常に難しい問題といえるでしょう。

3 リスク分散機能

障害を負って働けなくなったり、景気が悪くて仕事がなくなったり……ということは、いくら気をつけても、生きていれば「絶対にない」とはいえません。

このような、生活上の危険可能性のことを**社会的リスク**といいますが、個人でこのリスクに完全に備えることには限界があります。「いや、俺は病気や老後に備えてちゃんと貯金してるから大丈夫！」という人もいるかもしれませんが、14頁でも触れたように、生活上の困りごとに個人で完全に備えることには限界があります。だからこそ、こういった社会的リスクが具体化したときのために、みんなで（ここでは、社会の構成員全員で）あらかじめお金を少しずつ出しておき、何かあったときにそのお金を使うことにおけば、リスクが具体化してもダメージを小さくできます。これが**リスク分散機能**です。▼11

4 社会・経済の安定機能

生活に困る人が増えると、犯罪に走る人が増えやすくなったりして、社会そのものが不安定になります。でも、生活に困っている人たちに対し、社会保障制度によるサポートが

▼11 これは社会保障のなかでも、第4章で紹介する**社会保険**の大きな特徴ですが、このような機能自体は、**民間保険**でもありうるものです。ただ、民間の保険の場合「リスクの高い人」は通常は保険料が高くなりますし、そもそも保険に入れてもらえないという場合もあるので、「誰もが遭遇しうる生活上の困りごと」に対して、民間の保険だけで備えることには限界があるのです（この点は後述）。

あれば、生活困窮のダメージは軽くなるので、生活に安心感をもたらし、結果的に社会の安定化につながることが期待できるはず、ということなのです。

また社会保障は、経済も安定化させる機能をもっています。景気がいい時には給料も上がりやすくなるので、給料から支払う社会保険料の額も上がりますから、消費に回せるお金が減り、過度な景気の過熱を防いでくれます。▼12 逆に不景気な時には給料が下がりやすくなり、消費が停滞しますが、年金などの社会保障の給付があれば、ある程度はモノを買うこともできます（**需要の下支え**）。このように、社会や経済を安定させるという機能のことを、**スタビライザー**（**安定化装置**）といいます。▼13

5 家族機能の支援

近年注目されている社会保障の機能の1つに、「家族の役割を社会保障が代替したり、支えたりする」というものがあります。もともと、子育てや介護をしたり、働けなくなった親を養ったりといった「生活上の困りごと」に対しては、家族や親族の力（多くは女性ですが）で対応してきました（**私的扶養**）。保育所があることで、共働きの家庭は働きやすくなりますし、介護保険があることで、介護が必要なお年寄りを支えることも楽になります。

▼12 過熱するほどの好景気なんて経験したことないですけど……という人のほうが圧倒的に多そうですが。

▼13 このような機能が組み込まれているという意味で、ビルトインスタビライザー（built-in stabilizer）とも言われます。無駄に響きがカッコイイ？気もしますが、そんなことよりも本当にそこまで機能しているのか、が重要ですよね。

5

社会保障といっても、いろいろある？

社会保障の全体像・範囲

全体的な社会保障の特徴についてここまでみてきましたが、具体的にはどんなものがあるのでしょうか。

日本では、社会保障を制度ごとに、社会保険、公的扶助、社会福祉、公衆衛生の4分野に区分することが一般的です（これらは狭義の社会保障とも言われます。ただし**社会扶助**のように、分類が困難なものもあります）。また、住宅対策や雇用対策などの関連制度を、広い意味（広義）の社会保障に含めることもあります（図1）。ここでは、狭義の社会保障のうち、公衆衛生を除く3つについて簡単にみておきましょう。

1 社会保険

生活上の困難をもたらす一定の事由（保険事故）に対して、保険の技術（後述）を用いて給付をおこなうしくみであり、**年金**、**医療**、**介護**、**労災**、**雇用**の5分野があります。

被保険者はあらかじめ**社会保険料**を負担（納付）しておき、保険事故が発生した場合に、保険者から給付（お金を払ったり、サービスを提供したり）を受けることができます。勤めるようになれば給与明細（図2）をもらえますが、そこに書かれている控除の項目の多くは、社会保険の関係です。他の制度に比べれば、「負担した額（社会保険料）」と「給付される額・サービス」の関係が明確だといわれています。[14] 民間保険との違いは後述しますが、最大の特徴は、**強制加入**（要件を満たす人は、全員入っていることになっている）という点です。入りたい人も、入りたくない人も強制加入させられるので、23頁で述べた「**リスク分散機能**」が強く働くことになるのです。

2 公的扶助

最低限の生活もできないほど経済的に困窮している人に対し、国家が、最低限度の生活を保障するために、国が定める**最低生活費**に足りない部分の金品（例外的にサービス）を支給する制度で、具体的には**生活保護**制度がこれにあたります。**一般租税**を財源としている点が社会保険との違いであり、納税額や納税実績とは関係なく、生活に困窮していればも

図1　社会保障の分野

広義の社会保障	狭義の社会保障	社会保険	医療保険、年金保険など
		公的扶助	生活保護
		社会福祉	児童福祉、障害者福祉など
		公衆衛生	医療サービスを含むことも
		住宅対策	
		雇用対策	
		その他	戦争犠牲者援護、被爆者援護など

らえます。ただし、貯金があったり、他の制度からの給付が受けられたり、他の親族からの援助が受けられる場合はそちらが優先するなど、厳しい面もあります。

3 社会福祉

保育が必要な児童、障害者、高齢者など、主に社会的に不利な状態を負った人たちに対して、福祉サービスの提供や金銭の提供などの支援を通じて、生活を支える制度が社会福祉。もっとも最近では、これらの社会的弱者に限らず、一般児童の子育て支援や健康な高齢者の生きがい対策など、対象が拡がっています。▼15

なお、ここまでは制度ごとの区分ですが、老齢、死亡、障害などの生活事故ごとに区分するやり方や、所得保障・医療保障・福祉その他といった保障方法で分けるやり方もあります。

図2 給与明細（例）

社員番号	所属	氏名

振込額
350,695

勤怠	出勤日数	休日出勤	欠勤日数			
	22					
	超過勤務	深夜残業	休日勤務	減額時間		
	21					
支給	基本給	扶養手当	地域手当	役職手当	住宅手当	通勤手当
	346,218	19,500		20,000	25,000	18,000
	超過勤務手当	深夜休日手当	寒冷地手当	その他支給		給与支給総額
	54,312					483,030
控除項目	健康保険	厚生年金	雇用保険	介護保険	社会保険合計	
	20,315	37,515	1,395	3,362	62,587	
	所得税	住民税				
	17,490	35,600				
	財形貯蓄	確定拠出年金	組合費	その他控除	控除額合計	差引支給額
		12,000	4,658		132,335	350,695

社会保障と憲法・法律上の権利

1 社会保障と「法」

私たちは社会で生きている以上、いろいろな「ルール」を守らなければなりませんし、逆に「ルール」があることで守られている面もあります。このような、国家によるルールを「法」といいます。「法って、法律のことでしょ?」と思う人もいるでしょう。たしかに「法律」も法の一種なのですが、図3の通り、法という場合、一般的には、憲法、政令、省令、条約、条例などさまざまなものを含むことが多いです。

それが社会保障法とどう関係があるのでしょうか。いまさらですが、「社会保障法」という名前の法律はありません。でも、社会保障に関して、国や地方自治体が果たす役割や、国民・住民の権利・義務などを決めている「法」はいろいろとあります。どこまでを社会保障法に含むのかは、実は非常に難しい議論があるのですが、ここではさしあたり、社会保障に関するルールで、国民の生活保障や自律を支えることを目的としたものをひっくる

▼14 ただし医療保険などのように、保険料に関わらず給付サービスが同じというものもありますし、20歳前傷病の障害基礎年金（第5章①3(2)）のように、負担をしていなくても給付が受けられる場合もあります。

▼15 後述する憲法25条2項では、「国は、すべての生活部面について、社会福祉、社会保障及び公衆衛生の向上に努めなければならない」とされていて、「社会福祉」と「社会保障」が並んでいます。これをどう理解するかは悩ましいですが、ここでの社会保障は、「所得の保障」という意味合いで考えるのが一番しっくりくるでしょう。

めて社会保障法と理解しておきましょう。

ただ、ここできちんと理解してほしいのは、そういった「法」のなかで一番トップに立つのが「憲法」だ、ということです。たしかに、社会保障の制度は、日本国憲法ができる前から一部見られたのですが、法の観点からすれば「社会保障法のトップは憲法であり、憲法に矛盾する社会保障の法律や政策・制度などは許されない」ということになるのです。特に、社会保障の制限などは、憲法の理念に照らして許容されるものなのか、常に考えなければならないのです。

2 社会保障の権利って？

後述するように憲法25条は「社会保障は、国家に対する国民の権利だよ！」といっています。が、そのわりには「生活保護は減らせ」「高齢者にもっと負担させよ」といった、「社会保障を受ける＝悪いこと」みたいな声が世の中にはあふれています。正論をいえば、憲法が社会保障を権利だと認めているのに、そんな声があふれているのは、明らかにおかしなことなのですが、とはいえ実際に社会保障をおこなうために

図３　法の序列

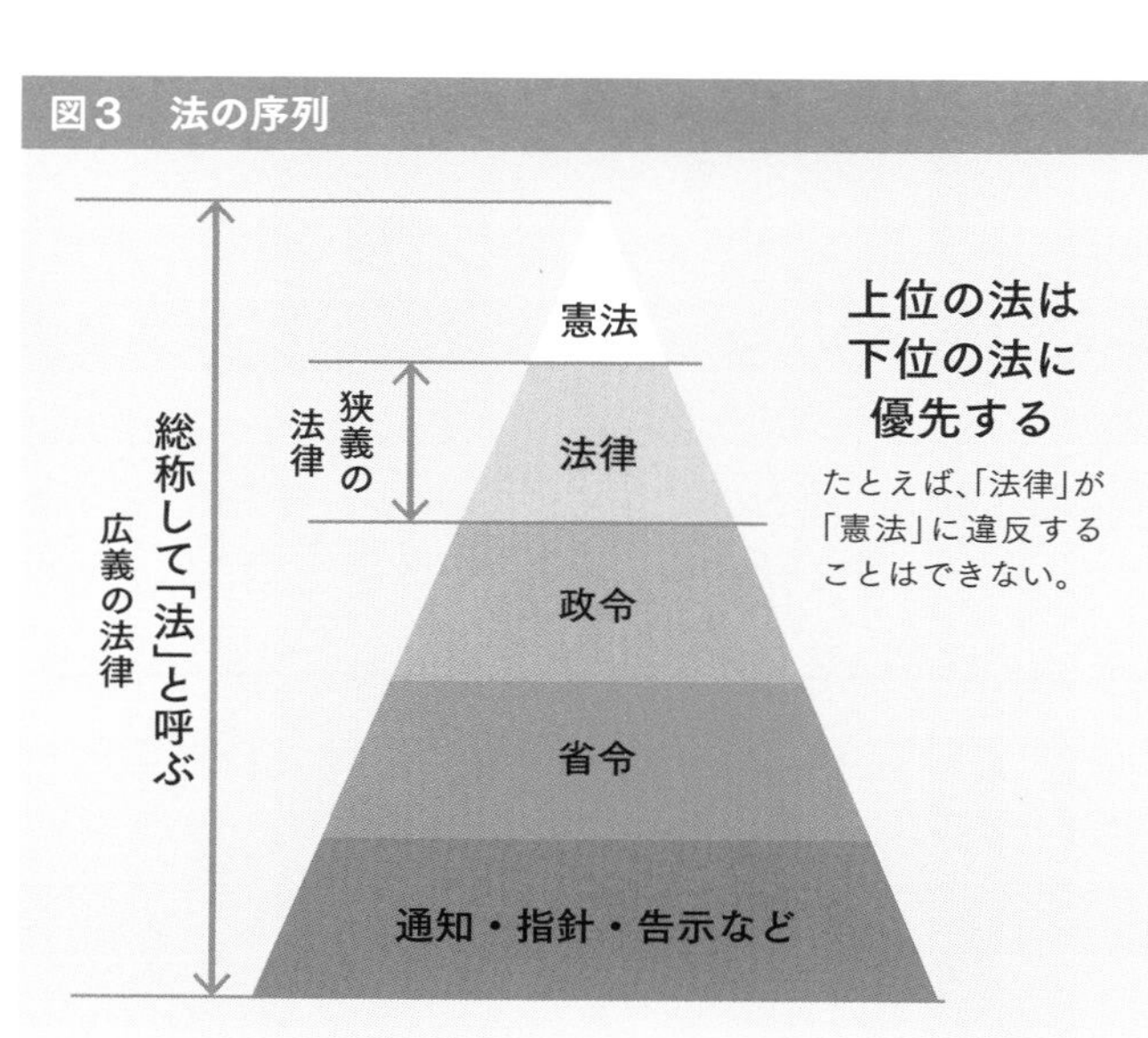

はお金がかかるため、財源をまったく無視した議論は現実にはなかなか難しいという面もあるのです（15頁参照）。

さて、社会保障の権利には、**日本国憲法上の権利**（**基本的人権**）としての面と、**具体的な社会保障の法律**（年金や医療などの法律）**における権利**という面がありますので、それぞれ見ていきましょう。

3 社会保障と日本国憲法上の権利

(1) 憲法25条

社会保障といちばん密接な憲法の条文としては、なんといっても25条。25条1項は、国民は「健康で文化的な最低限度の生活を営む権利」がある（いわゆる**生存権**）、同2項は、国が、すべての生活部面について、社会保障の向上・増進に努めなければならない、としています。

もっとも、じゃあ憲法25条があれば具体的にどんな権利を主張できるのか（裁判で争えるのか）は、憲法には何も書いてありません。憲法ができた頃によくいわれたのは、**プログラム規定説**というもの。これは「憲法25条は、国の政治的・道義的な責任を言っているだけだから、これを根拠に裁判で争うことはできない」というもので、要は「権利ってなってるけど権利じゃないよ」というものです。「権利なのに権利じゃない」って、なんか変ですよね。そういった批判もあって、その後は**抽象的権利説**（直接請求できる権利を保障したものではないが、実際の法律で具体化されている場合には法的な権利となるので25条違反を問うことができる）、**具体的権利説**（法律が制定されていない場合や不十分な場合にも、裁判で争ったり、具体的な給付を求めることができる）などが登場しました。

実際に「憲法25条があれば具体的にどんな権利を主張できるのか」が問題となったのが**朝日訴訟**[16]です。この事件は簡単にいえば、療養所に入院していた生活保護受給者の朝日茂さんが、厚生大臣（当時）が決めた生活保護の基準（月額600円）が、生存権を侵害していると訴えたものです。最高裁判決のポイントは32頁の表のとおりですが、よっぽどひどい場合に限っては裁判で争える、としながらも、基本的には大臣の裁量（＝内容を、ある程度自由に決められること）が幅広く認められる、として、その裁量の限界をこえるような場合などとは到底いえない、としました（**行政裁量**）。また、**堀木訴訟**[17]では、視覚障害者でシングルマザーの女性が、障害者に支給される公的年金（障害福祉年金）と、母子家庭に支給される児童扶養手当との両方はもらえないという児童扶養手当法の規定（併給禁止規定）につき、生存権を侵害していると訴えました。これについても最高裁は、朝日訴訟とほぼ同様の理屈で、よっぽどひどい場合に限っては裁判で違法性を争えるとしつつも、立法府の広い裁量の範囲内だから憲法違反とは言えない、としました（**立法裁量**[18]）。

でも、せっかくの権利のはずなのに「よっぽどひどくなければ裁判所も判断しない」というのもやはり変ですよね。そこで最近では、せめて、給付水準を下げるような変更につ

▼16 223頁も参照。

▼17 最大判1982.7.7

▼18 これらの判決は、プログラム規定説に近い感じもしますが、一応「法律があればそれを根拠に裁判で25条違反を問える」とした点で、抽象的権利説に立ったものともいえます。ただし、裁判で争えるのは、よっぽど裁量の限界を超えた場合などに限られる、としているので、結論的には、社会保障の中身が違法だと判断される余地はほとんどない、ということになるのです（国が財政難だと、余計に違法だと判断されにくくなります）。

いては、裁量の限界を超えてないかきちんと判断すべきという考え方も主張されています。実際に生活保護の老齢加算廃止をめぐる訴訟では、大臣の判断にあたって「裁量権の逸脱又はその濫用」がなかったかにつき、審査がなされていますし[19]、2013年から2年かけてなされた生活保護支給額の引き下げについては、専門家による会議での議論を経ずに決定されていることや、減額幅が大きい（最大10％程度）ことから、引き下げを決めた自治体決定を取り消す裁判例もでています[20]。

(2) 憲法13条

憲法13条は、「個人としての尊重」「生命・自由・幸福追求の権利（幸福追求権）の尊重」を規定するもので、前者に関しては、実は前に述べた堀木訴訟でも、児童扶養手当法の併給禁止規定が、子ども「個人」の尊厳を損なわせるものではないかという点が争われています（結果的には、児童扶養手当は子どもへの支給ではなく、子ども個人の尊厳を損なうものではないとされましたが）。後者に関しては、プライバシーの権利（老人ホームでの個室利用など）や、自己決定権（介護サービスの利用など）との関わりなどが問題となります。

最近では、13条による「個人が自律的・主体的に自らの生を追求する」ための環境整備

朝日訴訟最高裁判決のポイント

❶憲法25条1項は、すべての国民が健康で文化的な最低限度の生活を営みうるように国政を運営すべきことを国の責務として宣言したに留まる。
❷具体的権利としては、生活保護法によってはじめて与えられている。
❸厚生大臣が定める基準は、「健康で文化的な最低限度の生活」を維持できるものでなければならないが、何がそれにあたるかは、厚生大臣の裁量に委ねられている。
❹（ただしその裁量が）憲法・生活保護法の趣旨・目的に反し、裁量権の限界をこえた場合や、裁量権を濫用した場合は、違法な行為として司法審査の対象となりうる。

▼19 ただし結論的には、厚生労働大臣の裁量権の範囲内とされました。最判 2012.2.28

として25条があるとする説も有力ですが、他方で行きすぎると、財源の観点から自立をやたらと求められることにならないか、との批判もあります。

(3) 憲法14条

憲法14条は、法の下の平等として「人種、信条、性別、社会的身分又は門地」により差別されない、としています（平等原則）。ただ、最高裁は「合理的な理由がある差別的な扱いは、14条違反ではない」といっていますので[21]、これに従うなら、多くの人がそれなりに納得する程度の理由があれば「差別ではない」ということになります。

もっとも、「異なる扱い」という意味では、社会保障には異なる扱いがもともといっぱいあります。よく問題となるのが、男女別の扱い。現在ではなくなっていますが、以前は①老齢厚生年金は男性60歳、女性55歳支給、②児童扶養手当は母子家庭のみに支給（父子家庭はなし）、③顔に傷を負った場合の労災保険の障害等級が異なる（男性のほうが等級が低い）、といった扱いがなされていました。今でも、遺族厚生年金や労災保険の遺族補償年金をもらうためには、男性配偶者だけが「一定年齢以上であること」を求められています（この点が問題となった訴訟[22]では、女性のほうが独力で生活を維持していくことが困難だとして、このような区別は憲法14条違反ではない、とされました）。困っている（困りやすい）人の生活を支えるのが社会保障の役割なのだから、ある面では、弱者に手厚くなりやすい（むしろ、手厚くしないとまずいことも）のが社会保障なので、14条よりも、25条の観点をまず

---

[20] 横浜地判 2022.10.19

[21] 最大判 1967.7.20

[22] 最3小判 2015.6.19

は重視すべきだ、と考えることもできるのではないでしょうか。[23]

(4)　その他

ほかにも、憲法29条（財産権）が、社会保障を引き下げる場合に問題となったり、憲法84条（租税法律主義）が、社会保険料の決定を（法律ではない）政令や条例に委ねることが問題となったりすることがあります。[24]

4　社会保障と法律上の権利

(1)　法律上の権利って？

ここまで見てきた憲法上の権利は、どっちかというと「こうあるべき」という理念的なものでしたが、たとえば「年金をいつから、どのタイミングで、いくらもらう」みたいな具体的な権利は、それぞれの法律（年金なら国民年金法や厚生年金保険法など）のなかでルール化されています。

「社会保障の法律上の権利」というと、何かを受け取る権利（これを**受給権**といいます）がいちばんイメージしやすいでしょうが、実際にはこのような、**給付に関する権利**だけあればよいというものではありません（表2）。

▼23　なお平等については、外国人との関係でもよく問題となりますが、この点は第15章「多国籍社会の社会保障」をご覧ください。

▼24　旭川市国民健康保険料事件・最大判2006.3.1

給付を受けるためには、行政庁（国や自治体の意思決定機関）による確認などを受ける必要がある場合もありますし、要件を満たさなくなって、これまでもらっていた給付が止められることもあります（たとえば、死んだり結婚したりして要件を満たさなくなった場合など）。これらの手続きがいい加減におこなわれたら困りますよね。なので、手続きをきちんと受けられることも、重要な権利です（**手続に関する権利**）。さらには、手続き自体は法律にしたがって適切におこなわれたとしても「やっぱり納得いかない！」という場合はあります（申請が認められなかった、もらえるはずの金額よりも少なかった、など）。そのような場合に、行政庁に「もう一度確認しろ」と申し立てたり（**不服申立**）、裁判で争えることも、権利の実現のためには大切です（**救済・争訟の権利**）。

以下では、(2)で給付に関する権利、⑦で救済・争訟に関する権利を見ておきましょう。

(2) 給付に関する権利

社会保障の給付を受けられる権利（**受給権**）がどのように

表2 社会保障の法律上の権利

	具体的な権利の例
給付 **に関する権利**	・一定の要件を満たした場合に、費用の減免や、給付を請求する権利（請求権） ・一定の要件を満たした場合に、給付を受ける権利（受給権）
手続き **に関する権利**	・給付に関する情報を受ける権利 ・認定や決定の過程において、意見を表明する権利 ・迅速・公正な処分（決定）を求める権利 ・不利益に変更される処分（決定）の場合、弁明ないし聴聞の機会を求める権利
救済・争訟 **に関する権利**	・行政不服申立制度 ・司法救済

発生するのかは、制度ごとに違いがあります。たとえば年金の場合、受給権の発生要件は法律で決まっています（保険料を納めているか、一定年齢に達しているかなど）が、その要件を満たしただけでは抽象的な受給権がある状態でしかなく、要件を満たした人（**受給権者**）が行政庁（厚生労働大臣）に対して**申請**をし、行政庁が**確認**（**裁定**）して初めて（このような行為を**確認行為**といいます）、具体的受給権が発生するとされています。▼25 これに対して生活保護は、やはり申請しないと始まらないのが原則ですが、行政庁（福祉事務所長）の保護開始決定で初めて受給権が発生する（申請時に遡って発生する）というしくみです。

発生した受給権は、他人に譲り渡すことはできませんし、原則として、差し押さえられたり税金がかかることもありません（老齢年金は例外）。ただ、受給権が重複した場合には、片方しかもらえなかったり（併給調整）、要件を満たさなかったり、わざと保険事故を起こしたり、給付を不正に受給した場合などには、給付が制限されることもあります。また、受給権は、死亡によって消滅します。**一身専属性**といい、相続の対象にもなりません。ただし死んだ人がまだ受け取っていない給付がある場合は、一定の要件を満たす受給者（受給権者）が受け取れる場合もあります（**未支給年金**など）。また、失権した場合（遺族厚生年金の受給者が婚姻したり一定年齢に達した場合など）、時効にかかった場合にも受給権が消滅します。

▼25　この点に関しては「自分から申請（請求）しないと具体的受給権が発生しないというのは不親切すぎる！」という批判も強いです。しかし特に年金の場合、どこに何年間勤めていたか、その間の給料はいくらだったかなどで金額が変わってきますし、そもそも振込の口座も人それぞれです。そこで申請によって確認する、という手続きが取られているのです（ついでに言うと年金受給が近くなると、申請（請求）の書類が年金機構から本人あてに送られてきます）。

7 社会保障の救済手続き

1 行政救済法の全体構造

もらえるはずの年金がもらえなかったり、労災申請が通らなかったりしたとき、どうすればよいのでしょうか？　行政庁▼26が、年金支給、労災適用、生活保護費の支給、国民健康保険料の減免などを決めることは、行政処分または行政行為と呼ばれます▼27。

国民が行政処分に不満がある場合、国や自治体などに裁判を起こして争うこともできます（行政事件訴訟）が、制度によっては、裁判の前にまずは行政機関に「おかしいからもう一回ちゃんと判断してくれ」と訴えることができます。これを行政不服申立てといいます。

行政不服申立て▼28と行政事件訴訟は、行政争訟という法領域に分類されます。行政争訟と国家補償（後述するように国家賠償および損失補償があります）と行政手続を合わせて行政救済と言います。

行政処分には、運転免許の交付とか、飲食店の営業許可などいろいろとあります。国民

▼26 行政庁
行政主体の法律上の意思を決定し、外部に表示する権限を有する機関、と説明されます。具体的には、年金であれば厚生労働大臣、労災であれば労働基準監督署長、生活保護であれば福祉事務所長です。

▼27 行政行為とは、行政庁が、法に基づき、優越的な意思の発動または公権力の行使として、国民に対し、具体的事実に関して法的規制をおこなう行為です。

▼28 行政不服審査法の目的
「行政庁の違法又は不当な処分その他の公権力の行使に当たる行為に関し、国民に対して広く行政庁に対する不服申立のみちを開くこ

が行政処分について争う場合、原則的には、行政不服申立てと行政事件訴訟のどちらを選択することも自由です（**自由選択主義**）。しかし、例外的に、制度によっては、行政不服申立てをおこなった後でしか裁判をおこなえません（**審査請求前置主義・不服申立て前置主義**）。社会保障では、多くの場合、この例外があてはまります。実際の金額の計算などが複雑なので、いきなり裁判だと裁判所も判断が大変。まずは社会保障制度を専門的に扱っている行政機関に、もう一度きちんと確認させるほうがお互いにいいからです。たとえば、生活保護法69条は「処分の取消しの訴えは、当該処分についての審査請求に対する裁決を経た後でなければ、提起することができない」と定めています。介護保険法196条、国民年金法101条の2、国民健康保険法103条でも、この例外が採用されています。[29]

行政争訟では、表3のような違いが指摘できます。行政不服申立ての審査対象は、**違法**または**不当な行政処分**、あるいはその他の公権力の行使にあたる行為にまでおよびます。一方、行政事件訴訟の審査対象は、**違法**か**適法**かを問う、**法律問題**に限定され、原則として、**裁量問題**（行政庁の裁量問題）にはおよびません。

生活困窮者が生活保護を申請したのに福祉事務所所長からいつまでたっても返事がない場合どうしたらいいのでしょう？　申請者は餓死するかもしれません。行政庁が一定期間内に何もしてくれないことを**不作為**と言います。不作為の場合でも、行政不服申立てを起こせます（行審法3条）。

とによって、簡易迅速な手続きによる国民の権利利益の救済を図るとともに、行政の適正な運営を確保する」（行審法1条）

▼29　生活保護のように、行審法の手続きによる場合もあれば、国民年金法や健康保険法、労災保険法のように、それぞれの法律に不服申し立ての制度が置かれている場合もあります。

表3　行政不服申立てと行政事件訴訟の比較

	行政不服申立て	行政事件訴訟
裁断者	行政庁	裁判所
審査対象	違法性＋不当性	違法性のみ
手続	略式の争訟	正式の争訟
時間・費用	簡易迅速 費用がかからない	時間・費用ともに かかる
判断の公正さ	行政庁の内部審査という 限界あり	専門的第三者機関の判断、 より公正

図4　行政救済の全体構造

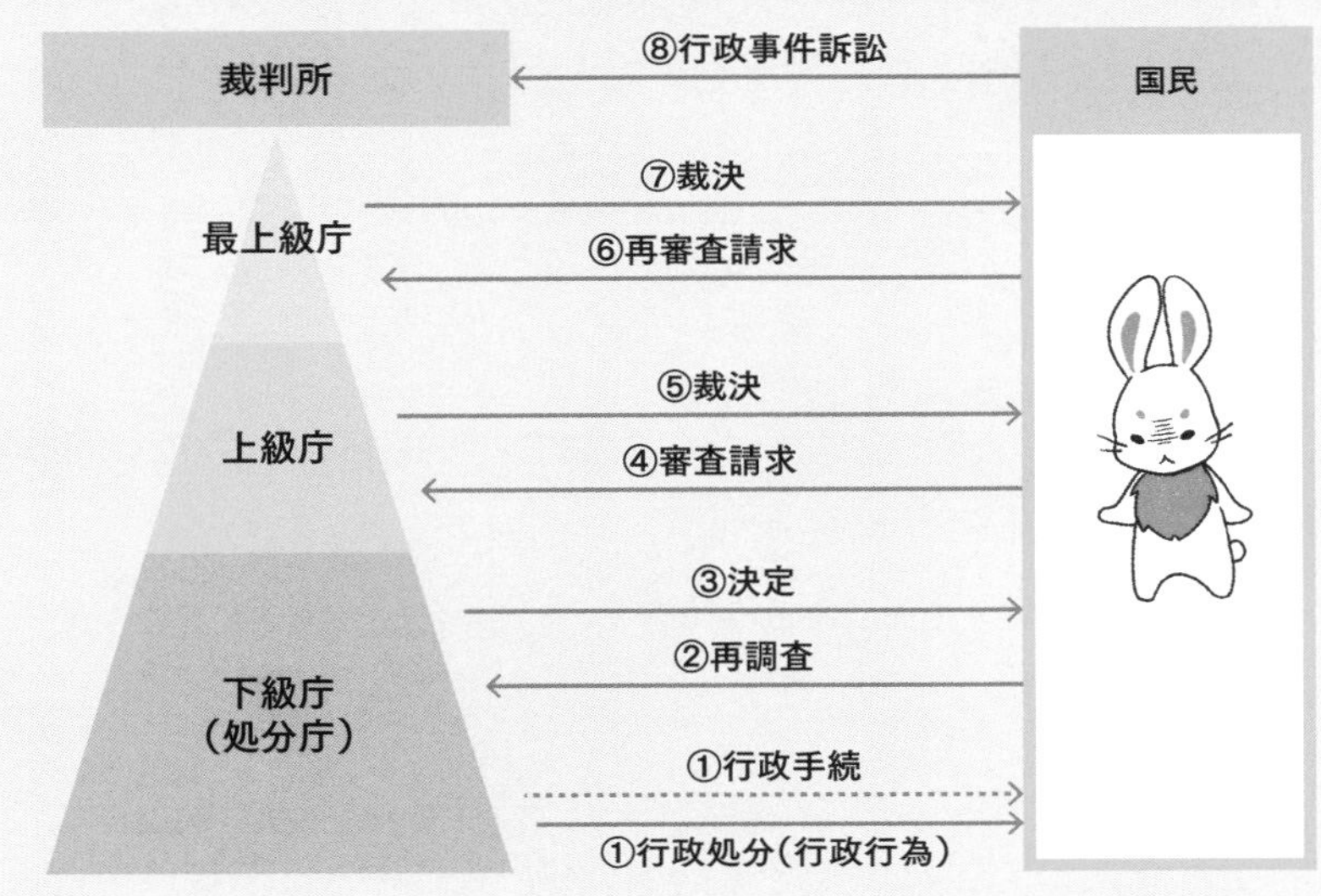

処分庁→上級庁→最上級庁の関係は、雇用保険では、公共職業安定所→雇用保険審査官→労働保険審査会となります。健康保険・厚生年金保険・国民年金（の被保険者資格・標準報酬および国民年金に関する処分）では、保険者→社会保険審査官→社会保険審査会となります。生活保護では、保護の決定機関→都道府県知事→厚生労働大臣となります。介護保険および国民健康保険では、審査請求のみとなっており、保険者→介護保険審査会あるいは国民健康保険審査会となっています。

2 不服申立ての種類

不服申立てには、再調査[▼30]、**審査請求**、**再審査請求**の3種類があります。社会保障と関係するのは審査請求と再審査請求の2つです。審査請求は、行政庁の処分または不作為につき、「処分庁または不作為庁」以外の行政庁に対しておこなう不服申立のことです（行審法2条、3条、4条）。再審査請求は、審査請求を経ても、やはり不服がある場合におこなう不服申立てのことです（行審法8条1項）。審査請求および③再審査請求に対する行政庁の判断を**裁決**といいます（行審法40条・55条）。

ある行政庁（**処分庁**）がおこなった行政処分などに不満がある場合には、その上の行政庁（上級庁）に審査請求をおこなうことが原則です（**審査請求中心主義**）。処分庁はそれで正しいと判断して行政処分をしているわけですから、上級庁に対して、より公正・中立な観点から、判断・審査してもらうほうが適当だからです。

具体例で見てみましょう。労働者Aが帰宅後に急死しました。その死亡が過労死だと思ったAの妻Xは、Y労働基準監督署長（処分庁）に、労災保険の給付（遺族補償年金などの支給）を申請しましたが、処分庁はAの死亡は過労死ではないと判断して、労災保険給付を不支給と決定（行政処分）しました。Xは納得いきません。もう一度、図

行政手続（法）

行政手続（法）は、たとえば、生活困窮者が生活保護費の支給を求めて行政庁に申請をおこなって行政処分を求めている場合や行政庁が保険医療機関の指定取消しといった重い不利益処分をおこなおうとすると場合などに、あらかじめ、行政庁に対して、国民の権利や利益を保護させようとするものです。行政争訟と国家補償は、行為処分などがおこなわれた後の国民の**事後的な救済手段**を定めます。一方、行政手続は、行政庁に、公正な手続きを守らせることによって、**事前救済**として国民の権利利益を守らせる役割を担います。

▼30 **再調査**は、実際に行政処分をおこなった行政庁（**処分庁**）に対しておこなう不服申

4を見てください。X（国民）は労働者災害補償保険審査官（上級庁）に④審査請求をおこないますが、その⑤裁決も不支給という判断だったならば、さらに労働保険審査会（最上級庁）に⑥再審査請求をおこないます。その⑦裁決も不支給となった場合、Xは、処分庁を相手に、裁判所で処分の取消しの訴えあるいは裁決の取消しの訴えという取消訴訟をおこなうことになります。[31]

3 審査請求の期間

先の例では、Xはいつまでに審査請求をすればいいのでしょうか？

審査請求をする場合は、処分があったことを**知った日の翌日から起算して、3ヶ月以内**にしなければなりません（行審法18条1項）。再調査の請求ができる場合において、再調査の請求をする場合も、処分があったことを**知った日の翌日から起算して3ヶ月以内**にしなければなりません（行審法54条1項本文）。審査請求は、処分や決定があったことを知らなくても、**処分・決定があった日の翌日から起算して1年以内**にしなければなりません（行審法18条2項）。介護保険や年金などは、それぞれの法律で「審査請求は処分があったことを知った日の翌日から起算して60日以内に、文書又は口頭でしなければならない」と定めています。

審査請求の期間は、案外厳しめ。Xは夫の死亡や不支給処分という苦難に立ち止まる暇

立のことで、個別法が特に定めた場合に、処分庁に再調査を求めることができます（行審法5条1項）。

▼31 行政事件訴訟法8条3項に基づけば、同じ行政処分について審査請求と取消訴訟がともになされた場合、裁判所は審査請求に対する裁決があるまで訴訟手続きを中止することができます。同じ行政処分について、裁判所と審査庁との判断の矛盾を避けるためです。

もなく、迅速に動かないといけないのです。

4 行政事件訴訟

行政事件訴訟は、行政処分などに対して、国民が行政庁を裁判所に訴える制度です。行政庁のほうが立場が強い現実を踏まえれば、公正中立な立場である裁判所の判断は、国民の権利保護のためには欠かせません。

行訴法上の訴訟類型（表4）としては、①行政処分をめぐる「**抗告訴訟**」（行訴法3条）、②行政処分によらない公法的権利・義務にかかわる「当事者訴訟」（行訴法4条）、③選挙訴訟など参政権的な意味合いの「民衆訴訟」（行訴法5条）、④公的機関（行政機関）同士の間の「機関訴訟」（行訴法6条）があります。▼32 **行政事件訴訟の中心は抗告訴訟**です。それ以外の訴訟類型はマニアックな知識です。あまり気にしないでください。

抗告訴訟は、行政庁の公権力の行使に関する不服の訴訟です（行訴法6条）。抗告訴訟のさらにその中心になるのが**処分の取消しの訴え**と**裁決の取消しの訴え**（これらを**取消訴訟**と言います）です。たとえば、40頁の例で、Aの死亡が過労死によると考えたAの妻Xが、Y労働基準監督署長に対し、労災保険法に基づく遺族補償年金給付などの請求をしたところ、Yが不支給の決定をおこなったとするならば、Xは（審査請求の後に）このような処分の取消し訴訟を提起することになるでしょう。

▼32 このうち、①と②は、国民の権利・利益の保護を目的とする訴訟であることから、主観訴訟と呼ばれます。③と④は、個人の権利・利益とは別に、行政活動の適法性の確保および客観的な法秩序の維持を目的とする訴訟であることから、客観訴訟と呼ばれます。

▼33 ②その他公権力の行使にあたる行為には、身柄の拘束あるいは人の収容、物の留置といった権力的事実行為があてはまります。

処分の取消しの訴えとは、①行政庁の処分、②その他公権力の行使にあたる行為[33]の取消しを求める訴訟です（行訴法3条2項）。労災保険法上の不支給処分などの行政処分も、ここでいう①行政庁の処分にあたるので、取消訴訟の対象になります。**裁決の取消しの訴え**とは、審査請求などに対する、**裁決**、**決定**その他の取消しを求める訴訟です（行訴法3条3項）。

行政事件訴訟のうち、法定抗告訴訟の種類と裁判例を、45頁の表5に示します。裁判例は、現時点で理解できなくても構いません。将来、利用者の裁判をサポートする場合にでも、思い出してみてください。

表4　行政事件訴訟の類型（行訴法2条）

大分類	類型	内容・事例
主観訴訟 国民の利益・権利の保護を目的とする訴訟。行政訴訟の原則は、主観訴訟。	**抗告訴訟**（行訴法3条） 行政庁の公権力の行使に関する不服の訴訟	抗告訴訟は行政事件訴訟の中心である。行政事件訴訟法で定められた法定抗告訴訟とそれ以外の法定外抗告（無名抗告訴訟）がある。
	当事者訴訟（行訴法4条） 対等な立場にある当事者同士が公法上の法律関係を争う訴訟	形式的当事者訴訟＊と実質的当事者訴訟がある 。
客観訴訟 法秩序の維持を目的とする訴訟。一定の行政活動だけに、例外的に認められる。	**民衆訴訟**（行訴法5条） 国または公共団体の違法行為の是正を求める訴訟	地方自治法になどに定める、住民訴訟などがある。
	機関訴訟（行訴法6条） 国または地方公共団体の機関相互間における権限の存否やその行使に関する紛争についての訴訟	国の関与（監督）に対して地方公共団体の長が起こす訴訟などがある。

＊　形式的当事者訴訟とは、訴えの内容は実質的には、公権力の行使にかかわる抗告訴訟としての性質をもっているが、法形式の上では、対等な当事者間での訴訟という形をとるものです。実質的当事者訴訟とは、公法上の法律関係であるが、公権力の行使とはいえない法律関係をめぐる争いを対象とするものです。

5 国家補償

国家補償とは、国民が行政活動によって被害を受けた場合、被害を**金銭的**に穴埋めすることです。国家補償には、違法な行政活動の穴埋めである**国家賠償**と、行政活動は適法ではあるが損失が出る場合の穴埋めである**損失補償**があります。

国家賠償については、憲法17条は「何人も、公務員の不法行為により、損害を受けたときは、**法律**の定めるところにより、国又は公共団体に、その賠償をもとめることができる」と定めています。この法律が**国家賠償法**です。たとえば、生活保護の申請に訪れた住民に職員がひどい暴言を吐いたりすれば、国家賠償の対象となるでしょう。

損失補償について、憲法29条3項は「私有財産は、正当な補償の下に、これを公共のために用ひることができる」と定めています。たとえば、国道を広げるために、公益上、適法に、土地を収用する場合には、代わりの土地の手当などの正当な補償が必要となります。

表5　法定抗告訴訟の種類と裁判例

類型	内容	裁判例
取消訴訟 行訴法3条 2項・3項	行政庁の処分や審査請求に対する裁決の取消しを求める訴訟	都道府県知事による病院開設中止の勧告は、行政指導であるが、取消訴訟の対象となる処分にも含まれる（最判 2005.7.15）。
無効等確認の訴え 行訴法3条 4項	処分や裁決の存否またはその効力の有無の確認を求める訴訟。行政行為に重大かつ明白な瑕疵があるため、行政行為を無効（不存在）とすべきことにかかわる訴訟	国民健康保険料の減免を申請した住民が、非該当とされたため、健康保険料の賦課処分が無効であることの確認を求めたが、最高裁はこれを否定した（最大判 2006.3.1）。
不作為の違法確認の訴え 行訴法3条 5項	行政庁が法令に基づく申請に対し、相当の期間内に何らかの処分または裁決をすべきであるにもかかわらず、これをしないことについて違法の確認を求める訴訟	生活保護の決定などに関する不利益処分の取消しを求める審査請求に対して、知事が生活保護法上の裁決期間である50日を超えて裁決を行わなかった。被保護者が、不作為の違法確認の訴えを起こし、これが認められた（秋田地判 2010.2.26）。
義務付けの訴え 行訴法3条 6項	行政庁が、一定の処分や裁決をすべきであるにもかかわらず、これがなされないときに、その処分や裁決をすべき旨を命じることを求める訴訟	被保護者が行政機関の行政指導に従わなかったため、生活保護廃止処分を行ったため、被保護者が保護開始処分の義務付けを求め、これが認められた（福岡高那覇支部決 2010.3.19）。
差止めの訴え 行訴法3条 7項	行政庁が一定の処分や裁決をすべきでないにもかかわらず、これがされようとしている場合において、これをしてはならないことを命じる訴訟	市立保育所の一部を民営化するため、市立保育所を廃止する条例改正を行ったところ、保護者らが条例をもってする公立保育所廃止の仮の差止めを申し立て、これが認められた（神戸地判 2007.2.27）。

第2章

社会保障の歴史と現代社会の変化

過去は、私たちの現在の暮らしにすべてつながっています。だから、社会保障の歴史を知り、起源を探ってみることは、今後の私たちの社会を展望するうえで不可欠です。過去の歴史の積み重ねのひとつひとつは、現代において、良きにつけ悪しきにつけ、引き継がれています。ということで、ここでは、しばし社会保障の歴史をたどるタイムトラベルに出発しましょう。

最初は、日本の社会保障に多大な影響を与えたヨーロッパの歴史、続いて日本の歴史という順番になります。ちなみに、社会保障（社会福祉）の歴史（国内、国外ともに）は、社会福祉士の国家試験でもよく出題されています。

ヨーロッパ

1 古代・中世——慈善と封建制

古代ギリシャ・ローマの社会には、体系的な社会保障制度は未整備でしたが、家父長による救済や、構成員である市民の没落を防ぐための共同体内での相互扶助などは一応あったようです。

その後、古代ローマ帝国の衰亡とゲルマン民族の大移動（5世紀末）を経て、封建的な農奴制社会が完成していきます。この時代は、労働や生産も自給自足の性格が強く、家族、親族などの血縁や地縁をベースにした支え合いが中心だったといえますが、十分にカバーできないことも少なくありませんでした。一方、313年にローマ帝国でキリスト教が公認され、6世紀頃からは、修道院による慈善活動も活発にみられるようになりました。[▼1] 修道士は厳しい戒律を守りながら、貧民たちの保護や施療院（ホスピタル）、救貧院（アームズハウス）のような施設で救済活動をおこないました。

▼1　富裕層の人々にも、徐々にキリスト教入信が広がっていきました。

中世になると、都市の形成と発展がめざましくなります。都市化に伴い貨幣経済や商工業も発展しますが、そのことは貧富の差を拡大させると同時に、これまで相互扶助を担ってきた共同体における地縁・血縁関係を薄めることとなりました。こうしたなかで、中世後期には、都市で独自に救貧課税もなされるようになりました。これらは、これまでの修道院による慈善活動とは異なり、世俗的かつ近代的な動きの始まりといえるでしょう。次に述べるイギリスの救貧事業の基盤にもなっているように思われます。

都市化や貨幣経済の浸透によって、土地を失った人々が、浮浪貧民や低賃金労働者として都市に住むようになりました。イギリスの絶対王政は、15世紀頃には、主に治安対策という観点から増え続ける貧民への抑圧を強めていきますが、そんななか、１６０１年に「**エリザベス救貧法**」が制定されました。これは、国家的規模では初の貧困層を対象とした法律で、１８３４年の「**新救貧法**」が制定されるまでのおよそ２００年以上にわたり、貧困層に向けた基本法として君臨しました。

エリザベス救貧法は、新救貧法と区別するために「**旧救貧法**」と呼ばれることが多いです。旧救貧法の特徴としては、「貧民監督官」という職務を設けて「救貧税」を徴収したり、就労能力のない者の保護をおこなうなど、慈善活動と一線を画すかたちで行政の一環としたこと、そして、就労能力の有無によって扱いを明確に変えたこと▼2などを挙げることができますが、「貧困は自己責任」という（どこかで聞いたような……）スタンスを強く見ることができます。

▼2　労働能力がある者はむりやり労役場（ワークハウス）で労働させ、働けない者は、親族による扶養の徹底と必要最小限の保護をおこない、貧困児童は住み込みで働かせました。ワークハウスはあまりに劣悪な処遇で「恐怖の家」と呼ばれることもあったようです。

▼3　商工業者や富裕農民などの資本家層を中心になされた、絶対王政の打倒、平等の実現などを目的とした革命を指します。

2 近現代——市民革命とその後

17～18世紀には、イギリスやフランスなどで市民革命が起こり[3]、封建主義に基づく絶対王政は崩壊していきます。それにともない、基本的人権思想が少しずつ浸透していきます。具体的には、市民革命後の社会は、これまでの封建的な身分制度から、「法の下における万人の平等」を認める自然法的思想に徐々に転換し、自由と平等が「権利」として認識されるようになったのです。このこと自体は人類の大きな進歩であることはまちがいありません。が同時に、誰でも利益の追求が平等にできるステージが整ったということは、すなわち、利益の追求をしない、もしくはできずに貧困に陥る人は、個人の能力や努力不足の結果であるという、いわゆる「自己責任的思想」が高まることにもつながったのです。

その代表的なものが、先ほども出てきた1834年の「新救貧法」です[4]。この法律では、救済水準を全国一律にしましたが、この水準は「劣等処遇の原則」によるものとされました。これは、救貧の対象に対する公的救済の水準は、救済を受けないで生活する者と比較して各段に低いものであることを当然とする考え方のことです。このような考え方は、「権利」としての社会保障からはかけ離れたものでしたが、当時は当然であると受け止められていました。

他方、このような流れとは別に、ヨーロッパでは17世紀あたりから、工場で働く労働者たちが自発的に共済組合[5]を組織して相互扶助、職業紹介、失業給付などをおこなうという

▼3 1688年の名誉革命、1789年フランス革命などが挙げられます。

▼4 さすがに旧救貧法が低処遇すぎるということで、低賃金の不足分を国が補助するというスピーナムランド制(1795年)などがとられた時代もありましたが、使用者が「じゃあ賃上げしなくてもいいよね」という姿勢を取ったことで救貧費が増大したため、増税の不満から、新救貧法へとつながっていくのです。

▼5 いまでいう生活協同組合に近いものです。ただし、規模が小さいと十分な給付ができないなど、うまくいかないことも多かったようです。

動きがみられました。ドイツでは、この共済組合を参考にして、1883年に**世界初の社会保険**（疾病保険）を確立させました。[6] これは、宰相**ビスマルク**によるいわゆる「**飴とムチ政策**」の一環で、はじめはごく限られた機能しかありませんでしたが、労働者と使用者の双方に保険料を納めさせ、将来の困りごとに備えさせるというしくみを国家の制度としたものであり、日本をはじめ、世界各国に大きな影響を与えました。

また、イギリスでも、C・ブースによるロンドン市調査（1886年）やS・ラウントリーによるヨーク市調査（1899年）で、都市部の貧困者の数があまりに多いことが判明し、もはや貧困は個人の怠惰で片づけられないのではないかとの考えが強まり、1900年代初頭には医療保険制度などが登場していくこととなります。

しかし1930年代には、世界的な金融恐慌などで、失業率の急激な高まりなどが社会問題化します。アメリカでは、主に経済対策の観点から、1935年に年金・失業・公的扶助を含む社会保障法が登場しますが、[7] 貧困打開への期待や世情不安などを背景に、世界的な戦争体制に突入していきます（第二次世界大戦）。もっとも戦時中であった1942年には、イギリスで「**ベヴァリッジ報告**」[8] が出され、かの有名な「**ゆりかごから墓場まで**」をキーワードに、本格的に社会保障制度の整備にむけての検討が提唱されることとなり、戦後の社会保障制度の広まりに大きな影響を与えることとなりました。

第二次世界大戦は世界中に大きな人的・物的な被害をもたらしましたが、その反省から、人の生命や財産といった基本的人権が奪われないよう、平和のためには、世界全体として

▼6 1884年には労災保険、1889年には養老・廃疾保険（いまでいう年金制度）が成立します。

▼7 これが世界最初の社会保障の体系的な法といわれていますが、生存権という視点に基づくものではありません。また医療制度などは包含されていません。

▼8 第二次世界大戦まっただなかの1941年、チャーチル内閣が社会保障のあり方を検討するための委員会を発足させましたが、その委員長が経済学者のウィリアム・ベヴァリッジでした。ベヴァリッジは、ウェッブ夫妻の基本思想である「ナショナル・ミニマム」を基本とし

貧困問題に取り組んでいこうという発想が登場してきます。そのようななかで、1948年には「**世界人権宣言**」が出され、すべての人が社会の一員として社会保障を受ける権利を有するという社会保障の理念が高らかに宣言されました。「人権」の保障こそが、社会保障制度の根幹をなすものであるという考えが打ち立てられたのです。▼9

2 日本

1 古代

古代の日本はどんな社会だったのでしょうか。奈良時代の農民の貧困についての歌を数多く詠んだ下級役人の山上憶良の「貧窮問答歌」▼10が有名ですが、しばしばごくわずかな公的な救済がなされたものを除けば、家族や地縁による相互扶助が中心だったものと思われます。律令時代には、10世紀初頭までの法律に当たる「令」において、「鰥寡孤独貧窮老疾(かんかこどくひんきゅうろうしっ)」▼11の場合には、血縁や地縁でお互いに助け合うよう定められていました。実はこの考え

たうえで、5つの巨悪（欠乏、疾病、無知、不潔、無為）解決のための施策を政府が主導すべきと主張し、報告書にまとめました。

▼9 もっとも、その後の世界の方向性としては、大きくは福祉国家をめざしつつも、市場の役割を重視した小さな社会保障システム、全国民を対象とした社会保障システム、家族や職場の役割を維持したかたちでの社会保障システムなどにわかれていきます（E・アンデルセンによる「3つの福祉レジーム」）。

▼10 歌のなかには、「竈には火気吹きたてず甑には　蜘蛛の巣かきて飯炊く」（訳：かまどには火の気がな

方は、表1に挙げた明治時代の「恤救規則」でも引き継がれています。こういう事実を知ると、歴史が決して過去のものではないことが分かって面白いですね。

2 中世〜近世

鎌倉時代から戦国時代までの中世は、**封建的身分関係**がよりいっそう強固になった社会です。人口の8割を占める農民には、年貢や地代など何重もの負担が負わされていました。室町時代には、不満をもった農民たちによる**一揆**が頻発しました。

その後、江戸時代には、後述するような、「イエ」の要素が色濃くなります。原則的に、家族や共同体内の相互扶助が基本でした。そのなかで地域支配を隅々までいきわたらせることを目的に作られたのが「**五人組**」です。また、明治時代にも引き継がれた江戸時代の制度として、松平定信による「**七分積金**」を挙げておきましょう。これは非常時のために貯めておく基金でしたが、明治初年にも残金がかなりあったため、東京府庁の建設や養育院の設立などにこの基金が使われました。

3 近代

明治維新後の新政府は、世界の列強に肩を並べようと強力に「富国強兵」「殖産興業」

く、米を蒸す土器にはクモの巣がはってしまい、ご飯を炊くことも忘れてしまった）……といった過酷な農民の暮らしぶりが伝わってくる一節があります。

▼11 鰥寡とは、年老いて妻がいない男と夫がいない妻、孤独とは、子どものいない人と親のいない子ども、貧窮は貧しい人、老疾は年老いて身寄りのいない者もしくは障害のある人を指します。

▼12 極貧かつ独身で、働けない70歳以上の老人、重病人などに対し、わずかな米代（7斗〜1石8斗分）を支給するというもので、保護率は0・03〜0・04％程度と非常に少なかったようです。あまりに貧

に邁進しました。このため、工場労働者の増大や農村人口の流出を招き、貧しい都市下層社会が形成されていきました（このあたりは、世界の流れと似ているともいえます）。

こうして生み出された貧困層の公的救済制度として1874年、「**恤救規則**（じゅっきゅうきそく）」が制定されました。これは日本では初の救貧のための法律であり、1929年の「**救護法**」▼12の制定まで、日本の救貧制度の中心となりましたが、その対象は極めて不十分なものでした。恤救規則は古来から根づいてきた「**隣保相扶**（りんぽそうふ）」▼13の考えがもとになっています。救護法以後の公的扶助制度は、戦後の1946年の「**旧生活保護法**」、4年後の1950年の「**現行生活保護法**」へと変遷していきます。どのように内容が変わっていったかについては、表1を参照してください。

やや前後しますが、昭和恐慌後は満州事変、日中戦争などの軍拡による軍需景気に一時沸き立ちましたが、その後はついに太平洋戦争へと突入し、暮らしのなかのあらゆるものが「戦争に勝つため」に変節させられていきました。社会保障分野も例外ではありませんでした。社会事業はこの間、軍事援護や、健民政策の厚生事業と名称を変え、本来の機能を失い、戦争に役立つ事業のみを強化・充実させていきます（医療保険や年金制度など）。他方で戦争の足手まといになる高齢者や障害者の分野はいち早く切り捨てられていきました。

相なため、何度か議会でも問題になったようですが、「保護しすぎると、惰民が増える」「家族の助け合いこそ美徳」のような議論が主流で、関東大震災やその後の不況、凶作などによって、ようやく救護法制定につながったようです。

▼13　隣保とは、自治と自警をおこなう近隣の単位として中国に起源をもつ制度のことで、隣保相扶は、隣保の内部で互いに助け合うことを指します。日本では律令時代から江戸時代の五人組に至るまで常に奨励され、現代の政策（たとえば、厚生労働省の〝「我が事・丸ごと」地域共生社会〟の提唱など）においてもベースになっています。

4 戦後

1945年8月に日本は無条件降伏しますが、天皇主権から国民主権へ、まさに「天と地がひっくり返る」大転換の再興期となりました。その中枢に位置するものが1947年施行の**日本国憲法**です。社会保障分野においては、日本国憲法25条の「生存権」がその根幹に据えられたことになります。[14]

戦後まもない経済の低迷や社会の混乱状況のなかで、社会保障・社会福祉の分野において、重要な立法がなされました。これを整理すると、「**福祉三法**」と「**福祉六法**」（表2）、そして「**福祉八法**」になります。なお、法律の名称が、時代に応じて変わっていく場合があります。それぞれ、なぜ、名称が変わっていったのか、歴史的背景を考えてみてください。

東京オリンピック（1964年）が開催された1960年代以降、「日本は完全に復興した」との意識が国民のあいだに広がりました。日本の急速な経済成長は、産業構造の変化、都市への人口集中の加速、就労、家族形態の変化をもたらしました。当時の田中角栄総理大臣が主導した福祉予算の大幅アップ、老人医療費無料制度など（1973年）は、「**福祉元年**」と称されるほど、インパクトがありました。しかし同時期にオイルショックが発生し、戦後最大といわれる不況を招くこととなりました。厳しい財政下、福祉関係予算の確保も難しく、施設運営費などの国庫負担引き下げの動きが相次ぎました。

1987年には、福祉分野初の国家資格である社会福祉士・介護福祉士制度が誕生しま

[14] 日本国憲法はアメリカに押し付けられたものだと思っている人も多いですが、少なくとも生存権の規定に関しては、日本人の発案で入れられたものです（実際、アメリカの憲法には生存権規定は存在していません）。

したが、この頃から社会福祉制度は大きな変革が相次ぐこととなりました。少子・高齢化の進行のなか、「ゴールドプラン」（1989年）にはじまり、「エンゼルプラン」（1994年）、「障害者プラン」（1995年）のいわゆる「福祉3プラン」の策定、市町村重視や在宅福祉推進の方向性を明らかにした福祉八法の改正（1990年）などが相次いでおこなわれました。さらに2000年には介護保険法が成立したほか、戦後の社会福祉の基本的な構造を見直す社会福祉基礎構造改革（コラム②参照）によって、利

表1　日本の公的扶助立法の変遷

	特　徴
恤救規則 1874年	・実施機関は国 ・対象は「無告ノ窮民」または70歳以上で働けない者 ・現金給付（米代に匹敵）
救護法 1929年	・実施機関は市町村長 ・生活・医療・生業・助産、の４つの扶助 ・扶養義務者が扶養可能なら対象外 ・労働能力があれば対象外 ・方面委員が補助機関
旧生活保護法 1946年	・実施機関は市町村長、請求権はなし ・怠惰者と素行不良者は対象外（欠格条項） ・生活・医療・生業・出産、の４つの扶助 ・扶養義務者が扶養可能なら対象外 ・労働能力があれば対象外
現行生活保護法 1950年	・実施機関は都道府県知事・市長・（福祉事務所が設置されている）町村長 ・欠格条項なし ・教育・住宅・介護（2000年）が追加され、８つの扶助 ・生存権理念に基づくことを明文化 ・保護請求権と不服申立制度を明文化 ・社会福祉主事が補助機関、民生委員は協力機関

用者本位の福祉サービスの整備という方向性がより明確に示されるところとなり、それに即した体制整備が求められるようになりました。

5 「個人よりもイエ」のその先

日本の社会保障の現代的課題については次の節で述べますが、ここでは、日本の歴史の流れの特徴を指摘しておきましょう。日本は、戦後まで一貫して、「個人よりもイエ」を優先させてきたといっても過言ではありません。これは過去形で語ることではなく、いまもなお、完全な個人主義とは言えない場面が残存しているといえます。たとえば、「結婚は、家と家がするものだ」「○○家の人間として恥ずかしくない行いをしなさい」といった言葉に如実にあらわれています。時代は令和になり「家制度なんてもう古いよ」と思う若い世代の人も増えていると思いますが、それでも、イエというものから完全に解き放たれているかといえば、そう言い切ることはなかなかできないのではないでしょうか。

日本における社会保障の歴史は、イエ＝家族の紐帯を抜きにしては語れません。「社会保障」は、家を飛び越えた「社会」によって、人びとの共通の生活リスクに備えるための制度であるにもかかわらず、日本の場合、社会に届く前に、イエのなかで完結してしまう

福祉八法

福祉八法とは、老人福祉法等の一部を改正する法律（平成２年法律 58 号）を指します。この法律により、老人福祉法、身体障害者福祉法、精神薄弱者福祉法、児童福祉法、母子及び寡婦福祉法、社会福祉事業法、老人保健法、社会福祉・医療事業団法の８つの福祉関係法が改正されました。主な改正内容は、福祉各法への在宅福祉サービスの位置づけ、老人および身体障害者の入所措置権の町村移譲、市町村・都道府県への老人保健福祉計画策定の義務づけなどです。

表2　福祉三法・福祉六法

法律名（現在の名称）	規定内容	公布
児童福祉法 ☆	児童福祉施設・児童相談所・児童委員・保育所・児童福祉司・児童心理司・障害児通所支援・障害児入所支援	1947年
身体障害者福祉法 ☆	更生援護・身体障害者福祉司・身体障害者社会参加支援施設・身体障害者更生相談所・身体障害者手帳	1949年
生活保護法 ☆	生活保護の権利・原則・原理・生活保護施設	1950年（旧法1946年）
精神保健福祉法	精神保健福祉センター・措置入院・精神保健福祉手帳	1950年 ＊1
社会福祉法	福祉事務所・社会福祉主事・社会福祉法人・社会福祉事業	1951年 ＊2
知的障害者福祉法 ◇	更生援護・知的障害者更生相談所・知的障害者福祉司 ＊療育手帳は含まれず（1973年の厚生省通知「療育手帳制度について」に基づき都道府県知事、政令指定都市の長が発行）	1960年 ＊3
老人福祉法 ◇	老人福祉施設・福祉の措置・老人福祉計画・有料老人ホーム	1963年
母子及び父子並びに寡婦福祉法 ◇	母子福祉施設・福祉資金貸付	1964年 ＊4
発達障害者支援法	早期発見・発達障害支援センター	2004年
障害者総合支援法	自立支援給付・地域生活支援事業・自立支援医療・障害福祉計画	2005年 ＊5

福祉三法＝☆　**福祉六法＝☆＋◇**

＊1　1950年「精神衛生法」→1988年「精神保健法」→1995年「精神保健福祉法」と改正されてきた。
＊2　1951年「社会福祉事業法」→2000年「社会福祉法」と改正されてきた。
＊3　1960年「精神薄弱者福祉法」→1999年「知的障害者福祉法」と改正されてきた。
＊4　1964年「母子福祉法」→1982年「母子及び寡婦福祉法」→2014年「母子及び父子並びに寡婦福祉法」と改正されてきた。
＊5　2005年「障害者自立支援法」→2013年「障害者総合支援法」と改正されてきた。

のです。たとえば、家族のなかで介護が必要になった場合、戦後長らくのあいだ、「介護は嫁のしごと」ととらえられてきました。たとえば介護保険は、高齢者の介護を家族の負担から切り離すという名目で鳴り物入りで社会保険化したのに、介護保険法には「居宅優先」としっかり規定されています（2条4項）。政府は「いやいや、これは住み慣れた地域で家族に囲まれて暮らすことこそが、高齢者の幸せであるという趣旨ですよ」と反論するかもしれません。しかし、実際に家族が担っている介護の大変さを考えれば、結局「介護はイエで」という感じがぬぐえないでしょう。

家事や育児も同様で、ここには、強固な家父長制の考えが存在しています。家父長制のもとでは、「男はソト、女はイエ」という「性別役割分業」がセットになる必要があります。そして、ソトで働く男性には、イエのなかにいる「おんな・こども」を養えるだけの賃金と、家族全体が安心して暮らせるだけの社会保障が準備されるに至ったというわけです。年金制度における第3号被保険者制度▼15や付加年金制度、医療保険の被扶養者制度などは、まさにそれです。制度の良し悪しは抜きにしても、このようにイエというものが社会保障制度にがっちりと根を下ろしているということは、きちんと踏まえておきましょう。

少子高齢化

少子高齢化の要因には、経済の発展とともに公衆衛生の改善や医療保障の整備などによって、国民の生活水準や健康水準が上昇したことが挙げられます。つまり、福祉政策の推進や社会保障制度の充実の結果ともいえるでしょう。しかし、こうした制度充実の反面、高齢化による年金、医療、福祉における社会保障費の負担の増加は、避けられない問題となっています。また、女性の社会進出が進んだことなどから、保育所や育児休業制度の必要性も高まっています。さらには、短時間労働や派遣労働などの雇用形態の多様化や労働市場の流動化も進んでおり、こうした労働環境の変化に対する対応も社会保障制度の課題の一つといえるでしょう。

▼15 第16章①4「「第3号被保険者」問題」を参照。

3 社会保障を取り巻く環境変化

社会保障は「生活上の困りごと」から国民の生活を守ってくれるもの。でも、「生活上の困りごと」は、社会の状況や変化と密接に関わっています。言い換えれば、社会の状況や変化によって、必要となる社会保障も変わってくるもの。ここでは、そんな社会の状況や変化を見ていきましょう。

1 日本の人口が、そのうち半分に？

(1) 減り続ける日本の人口

日本の総人口は2022年9月1日時点で、約1億2497万人。ピーク時（2008年）には約1億2808万人でしたが、2011年以降は、一貫して人口が減少しています（**人口減少社会**）。

人口減少の理由としては、死亡者数増加もありますが、出生数減少が大きいでしょう。出生数は、1947～49年には毎年約270万人、1971～74年には約210万人でしたが、2016年以降は100万人を下回っています。[▼16] またこれと並んで、**合計特殊出生率**の低下も指摘されています。合計特殊出生率とは、その年の15～49歳の女性の出生率を合計したもので、1人の女性が、生涯に産む子供の数の推計値です。合計特殊出生率がおおむね2・08を下回ると人口が減るとされていますが、2005年には1・26に低下しました。2015年には1・45まで持ち直しましたが、コロナ禍で再び低迷しています(2021年で1・30)。出生数の減少や合計特殊出生率の低下状況は、**少子化**といわれます。

(2) どうして人口が減ってくるの？

少子化が社会問題として認識されだしたのは、1990年の**1・57ショック**[▼17]あたり。もっとも、1989年にいきなり出生数や合計特殊出生率が低下したわけではなく、1970年代の半ばあたりから未婚化や晩婚化が進んだことが大きいと思われます。

1990年代以降、国としても、共働き世帯の「仕事と子育ての両立」を中心とした少子化対策を進めています。主なものだけでも、1991年の育児休業法制定（1995年には育児・介護休業法に改正）、1994年のエンゼルプラン、1999年の新エンゼルプラン（保育所等の数値目標の設定）、2003年の次世代育成支援対策推進法・少子化社会対策基本法制定、2012年「子ども・子育て関連3法」に基づく「子ども・子育て支

▼16 2021年は前年比3・5％減の約81万200人となりましたが、2022年出生数（速報値）はさらに79万9728人と、戦後最低を更新しています。

▼17 前年（1989年）の合計特殊出生率が、戦後最低だった1966年（いわゆる「ひのえうま」）の1・58を下回ったことの驚きを現した言葉。

援制度」導入（2015年から実施。幼児期の教育・保育の充実）、2019年の子ども・子育て支援法改正（幼児教育・保育の一部無償化）など、さまざまな子ども・子育て支援の法政策が挙げられます。しかし、保育ニーズの高まりによる**待機児童問題**や子どもの貧困問題、育児ストレスなどからの児童虐待増加など、子ども・子育てを取り巻く環境はあまり良くなっているとはいえません。政府が2020年に閣議決定した少子化対策の指針「少子化社会対策大綱」では、子どもがほしい人の希望がかなった場合に見込める出生率は1・8だとしていますが、高まる大学の学費や、若者も含めた雇用状況の悪化・不安、地方の衰退なども関連しており、なかなか一筋縄ではいかない問題といえます。特に**雇用不安**は、確実に結婚や出産をためらわせていると言えるでしょう。教育や保育の充実も重要でしょうが、「来年はクビかもしれない」と心配しながら、結婚や出産に前向きになれるとは、とても思えません。雇用環境が悪化すれば、働きながら出産する人への職場内の風当たりも強くなりがち。少子化を何とかしたいのであれば、社会全体での子ども・子育て支援以前に、雇用環境の改善が不可欠ではないでしょうか。

図1　出生数および合計特殊出生率の推移

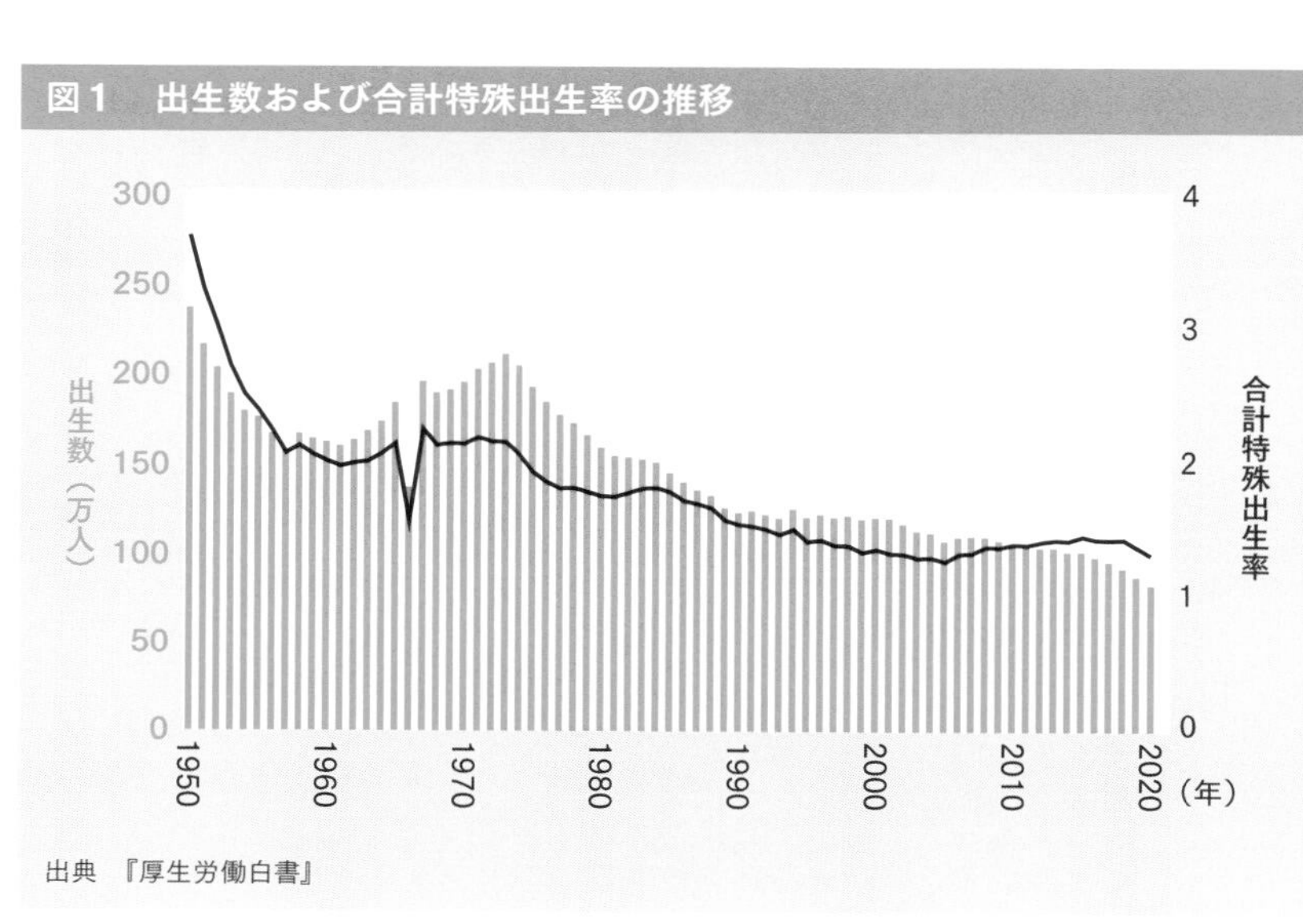

出典 『厚生労働白書』

(3) 高齢化率の上昇

人口全体でみると、少子化および平均寿命の延伸によって高齢化率[18]も増え続けています。日本では、2021年時点で高齢化率が30％弱となっていますが（表3）、これは世界一です。2065年には高齢化率が38・4％に達するとの予想もあります。

高齢化率が7％以上になると高齢化社会、14％以上になると高齢社会、21％以上になると超高齢社会、ともいわれますが、日本では高齢化社会になったのが1970年、高齢社会になったのが1994年、超高齢社会になったのが2007年で、これは世界的にもかなりハイピッチな進展であり、その分、社会的な対応が追い付いていないともいわれています。

表3　年齢3区分人口の推移

	総数	年少人口 0～14歳	生産年齢人口 15～64歳	老年人口 65歳以上
1950年	83,200 （100％）	29,430 （35.4％）	49,661 （59.7％）	4,109 （4.9％）
1970年	103,720 （100％）	24,823 （23.9％）	71,566 （69.0％）	7,331 （7.1％）
1990年	123,611 （100％）	22,544 （18.2％）	86,140 （69.7％）	14,928 （12.1％）
2010年	128,057 （100％）	16,839 （13.1％）	81,735 （63.8％）	29,484 （23.0％）
2021年	125,380 （100％）	14,722 （11.7％）	74,411 （59.3％）	36,227 （28.9％）

各年10月1日（2021年は12月1日）。1970年までは沖縄県含まず。

2 変わりつつある家族と世帯

(1) 家族と世帯

社会保障は、生活上の困りごとから国民を守ることが大きな特徴ですが、生活と切っても切れないのが、家族。[19] もっとも社会保障の世界では、「家族」ではなく「世帯」という概念が用いられます。こちらも明確な定義はないのですが、一般的には、住居と生計（生活費負担など）を共にする人たちの集団、または一人で暮らしていたり生計を営んでいる単身者、と説明されます。「家族」と似てはいるのですが、単身赴任のお父さんや、一人暮らしをしている大学生の子どもは、同じ家族ではあってもそれぞれ別の「世帯」になります（一人暮らしの人を「家族」とは、あんまりいわないですよね）。逆に、血のつながりもなければ結婚しているわけでもないけれど、同居して一緒に生計を営んでいれば「世帯」になります。

(2) 変わってきている世帯像

この「世帯」の姿も、この数十年で大きく変わってきています。1つは、**世帯の小規模化**。世帯数自体は、2020年時点で約5571万世帯（2020年国勢調査）と増加傾向なのですが、一世帯あたりの平均世帯人数は、2・21人。1953年に5・0人だったこ

▼18 総人口に占める、65歳以上の人口割合。

▼19 ここでは、夫婦とその子ども、あるいは両親など、血のつながった関係で構成された集まり、と理解しておきましょう。

とからすれば、世帯が小規模になっていることは明らかです。

世帯の小規模化の特徴として、**核家族化**がよく挙げられます。核家族とは、①夫婦のみ、②夫婦＋未婚の子、③ひとり親＋未婚の子、のいずれかからなる世帯です。ただし、核家族の比率自体はこの30年ほどで大きな変動はなく、近年は、単独世帯と、「夫婦のみ」世帯が増加しているのです。特に単独世帯は急増しており、２０１９年に、それまでトップだった「夫婦のみ＋未婚の子」世帯の比率を追い抜きました（図２）。このように近年では、核家族化よりも、むしろ単独世帯の増加に注目すべきでしょう。単独世帯が増加した背景には、未婚化・晩婚化の影響のほか、次に述べる単身高齢者世帯の増加も大きいでしょう。

もう１つは、**高齢世帯の増加**です。２０１９年度で、65歳以上の者のいる世帯は２５５８万世帯、65歳以上の者のみの世帯が１４８６万世帯。65歳以上の単独世帯は７３７万世帯、65歳以上夫婦のみ世帯が６９４万世帯。このような、高齢者だけの世帯増加からも、高齢化の急速な進展が見て取れます。

最後に、夫婦間における**男女の役割変化**です。１９８０年頃までは、共働き世帯よりも「就業者の夫＋非就業者の妻」という**専**

図２　世帯構造別世帯数の構成割合の推移

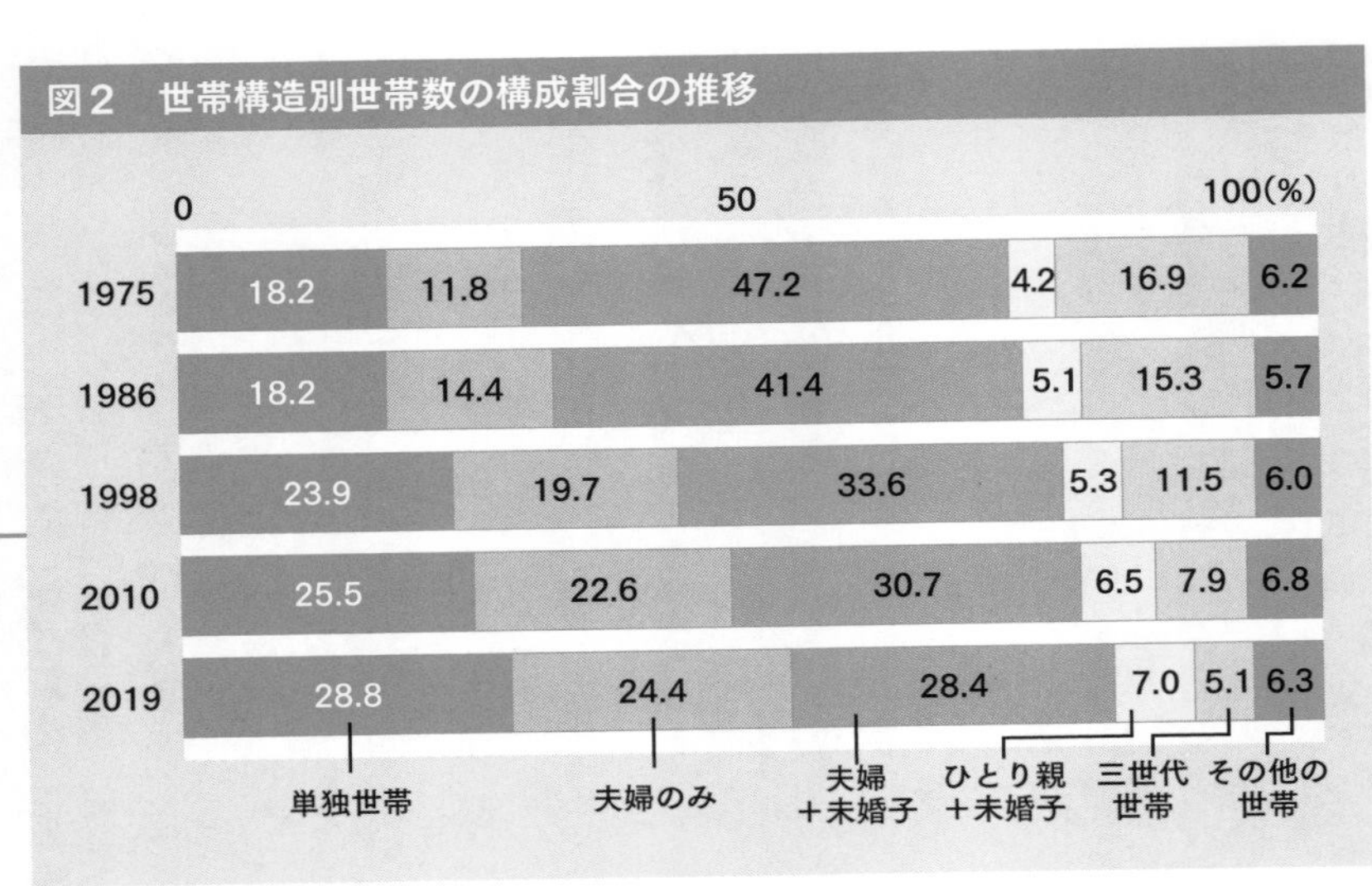

業主婦世帯がかなり多かったのですが、1990年代半ばに逆転し、2020年時点では共働き世帯が1508万世帯、専業主婦世帯が636万世帯となっています。世論調査などでも、「男は外で働くべき、妻は家庭を守るべき」という**性別役割分業**の考え方は、だんだん支持率が下がっています。

「男女ともに働き、家庭のこともする」という考え方には「夫婦がお互いよければどっちでもいいのでは？」との批判もありますが、少なくとも、外で働きたいと考える女性にまで一律に「女性は家庭を守るべき」との価値観を押し付けるは変ですよね。また、共働きがスタンダードになってきている割には、現実には、依然として家事・育児・介護などの負担は女性に偏っているという面もあり、さすがにこれに対しては「けしからん、男ももっと家事・育児をやれ」という批判も強くみられ、政府も、主に少子化対策という観点から男性の家事・育児参加を目指しています。たしかにそれはその通りでしょうが[20]、男性に長時間労働が集中しがちな就労環境、男なら出世すべき、しっかり稼ぐべきという役割意識の残存、「娘・妻に介護してもらいたい」という高齢者の認識なども変わってこないと、なかなか改善しないかもしれませんね。

▼20　2023年2月には、ある女性タレントの「デート代は男性がおごるべき」とのSNSへの投稿が大炎上しました。その理由や是非はさておき、まだまだ「男は金銭面で強くないといけない」という社会認識（家父長制の名残り）が強いともいえそうです。

4 社会保障は、どこへ向かっているの？

1 結局、何が問題なの？

ここまで見てきた現代社会の状況や変化は、具体的には社会保障にとってどう問題なのでしょうか。

まず、社会保障にはどうしてもお金がかかります。しかし少子化になると労働力が減って「お金の出し手」つまり税や保険料を負担する人たちが減りますし、ＧＤＰ（国内総生産）の低下につながれば、給与などが上がりにくくなることで、税収や保険料も増えなくなります。しかも１９９０年代以降、正規雇用労働者から（給料が安く雇用が不安定な）非正規労働者へのシフトが急速に進みました。また高齢化は、「給付のもらい手」の増加（社会保障給付費の増加）を意味します。年金給付も介護給付もほとんどが高齢者向けですし、医療サービスも高齢者ほど必要度が高いでしょう。

世帯（家族）変化、特に単身世帯の増加も、「給付のもらい手」の増加を意味します。特に介護は、介護保険制度があるとはいえ、現実には家族の支えが不可欠。[21]しかし高齢単身世帯や高齢者のみの世帯では、要介護になったときの家族による介護がかなり難しいのが現状です。また高齢単身世帯のなかには、若いときに年金保険料を十分納めてこなかった（納められなかった）人もいるでしょう。その場合は年金も低くなるため、老後の生活も苦しくなります。さらに持ち家がなくアパート暮らしだと、高齢になればなるほど借りにくくなります。ほかにも孤独死の心配もあるでしょう。三世代同居やそのための住宅新築に補助金や助成金を出す自治体も出てきていますが、とはいえ「子どもに迷惑をかけたくない」という高齢者を、無理に家族と住まわせるのがいいともいえず、悩ましいところです。まあ、本来はそんな心配をしなくてすむために社会保障があるはずなのですが……。

2 社会保障改革の大きな流れ

少子高齢化に歯止めがかからないなかで、「入ってくるお金は減る、出ていくお金は増える」というキビシイ状況が当面続きそうというのが日本の社会保障。「もうやめちゃったら？」と逆ギレ的に言いたくなるかもしれませんが、国民の生活の安定のためにやっぱりなくなると困るでしょう。そういったなかで国としても、社会保障制度改革を進めようとしています。ここでは、２０１０年代初頭から進められている改革を概観しておきましょう。

▼21　しかも最近の国の介護政策は、「施設から在宅へ」として、ますます家族の役割に期待？しています。

(1) 社会保障と税の一体改革

2011年あたりから、政府内で「**社会保障と税の一体改革**」ということがいわれだします。これは要するに「社会保障はやっぱり重要、むしろ国民の安心のためにも充実させていかないといけない→でもお金かかるし、しかも国の借金も膨大(=将来世代への負担の先送り)→じゃあ消費税を(それまでの5%から)10%にアップして、アップした分で**社会保障の充実・安定**と**財政安定化**の両方を実現しちゃおう」という考え方です。

そんなにうまくいくの? てか増税したいだけじゃ? という批判もありつつ、**社会保障と税の一体改革関連法**は2012年に成立し、消費税は2014年4月に8%、2015年10月に10%に引き上げられました。一応、引き上げた5%分のうち、4%程度は社会保障の安定化(将来世代への負担先送りの軽減など、財政健全化)に、1%分は社会保障制度の充実に使うこととされました。▼22

(2) 社会保障改革プログラム法

社会保障と税の一体改革関連法▼23に基づいて、政府に「社会保障制度改革国民会議」が置かれ、2013年8月にはこの国民会議が、今後の社会保障制度改革に関する報告書をまとめました。そして同年12月には、この報告書をほぼ踏まえるかたちで、社会保障制度改革の全体像や今後の方向性などを打ち出した、**社会保障改革プログラム法**が成立しました。

▼22 まあ、負担増加の実感しかない人がほとんどかもしれませんが……。

▼23 正確にはそのなかの1つである、社会保障改革推進法という法律です。

▼24 要は、これまでは年金・医療・介護のような高齢者向け施策が中心だったのですが、子ども・子育て支援にも力を入れていこう、ということです。

▼25 マイナンバーカードの普及はなかなか進みませんでしたが、ポイント付与などの効果もあってか、2023年1月には普及率72%を超えました。

具体的な改革の方向性は多岐にわたりますが、すべての世代が安心感と納得感を得られる「全世代型社会保障制度」への転換[24]を基軸に、主に表4の項目に関し関連法案を整備していくことなどが打ち出されました。

そのほか２０１５年には、社会保障分野を含む行政の事務効率化や、国民の利便性向上をめざして、マイナンバー法が成立しています[25]。

(3) これで本当にいいの？

このように、財政の健全化をはかりながら、社会保障制度の充実・安定を目指しているのが昨今の社会保障改革の特徴といえます。うまくいっているかはさておき、社会保障にとっては、どちらも不可欠であることは否定できないでしょう。

とはいえ、やっぱり気になる点もあります。たとえば、少子化の解消は社会保障法の本来の目的なのか、という点。「え、少子化対策は重要でしょ!?」と思うかもしれません。たしかに少子化が改善すれば、社会保障の安定にはつなが

表4　全世代型社会保障制度への転換

	具体的方向性（例）
①少子化対策 （子ども・子育て支援）	待機児童解消加速化、女性活躍推進（ワーク・ライフバランスの充実）、次世代育成支援対策推進法の延長
②医療制度	医療介護総合確保推進法による、各都道府県による地域医療構想策定（地域全体で支える地域完結型） 国保の財政支援拡充、70-74歳の患者負担・高額療養費見直し
③介護保険制度	地域包括ケアシステムの構築 利用者負担の見直し
④公的年金制度	短時間労働者への被用者保険の適用拡大 高齢期における職業生活の多様性に応じた年金受給の在り方（在職老齢年金制度の見直し、繰り下げ可能年齢を75歳までとする）

るので、その意味では重要なのですが、だからといって「とにかく産めよ増やせよ、働いて税金納めろ」というのはちょっとおかしいですよね。特に憲法は、個人の生存権保障（25条）や自己決定権の尊重（13条）を打ち出しており、社会保障の法制度も本来はそこから来ているもの。「産みたくても産めない人の支援」はまだしも、とにかく子どもを増やせ、育てろというのは、人口政策としてはありえなくはないのですが、社会保障「法」の本来の目的とは違うものです。

また、社会保障における「家庭」や「地域」の機能が強調される風潮も、ちょっと考えものです。政府は「家族と一緒に住み慣れた地域ですごせるのが幸せだ」といいますし（58頁参照）、それもそうなのでしょうが、地方が衰退しているなかで「地域の課題は地域で考えろ」「地域の住民でやれ」と丸投げされてもちょっとどうなのか、という面もあります。家庭についても、家庭で担うことが難しいからこそ社会全体で支えよう、というのが社会保障の本来の考え方なのにも関わらず、「家庭でやれ」と言われちゃうと、「じゃあ社会保障、いらなくない？」という気にもなりかねません。

こういった意見には、「そんな悠長なこといってる場合じゃないだろ」との批判もあるでしょう。でも、それはそれとしてぜひ皆さんにも、少し立ち止まって考えていただければ幸いです。

第3章

社会保障の財政

1 国の「おサイフ事情」を知ろうとすること

「社会保障の財政」、この言葉を聞いたら、おそらく10人中10人が「よく分からないけど、厳しそうだなぁ」と感じるでしょう。

厳しいと感じる材料はたっぷりあります。それを端的に言い表しているのが、2011年（平成23年）版の『厚生労働白書』のなかの次の一節です。若干古いですが、2011

年以降、基本的な状況はあまり変わってないと思われますので、紹介しましょう。

日本の経済は安定成長から**低成長、マイナス成長**の時代に入り、社会保障制度を支える現役世代の収入の伸びは期待できなくなった。他方、**急速な少子高齢化**の進行による**高齢者数の増加**、年金制度の成熟、医療技術の進歩等により、医療、年金、介護等の**社会保障給付は大幅に増加**し、これを支える**現役世代の負担**も大きくなっている。今後は、高齢者世代内での高齢化の進展で、医療、介護を中心に給付が更に増大すると予想される一方、少子化の進行で**人口全体が減少**するのみならず、**現役世代の総数及び人口に占める割合が減少**していくと予想され、社会保障給付に要する費用の負担の在り方が大きな課題となっている。

（強調は筆者による）

――ごもっとも……と言うしかないですよね。ここで指摘されていることはおそらく、みんな分かりきっていることですよね。財源確保のために消費税の増税をおこなうと政府がいっても、「まぁしょうがないよな」と半ばあきらめモード。年金保険料は年々上がるのに、自分たちが年金を受け取るときには金額は下降一直線。若い世代が、「もらえるかどうかもよく分からないような年金なんて、払うのがバカバカしくなる」と不満をこぼす気持ちも理解できる気がします。

でも、他方では、現首相の岸田文雄氏が防衛費を倍増すると表明するなど、「社会保障以外」の分野では、ずいぶん大胆な方針を打ち出したりしています。こうした国の姿勢を見ていると、結局、国はお金がないというわけではなく、「国が金を出したいと思っている品目とそうではない品目で取り扱いが違う」ということなのかと感じますよね。

現在、若い世代に限らず、国民全体に政治への根強い不信感とともに、「どうせ何をいってもムダだろう」という深い諦めムードが広がっているように感じます。しかし、「国のお金」は私たちのお金です。政治家や官僚が恣意的に使途を決めていいものではないのです。国の財政の公正化と透明化は、民主主義の実現のためには欠かせません。とくに私たちの生活、もっと踏み込んでいえば「命」に直結する社会保障の財政がどうなっているのか、一人ひとりがもっと〝しつこく〟知ろうとすることが必要ではないでしょうか。

ということで、ここでは、社会保障の財政について、国と地方公共団体の統計をもとに考えてみましょう。とくに社会保障分野では、国と地方公共団体がそれぞれどのくらいの割合を担っているのかを把握することがとても大切です。

社会保障の財源

まずは全体像を俯瞰しておきましょう。社会保障の財源は、「**社会保障関係費**」として、医療や年金、介護などのために国が支出(歳出)する部分と、地方公共団体が住民税などをもとに「**民生費**」として歳出する部分、さらに、国庫補助金、利用者からの費用徴収などによりまかなわれています。そのほか、共同募金に代表される民間の資金も重要な役割を果たしています。なお、社会保障関係費にどんなものが含まれているかについては、図1を見てください。

1 国──社会保障関係費

現段階での最新のデータとして、2022年度の国の一般会計予算を見てみましょう。歳出額は約107.6兆円、このなかから国債費と地方交付税等交付金を除いた一般歳出の金額は約67・4兆円、うち社会保障関係費は約36・3兆円となっており、一般歳出の54%

を占めています。社会保障関係費のうち、年金給付費、医療給付費、介護給付費で約8割を占めています。ここ20年ほどの間に税収がどんどん落ち込むなか、国庫負担は増加し続けています。

2 地方公共団体――民生費

一方、地方財政においては、社会福祉行政の推進に要する経費は「民生費」と呼ばれます。最新のデータである2022年（令和4年）版の『地方財政白書』（図2）によると、2020年度の民生費決算額は約28・7兆円となっており、歳出総額で最も大きな割合を占めています。

生活福祉資金の貸付事業、ひとり親世帯臨時特別給付金給付事業などの新型コロナウイルス感染症対策に係る事業の増加や、幼児教育・保育の無償化に伴う児童福祉費の増加などにより、前年度と比べると8・1％増となっています。

また、決算額を団体区分別[▼1]にみると、市町村（約22・5兆円）は都道府県（約9・7兆円）の約2・3倍となっています。これは、児童福祉に関する事務および社会福祉施設の整備・運営事務が主として市町村によっておこなわれていることや、生活保護に関する事務が市町村[▼2]によっておこなわれていることなどによるものです。

民生費の目的別の内訳をみると、児童福祉費が最も大きな割合を占め、以下、社会福祉

▼1 具体的には「都道府県」「政令指定都市」「市」「町村」「特別区」「一部事務組合等」です。特別区とは東京23区、一部事務組合とは、市町村がおこなう仕事の一部を、小規模の複数の市町村が共同でおこなうために作っている団体で、水道事業やゴミ処理場、火葬場などがあります。

▼2 町村については、福祉事務所を設置している町村に限定されます（町村は任意設置で、全国で40数か所のようです）。

図1　2022年度の国の一般会計予算

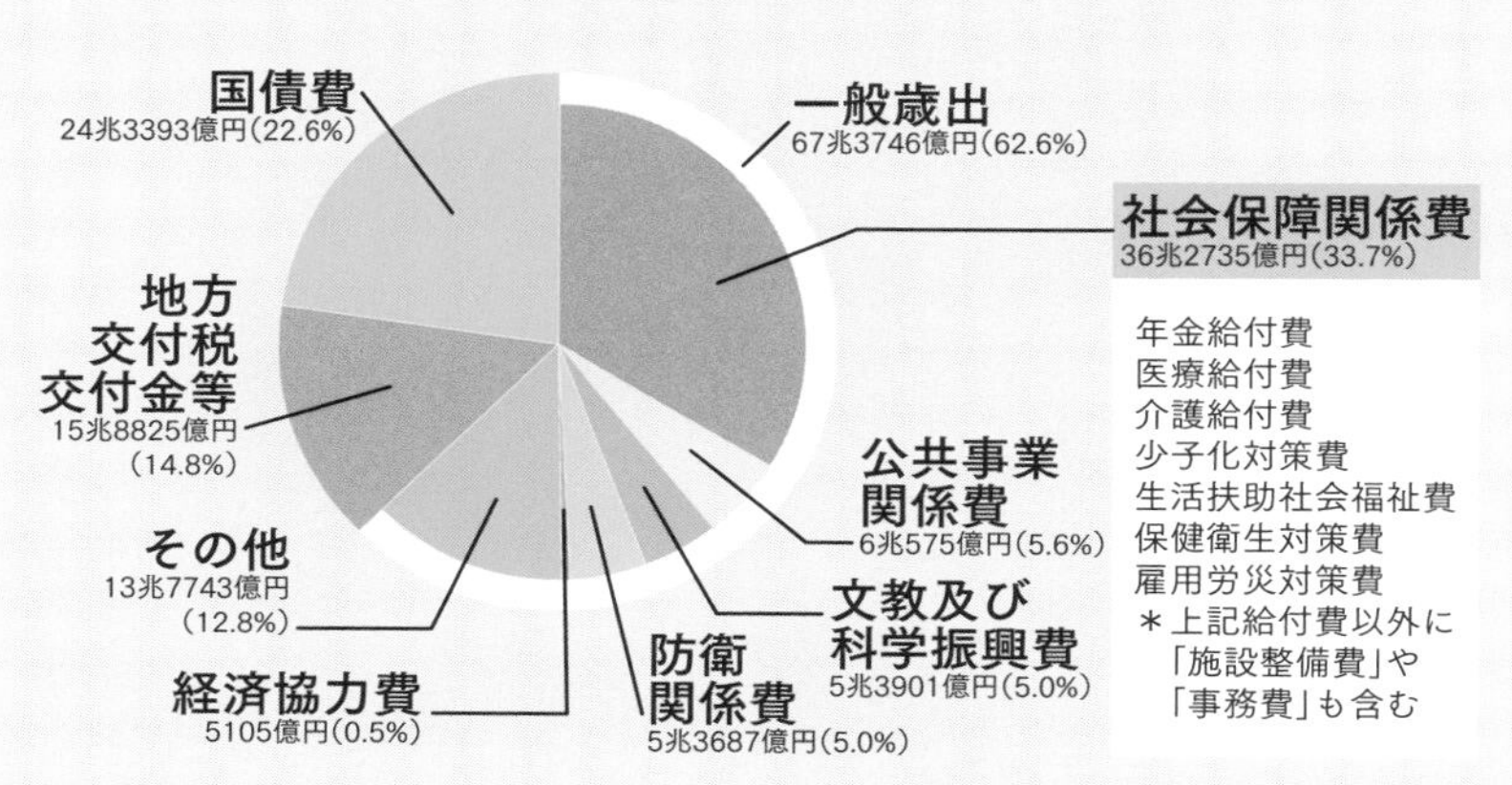

図2　民生費の目的別の内訳

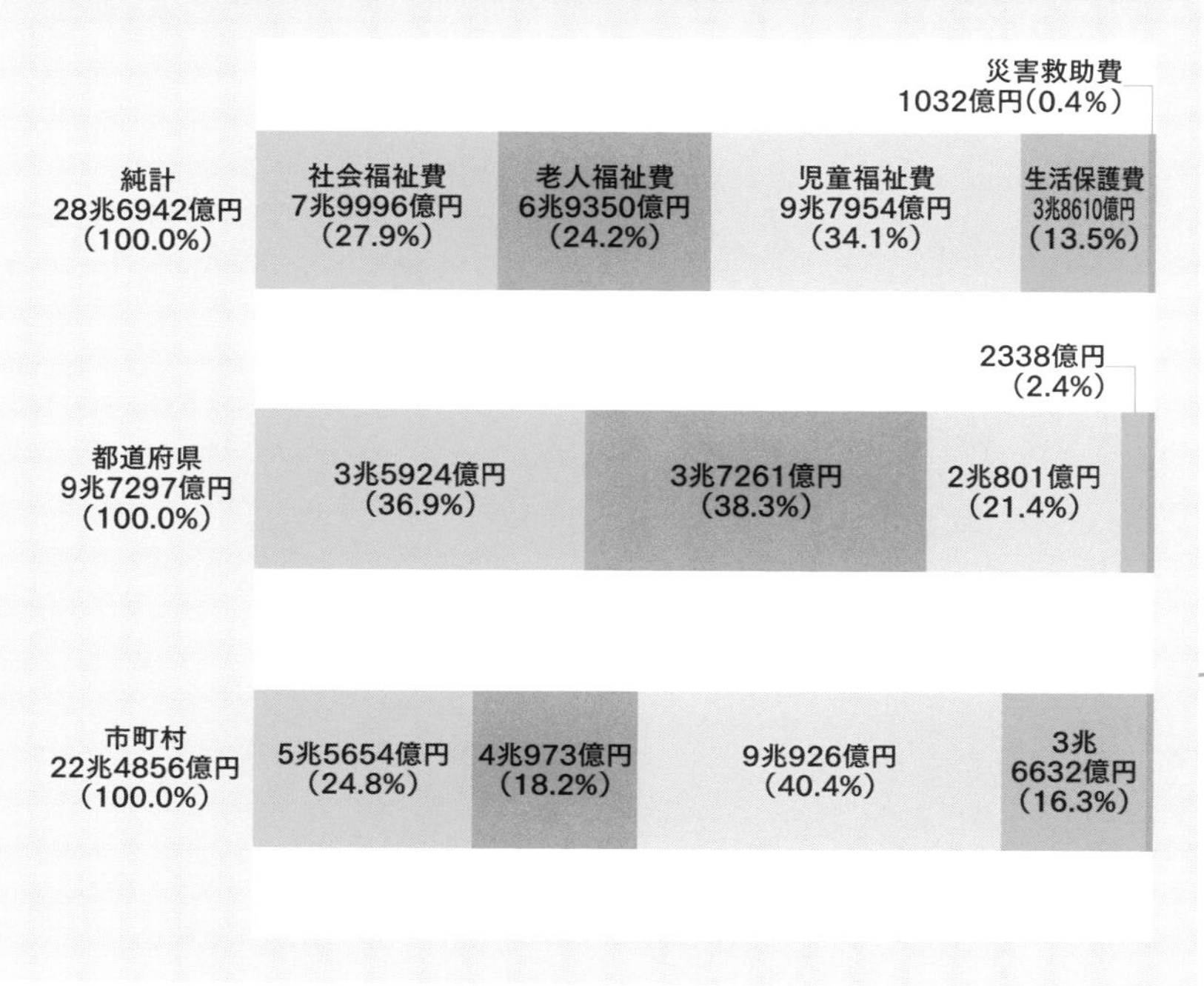

	社会福祉費	老人福祉費	児童福祉費	生活保護費	災害救助費
純計 28兆6942億円 (100.0%)	7兆9996億円 (27.9%)	6兆9350億円 (24.2%)	9兆7954億円 (34.1%)	3兆8610億円 (13.5%)	1032億円(0.4%)
都道府県 9兆7297億円 (100.0%)	3兆5924億円 (36.9%)	3兆7261億円 (38.3%)	2兆801億円 (21.4%)	2338億円 (2.4%)	
市町村 22兆4856億円 (100.0%)	5兆5654億円 (24.8%)	4兆973億円 (18.2%)	9兆926億円 (40.4%)	3兆6632億円 (16.3%)	

費、老人福祉費、生活保護費の順となっています。また、各費目の決算額を前年度と比べると、児童福祉費が6・5％増、社会福祉費が17・0％増、老人福祉費が8・7％増、生活保護費が1・8％減となっています。よく生活保護が「増えている」と批判の的になりますが、統計を見る限り、コロナ禍で生活困窮に陥る人が増加しているにもかかわらず、生活保護費は増えるどころかむしろ減っているのです。

10年前（2010年度）と比べると、児童福祉費は1・4倍、社会福祉費は1・6倍、老人福祉費は1・3倍、生活保護費は1・1倍となっており、民生費総額は1・3倍となっています。

これを団体区分別に見てみましょう。まず都道府県においては、老人福祉費が1・4倍、社会福祉費が1・8倍、児童福祉費が1・5倍となっています。これは、後期高齢者医療事業会計、介護保険事業会計、国民健康保険事業会計への負担金の増加および幼児教育・保育の無償化に伴う市町村への負担金などの増加を背景に、老人福祉費、社会福祉費および児童福祉費に係る補助費などが増加していることなどによるものです。

次に市町村においては、児童福祉費が1・4倍、社会福祉費が1・4倍、老人福祉費が1・3倍、生活保護費が1・1倍となっています。これは、児童手当制度の拡充、幼児教育・保育の無償化、自立支援給付費の増加などを背景に、児童福祉費および社会福祉費に係る扶助費が、また後期高齢者医療事業会計や介護保険事業会計への繰出金の増加などを背景に、老人福祉費に係る繰出金が、それぞれ増加していることなどによるものと思われます。

3 国と地方、それぞれの費用負担

国と地方の費用負担の割合は事業ごとに定められていますが、財政難を理由に、1985年以降、国の負担割合が引き下げられる傾向にある一方で、地方財政への負担が増大しています。利用者ならびに扶養義務者の費用負担のあり方も、21世紀から始まった社会福祉基礎構造改革▼3を経て、措置から契約への転換した際に「**応益負担**」の考えが強化されました。これは、利用者の所得に基づく「**応能負担**」の考えと対照的に、福祉サービスの利用量に応じた費用負担を求めるという考えのことです。

応益負担の考えは一見公平な印象があります。しかし実際には、低所得で生活が苦しい利用者のサービス利用が制約されるという結果を引き起こすことにつながります。「使った分だけ払う」というのは一見公平なようですが、寝たきりのように、福祉サービスを使わざるをえない人もいます。そのなかで応益負担を貫くと、必要なサービスが十分に利用できなくなる可能性があります。▼4

公平感のある費用負担の方法を考えることはたやすいことではありませんが、利用者の

▼3 コラム①「社会福祉基礎構造改革とは?」を参照。

▼4 これは、障害者自立支援法ができたときに障害者福祉サービスに応益負担が取り入れられた際にも顕著に現れました。

権利保障に直結する重大な問題です。必要なサービスを適切な費用負担で利用できるという安心感のある制度設計が求められると同時に、必要なサービスを自律的に選択できる市民性の成熟や選択への支援が大切ではないでしょうか。

4 社会保障関係費と社会保障給付費のちがい

社会保障の財政を学ぶ際によく出てくるのが、これまで説明してきた「社会保障関係費」と「**社会保障給付費**」です。よく似た言葉なので混同しがちですが、この2つは全く異なるものなので、ここで整理しておきましょう。

国の予算のうち社会保障関係（年金、医療、介護など）の費用が社会保障関係費ですが、これについてはすでに述べましたので、ここでは社会保障給付費についてまとめます。

社会保障給付費とは、端的にいえば、現金または現物の給付のためにかかった費用のことです。なお、保険料の徴収や給付をおこなう機関の職員の給与や事務所の運営経費等の管理費や施設整備費は、集計の対象ではありますが、社会保障給付費には含まれていません。

社会保障給付費の統計は、1950年度の集計開始以来、ＩＬＯの調査基準に準拠しつつ、60年にわたり公表されてきました。国全体の社会保障の規模をあらわす数値として、社会保障制度の評価や見直しの際の基本資料となるほか、社会保障の国際比較の基礎データとして活用されてきました。3つの部門（医療・年金・福祉その他（介護対策を含む））ごとの部門別社会保障給付費だけでなく、9つのリスク（高齢・遺族・障害・労働災害・保健医療・家族・失業・住宅・生活保護・その他）ごとの機能別社会保障給付費についても集計がおこなわれています。

まとめると、社会保障関係費は、国の一般会計予算における社会保障関係の経費をあらわすものであるのに対し、社会保障給付費は公費だけでなく保険料も含んだ必要総額ということになります。このように、両者は全く異なる統計であることを確認しておきましょう。

5 社会保障給付費の最新データ

それではここで、社会保障給付費の最新データを見てみましょう。直近の社会保障給付額は約131兆円、これまで年々増加傾向をたどり、1980年度（約24兆円）との比較ではプラス約100兆円以上と大幅な増加を示しています。今後も高齢化がさらに進行すると、ますます増加していくのは確実と思われます。一方、少子化も同様に進展、生産年齢人口（15歳〜64歳）の減少により、国の社会保険料収入は増加が期待できない状況です。社会保障給付費と社会保険料収入との差額は国が負担することとなりますが、結局これは国民が負担することです。つまり、国民負担率がますます大きくなるということになります。私たち一人ひとりがこの事実を認識し、少子高齢化社会の進展について真剣に考えていくことが必要でしょう。

図4をみていただくとわかるように、社会保障給付費で最も多いのは、年金の58・9兆円、次いで医療の40・8兆円となっています。それに対して、財源で最も多いのは社会保険料の74・1兆円、次いで公費の52兆円となっています。社会保障給付費は基本的には被保険

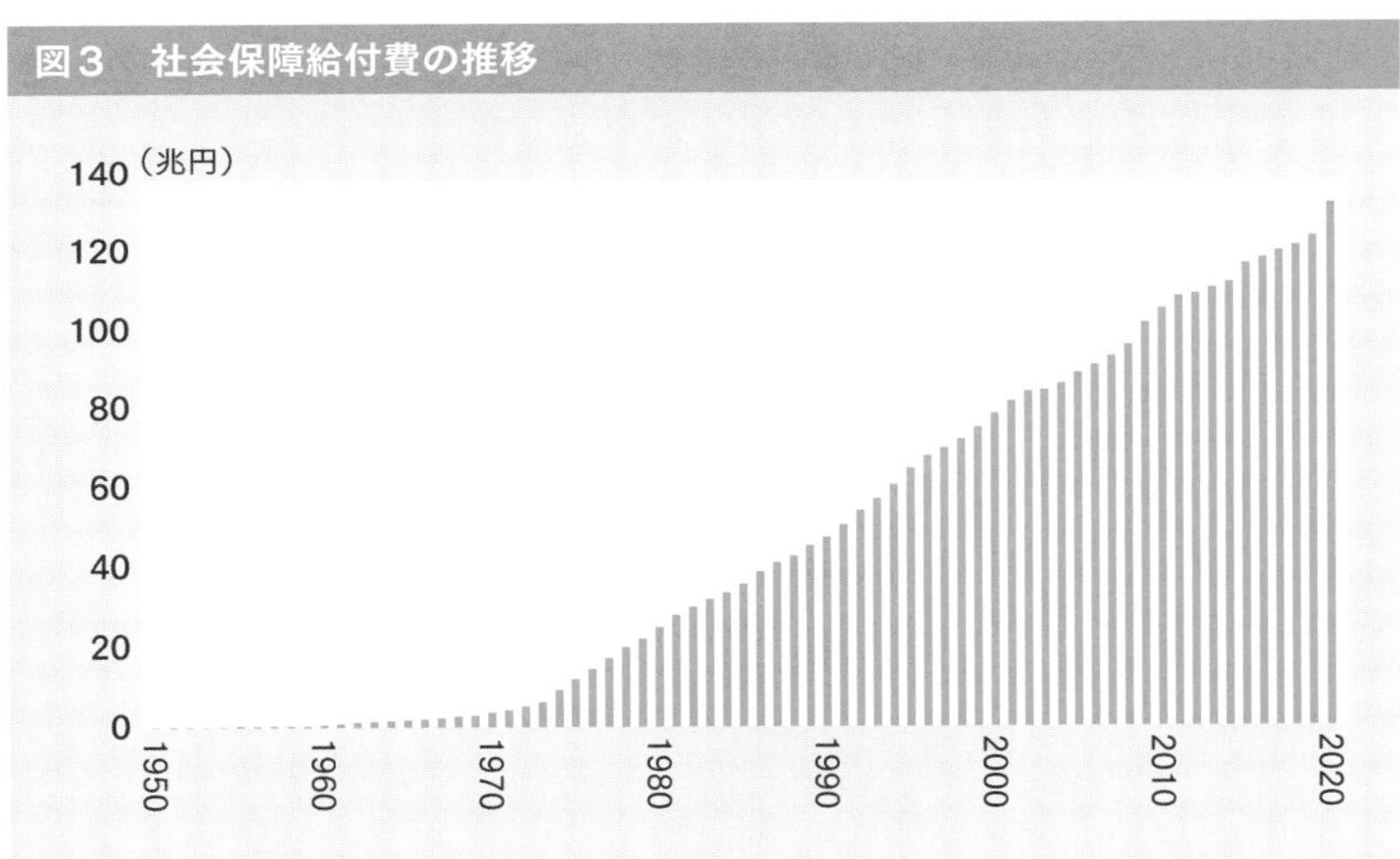
図3　社会保障給付費の推移
（兆円）
140
120
100
80
60
40
20
0
1950
1960
1970
1980
1990
2000
2010
2020

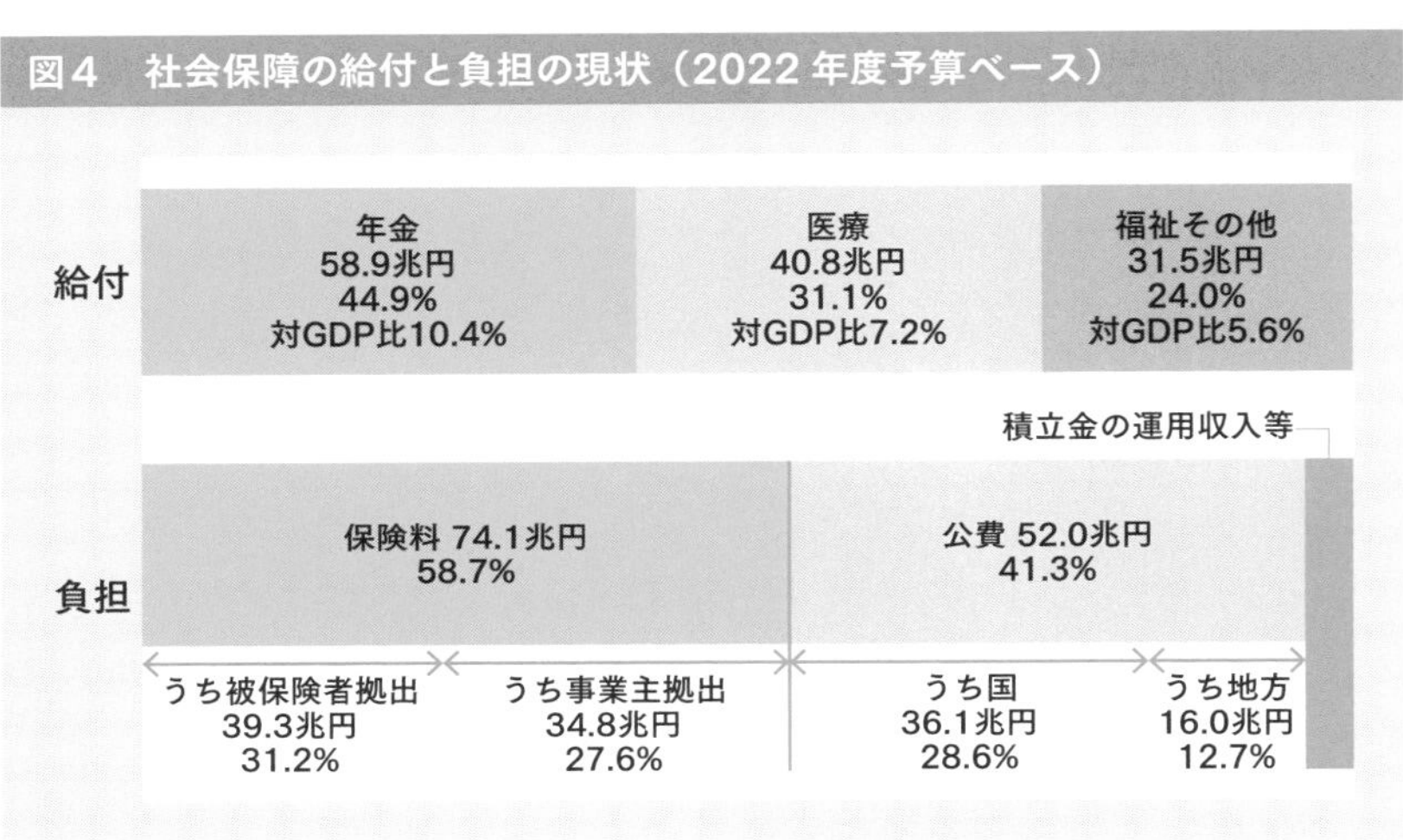
図4　社会保障の給付と負担の現状（2022年度予算ベース）
給付
年金
58.9兆円
44.9%
対GDP比10.4%
医療
40.8兆円
31.1%
対GDP比7.2%
福祉その他
31.5兆円
24.0%
対GDP比5.6%
積立金の運用収入等
負担
保険料 74.1兆円
58.7%
公費 52.0兆円
41.3%
うち被保険者拠出
39.3兆円
31.2%
うち事業主拠出
34.8兆円
27.6%
うち国
36.1兆円
28.6%
うち地方
16.0兆円
12.7%

者の保険料でまかなうべきものですが、保険料だけでは足りないため、公費からも支出されています。それでも、公費が保険料を上回ることはありません。
このあたりは、実は、社会福祉士国家試験でもたびたび出されるので、要チェックです。ここで試しに第29回社会福祉士国家試験の「社会保障」の科目で出題された問題をやってみましょう。

Q 「平成25年度社会保障費用統計」の内容に関する次の記述のうち、正しいものを1つ選びなさい。
1 社会保障給付費の対国内総生産比は20％を超えている。
2 政策分野別社会支出の構成割合が最も高いのは、「家族」に対する支出である。
3 政策分野別社会支出のうち、「住宅」支出の構成割合は10％を超えている。
4 部門別社会保障給付費の対国内総生産比をみると、「医療」が最も高い。
5 社会保障財源をみると、公費負担の割合が最も高い。

正解は、「1」です。どうでしょう？ 正解だったでしょうか。問題で使われているデータが2013年度なので、現在からみるとやや古いのですが、正解を導くための基本的な考え方は、現在の統計でも変わりません。

1　○　22・9％である。
2　×　構成割合が最も高いのは、「高齢」である。
3　×　「住宅」支出の構成割合は0・5％である。
4　×　「年金」が最も高い。
5　×　社会保険料が最も高い。

「公共財」としての社会保障

私たちの人生、予言者でもない限り、だれでも「一寸先は闇」、何が起こるかわかりませんよね。病気、ケガ、障害、失業などなど、私たちの周りにはありとあらゆるリスクが渦巻いています。社会保障とは、こうした生きていくうえで当たり前に生じるさまざまなリスクに備え、いざというときでも、とりあえず前を向いて暮らしていけるような「安心装置」です。これは、独り占めするものではなく、みんなの「公共財」なのです。

この公共財をこれから次の世代、そのまた次の世代に引き継いでいくためにどうすればいいでしょうか。この課題に取り組むためには、まずは社会連帯、相互扶助の思想を持つことが必要です。でも、もちろんそれだけではなく、いかに公平公正な財政システムを構築するべきか、考え続けなければなりません。そのためには、そもそも公平とはどういうことなのか、損得関係のない普遍的なシステムとはどんなものなのか、などについて、社会全体で考えなければなりません。社会保障制度を持続可能なものにするためにも、この社会でともに生きる人びと全体で議論を尽くしたうえで、社会連帯を構築することが必要となります。

こういうと、あまりにもスケールが大きすぎて、やる気をなくしてしまう人もいるかもしれませんね。では、まずは目の前の生活に根差したところから始めてみてはどうでしょう。たとえば、あなたの住んでいる街の役所のホームページを開いて、社会保障費が年間いくらになっているのか、どんなところに使われているのかを調べてみる。それだけでも大きな一歩となるはずです。

第4章

保険って何？

1 保険って、そもそもどういうしくみ？

1 少ないお金で、みんなで危険（リスク）に備える

社会保険とは、「生活上の困難をもたらす一定の事由に対して、**保険**の技術を用いて給

付をおこなうしくみ」でした（25頁参照）。しかし「保険」には社会保険以外にも、がん保険、自動車保険、地震保険など、民間企業などが実施しているもの（民間保険）があります。

保険とは、平たくいえば次のようなしくみです。

（ア）将来発生する可能性のある危険（リスク）に対して、みんなでお金（＝保険料）を出し合っておき
（イ）危険が具体化したら
（ウ）出し合っておいたお金から保険給付（保険金）が払われる

このしくみ自体は、社会保険でも民間保険でも基本的には同じなのですが、ちょっとわかりにくいので、具体例でみてみましょう。

T学園では、毎年、クラス（50人）のうち2人が自転車を壊されています。そこで、（ア）みんなで1人400円ずつ出し合って、壊された人に1万円のお見舞金を出すことにしました。今年は、（イ）佐藤君と大山さんが自転車を壊されたので、（ウ）佐藤君と大山さんが1万円ずつ受け取りました。

この例での（ア）（イ）（ウ）が、それぞれ保険のしくみの（ア）（イ）（ウ）と対応していることがおわかりでしょうか。「将来発生する可能性のある危険」とは、「自転車を壊されること」です。壊される確率は4％（50分の2）にすぎませんが、でも運悪く、自分の自転車が壊されてしまうかもしれません。そのようなリスク（ここでは、経済的損失）に備えるために、「壊される可能性のある」人たちが、少しずつお金を出し合い、集めたお金をもとに、被害にあった人にお見舞金を出すというのが、まさに「保険」の考え方なのです。もちろん、実際の保険はこれほど単純ではありませんが、このように、みんなでリスクに備えるのが、「保険」の基本的なしくみです。

ところで、ここでの「リスク」は、基本的には「個人ではコントロールできない」ことが大前提。たとえば「古くなってきたから、わざと自分で壊して1万円もらおう」なんて人が続出したら、この話は成り立ちません。なので、保険の世界でのリスクは「個人ではコントロールできない」ことが大前提ですし、自分でリスクを具体化させた場合（この例では、自分で自転車を壊したような場合）は給付の対象とはなりません。

2 保険の基本原理

次に、保険が成り立つための基本的な考え方（原理）を3つ紹介しましょう。[1]

▼1 ただ後述するように、(2)と(3)は、社会保険においてはかなりの程度修正されています。

(1) 大数の法則

これは「ある出来事は、多量に観察されればされるほど、その発生確率が予想しやすい」という法則です。後述するように、保険が安定的に運営されるためには、欠かせない考え方です。たとえばサイコロを振ったとき、1の目が出る確率は理論的には6分の1。しかし10回やっても一度も出ない人もあれば、3回くらい1が出る人もいるかもしれません。でも、1000回やれば、ほとんどの人は6分の1の確率で1が出ているはずです。▼2

で、それが保険とどう関係あるの?ということですが、たとえば、40歳の男性Aさん。Aさんは、明日がんが見つかるかもしれませんが、生涯がんにはならないかもしれません。しかし、日本全体でみると、「40歳の男性が10年以内にがんになる可能性」はかなりの精度で予測可能です(約1・6%)。このように、リスクが具体化する確率の予測は、保険の安定的な運営には欠かせませんが、それは観察する数が多いほど、あるいは数をこなすほど、精度が上がるのです。

(2) 収支相等の原則

これは、入ってくる保険料の総額(収入)と、必要な保険給付の総額(支出)とが見合ってなければ、保険が成り立たない、という考え方です。収入と支出が見合っていないとダメというのは、当然といえば当然なのですが、この考えのもとで、保険料も計算されてい

▼2 サイコロなんて古臭いという方は、スマホのゲームのガチャに置き換えて考えてみてください(関心のない人はすみません)。

ます（保険料額＝保険給付額×危険発生率）。たとえば89頁の例では、保険給付の総額が「2万円」、危険の発生率が4％でした。なので、生徒50人から1人400円集めれば、2万円をまかなうことができる、と計算しているのです。[▼3]

(3) 給付・反対給付均等の原則

これは、被保険者の支払う保険料は、それぞれのリスクに見合ったものである、というものです。「リスクに見合った」とは、少し難しくいうと、リスクが具体化したときに「確率的に受けられる給付の期待値に見合っている」ということ。たとえば、さきほどの例では、「運悪く、自転車を壊される2人に該当する確率」は平均4％だから、1万円の4％である400円が、リスクに見合った保険料にあたるわけです。もっとも、実際に全員にとってそれが同じ確率ということはまずありません。たとえば、もともと徒歩通学の近本君と、（実は卓球部の生徒の自転車ばかりが壊されている、といった事情がある場合に）卓球部所属の梅野さんがいたとしましょう。この2人を比べれば、同じ400円でも、近本君にはコスパが悪く、梅野さんにはコスパがいい、というのが分かると思います。

リスクに見合った保険料でなければ、「コスパがいい」と感じる人しか保険に入ってこないので、保険はなりたちません。そこで民間保険では、通常はリスクの低い人は安い保険料、リスクの高い人には高い保険料が設定されます。[▼4]

▼3　実際には、保険会社の事務手数料なども見込んだうえで保険料は設定されていますが、このような考え方から、保険制度は成り立っています。

▼4　たとえば、交通事故を起こしたことのないドライバーと、交通事故歴のあるドライバーとでは、自動車保険料の額は異なります。

2 民間保険と社会保険の違い

次に、民間保険のしくみや特徴について簡単に見たうえで、社会保険とどこが同じでどこが違うかを、簡単に見ておきましょう。なお、民間保険も社会保険も、保険を運営している主体（社会保険では国や自治体など、民間保険では保険会社など）のことを「**保険者**」、保険の対象として補償を受けられる人を「**被保険者**」といいます。

1 民間保険のしくみ

民間保険は、民間の保険会社が販売している商品であり、保険会社の保険を購入することで成立しますが、民間保険も、人々の生活の安定を支えるものなので、いい加減な設計や運営では困ります。そこで、保険法や保険業法といった法律を通じて、国の監督下に置かれていますし、万が一破綻した場合には、支払保証の制度があり、責任準備金（将来の保険金の支払いを確実におこなうために、法令上積み立てておく必要のあるお金）の90〜

100%相当が保証されます。

民間保険には、第1分野といわれる**生命保険**（人が死んだ場合や、一定年齢まで生きていた場合などに保険金が支払われるもの。個人年金保険、終身保険、学資保険など）と、第2分野といわれる**損害保険**（一定の偶発的な事故が発生した場合に、一定額の保険金が支払われるもの。自動車保険、火災保険など）とがあります。なお、生命保険は生命保険会社が、損害保険は損害保険会社が扱うこととなっていますが、近年は、どちらにも該当しない民間保険（たとえば、がんや障害、介護などが生じた場合に保険金が支払われるものなど）も増えており、これらは第3分野と呼ばれています▼5（第3分野は、生命保険会社・損害保険会社のいずれも扱うことが可能です）。

2 民間保険と社会保険の違い

公的な保険制度である社会保険には、**年金**、**医療**、**介護**、**労災**、**雇用**の5分野があることはすでに触れました。

まずは、民間保険と社会保険の共通点を確認しておきましょう。1つは「同じようなリスクを抱えた人たち」があらかじめ保険料を納め、現実に危険が具体化したときに、集めた保険料をもとに保険給付をおこなう、という制度設計。これはどちらも同じです。次に、「人」に対して経済的な保障をおこなうという点も、同じだといえるでしょう。▼6 さらにど

▼5 なお民間保険と似たものに、「共済」があります。これは、同じ職場や同じ地域の人同士が「組合員」となり、この組合員が掛金を出し合い、死亡や病気、けが、火災などの際に「共済金」が払われる、というもので、「組合員同士の助け合い」の制度、といえます（農協の「JA共済」、生協の「CO・OP共済」などがあります）。共済は保険会社と違い、根拠法も「農業協同組合法」「消費生活協同組合法」などです。また、非営利（利益を出すことを主目的としていない）であり、共済金が余った場合には組合員に還元されます。民間保険に比べると一般的には掛金が安価ですが、制度が破綻

ちらも、保険数理に基づいて制度が運営されている[7]という点も、共通点として挙げられます。たとえば、①でみた「大数の法則」は、民間保険でも社会保険でも用いられている考え方です。

では次に、民間保険と社会保険の「違い」です。主なものは次の通りです。

(1) 任意加入か強制加入か

民間保険の場合、「入りたい人が入る」つまり任意加入が原則です[8]。だからこそ、①でも触れたように、リスクに見合った保険料でなければ、わざわざ入ろうとは考えないでしょう。その点でも民間保険は、給付・反対給付均等の原則がかなりの程度徹底しています。

これに対し社会保険は、法律上の要件を満たせば、本人の意思に関わらず、必ず入らなければなりません（厳密には、「入っている」ことになっています）。これを強制加入といいます。民間保険の給付・反対給付均等の考え方だと、リスクの高い人（たとえば、高齢者や障害者、病弱な人など）は、保険料が高くなったり、保険に入れてもらえないことも出てきます。社会保険は「国民全員に基礎的な保障を提供する」という観点にたっているので、リスクの高い人が排除されないよう、強制加入のしくみをとっているのです。これは「リスクの高い人も低い人も、全員で支えていく」という社会連帯の考え方の反映、ともいえるでしょう[9]。

した場合の支払保証がないなどのデメリットもあります。

▼6 ただし民間保険の場合、火災保険や自動車保険のように、「物」に対して経済的保障をおこなうものもあります。

▼7 保険数理というのは、保険の運営のために必要となる保険料の計算や死亡率、利率、事故率などのことです。

▼8 ただし自動車損害賠償責任保険（自賠責）のように、自動車を運転する人は加入が義務付けられているものもあります

▼9 なお、国がやっている制度であっても、任意加入だったり（国

(2) 保険原理が貫徹されているか修正されているか

(1)と被りますが、民間保険では、給付反対給付均等の原則も、収支相等の原則も徹底しています。給付・反対給付均等の原則に立たなければ、誰も保険に入ろうとしないでしょうし、収支相等の原則も、保険料収入より支出（保険給付）のほうが多くなれば、保険会社はつぶれてしまうからです。

これに対し社会保険では、給付・反対給付均等の原則も、収支相等の原則も、かなりの程度修正されています。まず、給付・反対給付均等の原則については、危険（リスク）に見合った保険料という考え方は、原則的にはとられていません。たとえば、病弱な人も健康な人も、収入・所得が同じであれば、医療保険の保険料は基本的に同じです。年金も、女性のほうが平均寿命が長いからといって、男性より保険料が高いわけではありません。▼10

収支相等の原則が、おおむね成り立っている制度（厚生年金、労災保険、雇用保険など）もありますが、「保険料収入だけでは大赤字！」という制度は少なくありません（国民健康保険、後期高齢者医療、国民年金、介護保険など）。たとえば国民年金は、財源の半分は税金（国庫負担）です。後期高齢者医療に至っては、（窓口での負担分を除く）財源のうち保険料が占めているのはわずか1割で、5割は国・県・市町村の税金、4割は他の医療保険制度からの支援金で穴埋めされています。これは、ある意味「保険としてはハタンしている！」ともいえるでしょう。保険料収入だけでまかなおうとしたら、保険料がバカ高くなっ

民年金基金制度や国民年金の付加年金など）、民間がやっている制度でも、国が税制優遇している制度（確定拠出年金制度など）もありますが、これらは社会保険とは別物と考えていいでしょう。

▼10 協会けんぽの都道府県別保険料や、労災保険のメリット制のように、リスクの違いを保険料に一部反映しているものもありますが、ごく例外的なケースです。

てしまい、とても負担できないからなのですが……。

このように、社会保険と民間保険では、「保険」としての共通点もありますが、大きく異なります。これは「社会保険は保険の視点が欠落したバラマキだ」というわけでも、「民間保険は金儲けでけしからん」というわけでもなく、それぞれの長所・短所を補完するしくみと考えるべきでしょう。つまり社会保険は、国民全体を広くカバーするもので、民間保険は国民一人ひとりの異なるニーズに柔軟に対応することに長けている、といえるのです。

第１部のおわりに

「社会保障制度が、何をどこまで守ってくれるのか」は、実はとっても難しいこと。うさぴょんが困っていることは、さすがに「そりゃ甘えだろ！」と思った人が多いでしょうが、じゃあ社会保障がどこまで守るべきなのかは、人によって、時代によって、事情によって、大きく変わってくるものです。

ねこにゃんのように、努力している（？）立場からすると、努力しない（あるいは、そう見える）ことは許せなくなりがち。もちろん、努力自体はいいこと。でも、誰もが常に全力で努力できるわけではありません。自分や家族が体を壊したり、思いがけぬ不況や物価高に見舞われたり……。それを「努力不足」と切り捨てたり、「親ガチャ」と諦観するのではなく、少し発想を変えて、「誰でもそういう目に合う可能性がある」ことに目を向けませんか。そこから「社会保障が、どこまで守るべきか」を考えてみると、違うものが見えてくるかもしれません。

COLUMN 1

社会福祉基礎構造改革とは？

昭和の頃の社会福祉サービスは、利用希望者が役所（行政）に申請すると、役所が必要なサービスを判断して、必要と認めればサービスを提供する、という方式でした（措置制度）。しかしこれだと、望んでいない施設（老人ホームや保育所など）に入れられてしまうこともあるし、サービスの質も向上しにくい。市町村にお金がないと、なかなかサービスが提供されないこともあります。これは利用者にとってもよくないだろうということで1990年代後半から、利用者が自由にサービスを選べるようにしよう、規制緩和してサービス提供者も競争させよう（そうすればサービスの質も上

先生「今度から制服がなくなりますので、私服でOK。でも、変な恰好はだめですよ」

A「ラッキー！　制服ってダサくて嫌だったんだよね。服ぐらい、自分で選べないと！」

B「制服のままでいいのに……。別に悪くないし、着るもの毎日考えるの面倒だし、買うのにお金かかるし、変なの着てたらバカにされそうだし」

社会福祉基礎構造改革の影響を簡単にいうとこんな感じですが、「ふざけるな」と怒られそうなので、もう少しきちんと説明しましょう。

がるだろう）ということで、利用者がサービス提供者と直接契約してサービスを受ける方式（契約方式）への転換が打ち出されるようになりました（措置から契約へ）。これが社会福祉基礎構造改革であり、１９９７年の児童福祉法改正、１９９９年の介護保険制度創設、２０００年の社会福祉法改正へとつながっていきました（56頁も参照）。

その後、紆余曲折はありましたが、現在は、介護サービスも、障害者サービスも、児童保育も、基本はサービス提供者と契約を結び、市町村はその費用の一部をカバーするという方式にシフトしています。

措置から契約にシフトした結果、利用希望者は好きなサービスを選べて満足度も高まり、サービス提供者の質や効率性が向上したのでしょうか。

たしかにそういう面もなくはないでしょう。しかし他方で、利用者側は知識や情報が不足していることも多いし、自分で判断・決定するのが難しい人もいます。そのため、社会福祉法や障害者総合支援法ではサービス提供者に情報提供の努力義務が課されたり、判断・決定が難しい人のために福祉サービス利用援助事業や成年後見制度なども整備されてはいます。しかし前者はしょせん努力義務だし、後者もお金がかかるし何かと使いづらい。そうでなくても、何を選択したらいいのかは意外に難しいです。そういった点で、批判も強くあります。

こうして見てると冒頭のたとえ話も、あながち的外れではないでしょう。あなたはAさん、Bさん、どっちのタイプ？

（河合）

第2部

いざというときの「助け合い」

年金・医療・介護

公的年金なんて意味ない？

医療保険って不公平？

ねこにゃんが嘆いているように、特に年金や医療保険などは、社会保障のなかでも、あまりいいイメージはないかも。でも、「信用できない」とバッサリ切り捨てる前に、本当にそこまで信用できないのか、仮にそうだとして、どうしてそんな制度が存在するのか。「法的」な角度から、一緒に考えてみましょう。

第５章

年金制度

1 公的年金って何？

1 公的年金は、何を保障してくれるの？

「年金」というと、皆さんはどんなイメージでしょうか。「信用できない」「あてにならない」といった、悪いイメージのほうが強いかもしれませんが、それはちょっと置いておいて

学生にも払わせるなんて、鬼畜だよね？

……。もともと年金とは「年単位で、定期的・継続的に払われるお金」を意味するのですが、日本では「老齢・障害・死亡が生じた場合に、所得保障を目的として、国から金銭が払われる」という**公的年金制度**を指すことが多いでしょう。公的年金以外には、企業が従業員のために運営・加入する**企業年金**や、個人が任意で入る**個人年金**もあります(両者は**私的年金**といわれます)。なお公的年金は、原則として死ぬまで払われます(**終身年金**)が、企業年金や個人年金は、有期年金(5年間や10年間など)や一時金で払われることがほとんどです。

第1部では、さまざまな「生活上の困りごと」から国民の生活を守るしくみが社会保障だ、ということを見てきましたが、公的年金はこのなかでも「年を取って働けなくなる」「障害を負う」「家計を支えていた人が死んでしまう」といった困りごとをカバーする(はずの)ものです。

2 公的年金の特徴と制度体系

複雑なイメージのある日本の公的年金制度ですが(図1)、「**国民年金**」と「**厚生年金**」の2つから成り立っている、ということをまずは理解しておきましょう。

国民年金も厚生年金も、一定の要件にあてはまる人は必ず入らなければならない(より正確には、「入っている」ことになる)ものです(**強制加入**)。国民年金には、20歳以上、60歳未満で、日本国内に住所を有するすべての人が入ります(**国民皆年金**)。厚生年金は、**会**

社員や公務員などが入る制度ですが、この人たちは「国民年金と厚生年金の2つに入る」かたちになります。[1] なお図1は、確定給付企業年金、確定拠出年金、国民年金基金などの名前も出ていますが、これらは私的年金と呼ばれるもので、厳密には公的年金とは別の制度ですが、[2] これらも公的年金とあわせて老後生活を支える制度といえます。

3 公的年金って、何のためにあるの?

ここまでの話だけでもうお腹いっぱいという人も多いかもしれませんが、まずは、何のために公的年金があるのかを考えてみましょう。

一言でいえば「自分の力で備える(自助努力)には限界があるから」です。……といっても、これで納得してくれる読者はあんまりいないでしょうから、もう少し見ていきましょう。

まず、年金に頼らず、自分の貯金で対応することは可能でしょうか。日本の65歳からの平均余命は男19・83年、女24・63年(2019年)ですから、だいたい「65歳から20年くらい生きる」と仮定します。また、夫婦2人の老後の最低日常生活費は月額22・1万円だそうです。[3] したがって、この月額22・1万円が20年かかるとなると、ざっくり5304万円。これを子どもの学費や住宅ローンと別に貯金しておくのは大変そうですが、不可能ではないでしょう。しかし問題は「20年以上生きて、貯金が尽きたら?」という話。寿命は予測がつかないもので、案外長生きすることもあります(**長寿リスク**)。実際にはその間の利

▼1 逆にいうと、会社員や公務員でない人は、国民年金だけに入るかたちです。

▼2 企業年金のない企業もありますし、個人年金は自分の意思で入るものです。

▼3 いずれも公益財団法人生命保険文化センター調べ。

息収入もありますが、いまの低金利では期待できない反面、物価があがって、貨幣価値が目減りする恐れもあります（**インフレリスク**）。しかも、何か予想もつかない出費が生じてしまう可能性もあります。その点で公的年金は、**死ぬまでもらえる終身年金**なので、これに関する心配は一応ありません。また、後で触れますが物価などの変動に応じて金額もある程度変わるしくみを取っています（スライド制）ので、インフレリスクにもある程度は安心なのです。

「愛する子供に面倒みてもらえばいい」という人もいるでしょう。たしかに、民法にも「直系血族及び兄弟姉妹は、互いに扶養する義務がある」という条文があります（**私的扶養**、877条1項）。ただ、民法が制定された1898年の平均寿命は男女とも40歳代前半で、いまとは「老後の長さ」

図１　公的年金・私的年金の制度体系

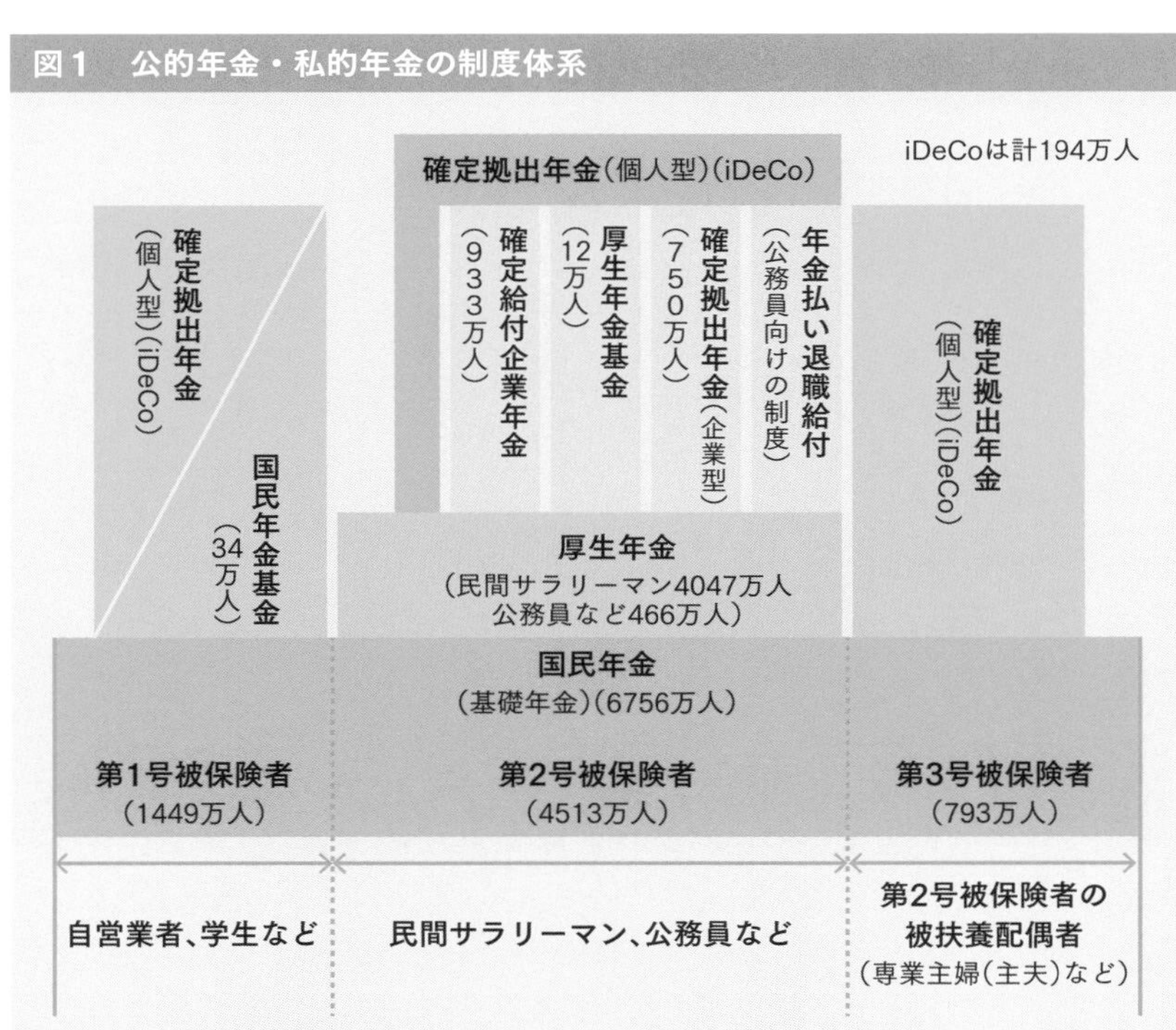

出典　企業年金連合会『企業年金に関する基礎資料　令和３年度版』をもとに筆者作成。数値（加入者数）は 2021 年3月末現在。

が大きく違いますし、支える家族や子どもの数も状況も全く違います。そういったなかでは、私的扶養に期待することにも限界がありそうです。

「だったら私的年金で備えればいいんじゃ？」という反論もあるでしょう。後述するように、国もたしかに、私的年金に老後の生活保障の支えという役割を期待していますし、その意味では、私的年金も使って備えることにも、もちろん意味はあります。ただ、私的年金は有期年金や一時金タイプが圧倒的に多いですし、特に自分で運用するタイプの確定拠出年金の場合、「思っていたほどの金額にならなかった」ということもありえます。残念ながら老後生活の支えのメインとしてはちょっと頼りないといわざるをえません。

いかがでしょうか。もちろん「だから公的年金なら安心」とまでは思えないでしょうが、結局は「自分で備えるには限界がある」からこそ、公的年金という制度があるのです。

さて、公的年金制度は、入っている人（**被保険者**）が保険料を支払い、一定の要件を満たした人（**受給権者**）が年金をもらう制度ですので、ここからは、「入ること」と、「もらうこと」とに分けてみていきましょう。

2 公的年金の加入に関するアレコレ

1 国民年金

(1) 被保険者

「制度に入っている人」のことを被保険者といいます。国民年金の被保険者は、20歳以上、60歳未満[4]で、日本国内に住所を有するすべての人で、タイプ別に、第1号被保険者(以下、第1号)・第2号被保険者(以下、第2号)・第3号被保険者(以下、第3号)に分かれています(図2)。たとえば大学生の場合、20歳になれば第1号になりますが、大学を卒業してどこかの企業に就職すれば第2号になります。その後フリーランスとして独立するという場合には再び第1号になります。なお厳密には、第2号については年齢要件がないため(厚生年金被保険者の年齢制限＝70歳未満のみ)、中学や高校卒業後すぐに就職した人などは、20歳未満でも国民年金の第2号となります。

▼4 いいかえれば、保険料を納めるのは60歳までの40年間で年金をもらうのは原則65歳から、ということです。ただ、政府の社会保障審議会では、40年間ではなく、65歳になるまでの45年とするといった議論もでてきています。

(2) 保険料

保険料についても、第1号・第2号・第3号とでそれぞれ異なります。このうち、第3号は保険料負担がありません。[5]

さて、第1号は定額の保険料ですが、所得が一定以下だったり、失業して収入が激減したりすると、結構バカにならないですよね。そんな場合には、日本年金機構に申請して認められれば、4段階（全額〜4分の3まで）で保険料が免除されます（**申請免除**）。また、障害年金や生活保護を受けている場合は、届出をすれば保険料が全額免除されます（**法定免除**）。さらに、産前産後期間（出産予定日（出産日）の前月から4ヶ月間）の保険料も、届出をすれば免除されます。

「免除」と似たしくみに、「猶予」があります。これには、**学生納付特例**（ガクトク）と**保険料納付猶予**とがあり、前者は、所得が一定以下（おおむね年間128万円以下）の学生が申請すれば、在学中の保険料の納付を猶予してもらえる、というもので、後者は、50歳未満で所得が一定以下の人が申請すれば保険料の納付を猶予してもらえる、という制度です（いずれも10年以内であれば追加で納めることができます）。

保険料の「免除」と「猶予」、どう違うのかわかりにくいですが、後で述べるように、将来もらえる老齢基礎年金の額が違ってきます。免除を受けていた期間は年金額に一部反映されます（産前産後期間の免除は全部反映）が、猶予を受けていた期間は、後から保険料

▼5 昔は、専業主婦は国民年金に任意加入だったのですが、「（夫の収入に依存していた）女性が老後に離婚すると、生活に困ってしまう」という問題があり、1985年に強制加入となりました。ただ、保険料負担は大変だろうということで、保険料負担はナシとなったのです。女性にとっておいしい話……ともいえそうですが、むしろ専業主婦への過度な優遇だとか、女性を専業主婦に縛りつけるものといった批判も強くあります（詳しくは第16章「ジェンダー」で。なお、男性の第3号もいますが、99％は女性です）。

を追加で納めないと、年金額には一切反映されません。それでも、後で触れるように、何もしないよりは、猶予の手続きをしておいたほうが絶対にいいです（理由は113頁以下を参照）。ちなみに、全額免除・猶予を受けている第1号は約580万人（2019年度末）と、第1号全体の約4割。4割の人が払えない保険料の制度というのも、何なんだろうという感じもしますね。

2　厚生年金

(1)　被保険者

厚生年金は、常時従業員を使用するすべての法人と、常時5人以上の従業員を使用する事業所で働いている70歳未満の人が被保険者となります。一般的には「正社員が入るもの」というイメージが強いですが、1週間の所定労働時間（働く義務のある時間）と1ヶ月の所定労働日数（出勤する義務のある日）が正社員の4分の3以上である人は、厚生年金の被保険者になります。また、それよりも勤務日数や時間が短い労働者（**短時間労働者**）でも、

図2　国民年金被保険者のタイプ

	概要	保険料
① 第1号 被保険者	日本国内に住所がある20歳以上60歳未満の者で、②③に該当しないもの（自営業者、学生、フリーランスなど）	定額 月1万6590円 （2022年度）
② 第2号 被保険者	厚生年金の被保険者（民間サラリーマン、公務員、私学教員など）	厚生年金保険料 として事業主と折半
③ 第3号 被保険者	②の被扶養配偶者（主に、②の収入で生活しており、年収130万円未満）であって20歳以上60歳未満の者。（専業主婦（主夫））	負担なし

従業員100人以上(2024年10月からは50人以上)の事業所では、次の4項目をすべて満たす場合、厚生年金に入ることになります。

短時間労働者が厚生年金被保険者となる要件
・1週間の所定労働時間が20時間以上
・雇用期間が1年以上見込まれる
・賃金の月額が8・8万円(年収106万円)以上
・学生ではないこと

(2) 保険料

実際に働いている人のなかには、給与明細の「厚年」の控除額を見て「うわ、高い!」と驚いた経験のある方も多いのではないでしょうか。

で、結局いくら取られるのか、って話ですが、厚生年金の保険料は、被保険者の**標準報酬月額**・**標準賞与額**に、**保険料率**(**18・3%**)をかけて計算されます。イメージとしては「毎月の給料とボーナスの18・3%」ですが、厳密にはちょっと違います。標準報酬月額は、実際の毎月の給料に応じて1等級~32等級に分かれており、たとえば、給料が9万3000円未満の人は1等級(月額8万8000円)、給料が9万3000円以上

10万1000円未満の人は2等級（同9万8000円）で、給料が63万5000円以上の人は最も高い32等級（同65万円）となっています。標準賞与額は、実際の税引き前の賞与額（1000円未満は切捨て）で、1回の支給あたり上限は150万円です。

さて、毎月の給料から引かれる保険料のなかでも、厚生年金保険料は断トツに高いのですが、しかし、それでも実は**労使折半**、つまり、保険料の半分（9・15％）は、事業主が負担しているのです。「いやあ、それでも高いよ！」という気もしますが、事業主が保険料の半分を負担するというしくみは、労働者にとっては大きなメリットといえるでしょう。

ちなみにこの保険料、事業主が給料から労働者負担分（9・15％）を天引きして、使用者負担分（9・15％）とあわせて日本年金機構に納めることになっていますが、たまに「保険料の天引きだけはされていたが、事業主がちゃんと納めていなかった」というトラブルもあります。この場合、事業主には罰則がありますが（6ヶ月以下の懲役または50万円以下の罰金）、実は何もしないと、年金額も減ったままになります。厄介なのは、ゴマカシがずいぶん昔の話だと、事業主に文句をいおうにも、すでに事業主も会社も行方が分からない、ということが少なくないわけです。こういった場合、年金事務所に「年金記録の訂正請求」をして、認められれば年金額を正しく訂正してもらえるという制度があります。[6]

▼6　ただし、給与明細や源泉徴収票などが残っていないと厳しいので、とりあえずそれ系の書類は断捨離せずちゃんと取っておきましょう。

3 公的年金の給付に関するアレコレ

公的年金は、年を取ったり、障害を負ったり、家計を支えている人が亡くなった場合に払われるもので、国民年金も厚生年金も、その3種類の給付があります（それぞれ、**老齢年金**、**障害年金**、**遺族年金**といいます）。いずれも一定の要件を満たすことで、もらう権利（**受給権**）が発生しますが、それぞれどのような要件なのか、また実際にはいくらもらえるのか、国民年金・厚生年金それぞれについてみていきましょう。

1 国民年金

国民年金から払われる年金は、それぞれ**老齢基礎年金**、**障害基礎年金**、**遺族基礎年金**と呼ばれます。「○○基礎年金」という名前なら、それは国民年金から払われるものです。▼7

▼7 簡単にいえば「入る（加入する）」のは国民年金、そこからもらう（受給する）のは基礎年金」ということです。……って、かえってわかりにくい？（苦笑）

(1) 老齢基礎年金

国民年金の**受給資格期間**（必要な加入期間）が**10年以上**ある人が**65歳以上**になったときに、老齢基礎年金をもらうことができます。この受給資格期間は、「**保険料を納めていた期間**（第3号の期間も含む）」と、「**保険料を免除されていた期間**」と、「**合算対象期間**（**カラ期間**）」とを合わせたもので、この期間が10年ない人は、保険料を納めていたことがあっても、年金が1円ももらえませんので注意が必要です。ちなみに「カラ期間」とは、「年金額の計算には反映されないけど、受給資格期間にはカウントされる期間」のことで、具体的には**学生納付特例の期間**などが該当します。「?」という感じの人も多そうですが、次の老齢基礎年金額の計算の説明（と、図3）を見ていただくと、少し分かっていただけるかと思います。

ちょっとややこしいところですが、要は、老齢基礎年金の額は、「保険料を納めた期間」が長ければ長いほど金額が増えるのです。そして、保険料の免除を受けていた期間は、受けていた免除の割合に応じて、8分の4〜8分の7をかけて計算されます。カラ期間については、年金額計算には反映されません。「年金額に反映されないなら意味なくない?」と思うかもしれませんが、受給資格期間「10年」のカウントには使われますので、「保険料を無視して納めて

図3　老齢基礎年金（年額）の計算式

77万8000円（2022年度）×（保険料納付済月数 ＋ 全額免除月数×4/8 ＋ 3/4免除月数×5/8 ＋ 2/4免除月数×6/8 ＋ 1/4免除月数×7/8 ＋ カラ期間×0）／ 480月（＝40年）

出典　結城康博・河村秋・大津唯『わかりやすい社会保障制度』ぎょうせい、2018年、28頁の図をもとに筆者作成。

いなかった」よりはずっとマシなのです。▼8

なお、老齢基礎年金は、最大で60歳から早く受け取ることもできます（**繰上げ受給**）。ただし、1ヶ月繰り上げるごとに年金額は0・4％下がります（最大で24％）。またその反対に、最大で75歳まで遅らせて受け取ることもできます（**繰下げ受給**）。その場合には、1ヶ月繰り下げるごとに年金額は0・7％上がります（最大で84％）。どちらも、一度手続きをしてしまうと、一生その金額が続きますので、慎重に検討しましょう（ちなみに、5年繰り上げて早くもらった場合、81歳より長生きするとトータルの受給額では損をします）。

(2) 障害基礎年金

国民年金の被保険者、または60～65歳の人が障害を負った場合（原則として、初診日から1年6ヶ月経過した日に、障害等級2級以上の障害状態にある場合）に支給されます（なお、障害者手帳の等級とは別です）。ただし、保険料納付済期間など（免除期間やカラ期間も含まれます）が、加入期間の3分の2以上あることが必要です（直近1年間に保険料に未納がなければ可）。学生納付特例を使っていると、猶予中に障害を負った場合、障害基礎年金を受給しやすくなります。▼9

年金額は、障害等級2級の場合は老齢基礎年金の満額（2022年度は77万8000円）、障害等級1級の場合はその1・25倍の金額です（18歳以下の子がいる場合などは加算されます）。また、意外と知られていないようですが、20歳前から障害がある場合には、20歳か

▼8 たとえるなら、大学のテストとかで「一定回数以上出席していないと試験受けられない」ってのがあったりしますよね。成績には反映されないけど、出席回数にはカウントしてくれるみたいなもの、それがカラ期間のイメージだといってもいいでしょう。

▼9 1990年代初めまでは、大学生は国民年金は任意加入（入らなくてもよかった）だったため、そのような学生が大学在学中に

ら障害基礎年金を受け取ることができますので、年金事務所に相談してみてください。

(3) 遺族基礎年金

国民年金の被保険者、または60～65歳で日本国内に住所のある人、もしくは老齢基礎年金の受給者が死亡した場合に、その人に扶養されていた「子のいる配偶者（以前は妻のみでしたが、いまは夫も含まれます）」に、配偶者がいない場合には「子」に支給されます（「子」とは、18歳未満、または20歳未満で障害のある子です）。ただし、障害基礎年金と同様に、保険料納付済期間などの要件を満たしていることが必要です。年金額は、加入期間に関わらず老齢基礎年金の満額（2022年度は77万8000円）で、子の数に応じた加算があります。

なお、基礎年金とは異なりますが、第1号として保険料納付済期間が3年以上ある人が、老齢基礎年金も障害基礎年金も受けずに亡くなった場合は、その人に扶養されていた一定の遺族に12万～32万円が支給されます（**死亡一時金**）。

2 厚生年金

厚生年金から払われる年金は、それぞれ**老齢厚生年金、障害厚生年金、遺族厚生年金**と呼ばれます。

大けがをして障害を負ってしまった場合に、障害基礎年金がもらえないという問題があり、全国的に訴訟にもなりました（**学生無年金訴訟**）。その後、2004年に法律が整備され、このような方にも特別障害給付金（障害基礎年金の約半額）が払われることとなりました。

(1) 老齢厚生年金

老齢基礎年金の受給資格期間を満たし、厚生年金の加入期間が１ヶ月以上ある場合に、原則として**65歳から**受け取れます（なお生年月日によっては、60歳以上65歳未満でも受け取ることができる人もいます（**特別支給の老齢厚生年金**））。これは、以前は60歳から受け取れていたものが、１９９４年および２０００年の法改正で、65歳支給に段階的に引き上げられていったことの経過措置です（完全に65歳支給となるのは２０２５年です）。

さて、その老齢厚生年金の計算式ですが、これはものすごく複雑で、かなり簡略化したものが図４です（一定の要件を満たせば、さらに年金が加算される場合もあります（加給年金）が、ここでは省略します）。

このように、２００３年３月以前の加入期間分と、それ以降との分で別々の計算式を使うのは、２００３年４月からは賞与も含めて保険料徴収の対象となった関係です[10]。

また、働きながら老齢厚生年金を受け取っている人は、年金と給料の合計額が一定額（おおむね月額47万円）を超えた場合、超えた額の2分の1相当が支給停止となります（在職老齢年金）。そのほか、老齢基礎年金同様に、老齢厚生年金についても、最大60歳までの繰り上げ受給および最大75歳までの

図4　老齢厚生年金の計算式

平均標準報酬月額 × $\frac{7.125}{1000}$ × 2003年3月までの被保険者月数

＋

平均標準報酬額 × $\frac{5.481}{1000}$ × 2003年4月以降の被保険者月数

平均標準報酬月額…2003 年3月以前の、標準報酬月額の平均
平均標準報酬額……2003 年4月以降の、標準報酬月額と標準賞与額の平均

繰り下げ受給が可能です（増減率は老齢基礎年金と同じ）。

老齢厚生年金独自の制度としては、離婚時に、夫婦間で厚生年金の記録を分割する制度があります。**合意分割**は、離婚時に、婚姻期間中の厚生年金の記録を合算したものを、当事者の合意または裁判所の定めた割合で分ける、というしくみです。**3号分割**は、国民年金の第3号の期間（２００８年4月以降の期間）における、相手方配偶者の厚生年金の記録を2分の1ずつ、当事者間で分ける、というしくみです。第3号の多くは専業主婦であり、「（第2号である）夫の稼ぎは夫婦で生み出したもの」という考えから、２００４年の法改正で、3号分割制度がおかれました。

(2)　障害厚生年金

厚生年金の加入期間中に初診日がある病気やケガで、障害基礎年金の1級または2級に該当する障害の状態になったときは、障害基礎年金に上乗せして障害厚生年金が支給されます。▼11

年金額は、障害等級2級・3級の場合は、その人の老齢厚生年金に相当する額（図4）で、1級の場合はその1.25倍の金額です。……では、就職してすぐに障害になったら、「被保険者月数」が短いので、年金額もすごく低くなるのでしょうか？　そこはご心配なく。被保険者月数が３００ヶ月未満の場合は、「３００ヶ月」として計算してくれます。また、障害基礎年金のない3級の障害厚生年金は、最低額保障（年額58万３４００円）があるほ

▼10　ちなみに、平均標準報酬月額も平均標準報酬額も、物価が安かった大昔の標準報酬をそのまま使うと、平均が低くなりすぎてしまいます。たとえば、１９６８年の大卒初任給は月給約3万円でしたが、これをそのまま計算に使うと平均が低くなります。なので、一定の率をかけて、現在の賃金水準に近づけて計算します（**再評価**）。

▼11　2級に該当しない軽い障害の場合、障害基礎年金は出ませんが、3級の障害厚生年金が支給される場合があります

か、3級より軽い障害の場合は、老齢厚生年金の2年分相当の障害手当金（最低額保障116万6800円）があります。

(3) 遺族厚生年金

厚生年金の被保険者、または老齢厚生年金の受給者が死亡したときなどに、扶養されていた一定の遺族に対して支給されます。対象となる遺族は、妻、子、夫、父母、孫、祖父母のうち、もっとも優先順位の高い者です。なお、妻は年齢に関わらず受け取れますが[12]、夫などは55歳以上でないと権利がありません（しかも、受給開始は原則60歳から）。

年金額は、老齢厚生年金額相当の4分の3です[13]。

4 公的年金に関するその他の論点

1 将来、大丈夫なの？

▼12 ただし30歳未満で子のない場合は5年間のみ受給可能。

▼13 障害厚生年金と同様に、加入期間が300ヶ月未満の場合は、300ヶ月として計算されます。

年金の財源調達の方法としては、将来の年金給付に必要なお金を事前に積み立てておく**積立方式**と、その時々の現役世代の保険料から、高齢者世代の年金を支払う**賦課方式**とがあります。積立方式は人口変動の影響を受けにくい反面、インフレや不況（資産運用環境の悪化）で積み立てたお金の価値が減る心配があります。賦課方式は、集まった保険料に応じて給付をおこなうので、経済環境が悪化しても制度が維持しやすい反面、少子化が進み現役世代が減ると、現役世代の負担が重くなりやすいという問題があります。

日本の公的年金は、積立金も運用・活用していますが、賦課方式を軸としています。また、2004年の法改正で、少なくとも5年ごとに、公的年金財政の健全性を検証する「財政検証」をおこない、財政的にヤバそうだとなれば、必要に応じて年金額を調整するしくみがとられています（後述する**マクロ経済スライド**です）。したがって、一応は「減ることはあっても、つぶれることはない」といえるでしょう。なお、公的年金全体の積立金は約186兆円（2020年度）で、毎年支払われる年金の総額は約55兆円（2019年度）となっています。

2 年金で、どこまでカバーしてくれるの？

2019年6月に金融庁が「老後30年で2000万円の貯蓄が必要」ということを打ち出し大炎上しました。正直、人によって資産も違うし、どのくらい年金がもらえるのも違うので、数字だけが独り歩きしてしまった感はありますが、実際に、公的年金だけで老後の生活を完璧にまかなうことはなかなか難しいということは、以前から指摘されていました。とはいえ「どこまでカバーしてくれるのか」は気になりますよね。

65歳時点の年金額が、現役世代の手取り収入の何%かという考え方を、**所得代替率**といいますが、２００４年の法改正で「国民年金法による〔…〕給付及び厚生年金保険法による年金たる保険給付については〔…〕１００分の50を上回ることとなるような給付水準を将来にわたり確保するものとする」（国民年金法附則2条）との規定が置かれていますので、一応「**下がっても5割はキープ**」という考えがとられています。[14]

また、公的年金の年金額は、実質的な価値が下がらないよう、物価・賃金の変動に応じて見直すというやり方が採られており（**物価スライド**）、その関係で、毎年、微妙に年金額が変わります。ただ、物価スライドとは別に、**マクロ経済スライド**も併用されています。これは具体的には、**年金の上昇幅から0・9%[15]を差し引く**、という調整です。たとえば物価が1%上がると、物価スライドで年金額も1%上がるはずですが、マクロ経済スライドで0・9%引かれるため、0・1%しか上がりません（なお、マイナスになる場合は繰越しです）。２０２２年は、物価スライド分がマイナス0・4%だったので、マクロ経済スライドは繰越しとなりました。マクロ経済スライドは、現役世代の負担が重くなりすぎないように年金給付を調整しつつ、一方で、年金が物価水準以上には下がらないよう工夫されています。要は「現役世代と受給者とで、痛みを分け合いながら、制度を維持していく」といっ

▼14　ここで前提となっているのは、「夫が平均的賃金で40年勤務し、妻は40年専業主婦という場合の、2人の老齢基礎年金＋夫の老齢厚生年金」です。

▼15　公的年金の被保険者の減少率である0・6%＋0・3%

た感じですね[16]（もっともこのあたりは、生活保障の観点からやはり問題だという批判もあります）。

3　年金って、やっぱ損じゃないの？

「年金は大事かもしれないけど、やっぱり、払った保険料の分くらいはせめて返してほしい」という人もいるでしょう。これについては教科書的には「**公的年金は世代と世代の助け合い**（**世代間扶養**）であり、**そもそも損得論で考えるべきではない**」のですが、それでは納得いかないという人のために、（この手の教科書ではタブー&テストには出ない!?）実際に損か得かを考えてみましょう。[17]

まず国民年金。月額保険料は1万6590円（2022年度）で、20歳から60歳までの40年納めると、単純計算で約796万円。一方、老齢基礎年金の額は月額6万4816円（2022年度）ですから、単純計算で、10年ちょっともらえばモトが取れます。次に厚生年金。40年間勤務して、ボーナス込みの給料平均が40万円だったとすると、保険料の自己負担分は約1757万円。これに対し老齢厚生年金の額は月額約8万7696円ですから、こちらもだいたい16年半でモトが取れる計算です。もちろん、早死にすれば別ですが、平均寿命などを考えれば、決して世間でいわれているほど「払った分すら返ってこない」ようなあこぎな設計というわけではないのです（が、この点はかなり誤解されています）。

▼16　2023年度は急激な物価高を反映して約2%、年金額が引き上げられます。ただしマクロ経済スライドのため、実質的には目減りといえるでしょう。

▼17　分かりやすくするため、かなり単純化している点はご了承ください。

第 6 章

医療保険

1 医療保障って何？

1 医療はお金がかかる！　でもお金だけでもダメ？

ケガや病気をすると「健康ってありがたいな」と思いませんか。ケガや病気は、日々の生活が辛くなるという点だけでもイヤですが、長引くと、働けずにお金に困るとか、高額

3割負担でも、
けっこうキツイ…

な治療費がかかるとか、さらに大変な思いをすることも。[1]

いまの日本では、このあと見ていくように公的医療保険(**医療保険**)があり、誰もがどこかの公的な医療保険に入っています(**国民皆保険**)。そして、日本中ほぼどこの病院に行っても、保険証さえ見せれば、かかった医療費の3割(原則)を診察代として負担するだけで、治療を受けたり、入院したりできます。「いや、その『3割』が高いんだけど……」という反論もありそうですが、このように「お金」の面から医療を保障し、私たちの健康を守ってくれているのが**医療保険**なのです。

もっとも医療の場合は「お金だけ」で十分とはいえません。たとえば、地方や離島に住んでいる人ならお分かりでしょうが、出産や大きな手術が必要となっても、すぐ近くに大きな病院がない、専門の医者がいない……ということもあります。つまりお金の面だけでなく、医療提供体制(施設や人)もきちんと機能していないと、結果的には健康が守られないという面もあります。そこで、このあたりも含めて**医療保障**といわれることもありますが、ここではこのうち、医療保険の話を中心に見ていきましょう。

▼1 これは昔からの話で、特にこのあと説明する公的医療保険ができるもっと前は「医者代を払うために、田畑を売った」なんてことも、珍しくなかったようです。

2 医療保険ってどんなもの？

(1) 医療保険制度の歴史的展開

日本の医療保険は、５つの社会保険制度のなかでももっとも古いしくみ。世界で初めての公的医療保険はドイツの疾病保険（１８８３年）ですが、日本でもそのしくみをもとに、主に工場などで働く肉体労働者（報酬が一定未満の労働者）を対象とした**健康保険法**が１９２２年に作られ（スタートは１９２７年から）、その後、農村や漁村向けに１９３８年に**国民健康保険法**が作られました。なお、１９３９年には事務系などの職員向けの職員健康保険法（のち、１９４２年に健康保険法に統合）と、（戦時体制のもとで、物資を運ぶために）重要な船員の待遇を改善するという観点から、船員向けの船員保険法が作られ戦後に続いていきます。また公務員等については、明治～大正時代には軍隊や鉄道などの一部に官業共済組合が作られており、いまでいう年金や医療保障をおこなっていましたが、それが戦後に法制度化されて**共済組合**となり、現在に至っています。▼2

ところで、戦前の国民健康保険は、実施が義務ではなかったため、制度が存在しない自治体もあったのですが、戦後「全国民を対象とした医療保険が必要だろう」ということで制度が整えられ（全市町村に実施義務）、１９６１年に、国民全員がどこかの医療保険に必ず入るというしくみ（**国民皆保険**）になりました。▼3

▼2　医療保険制度が現在でも細かく分かれているのは、そのような経緯の名残りです。

▼3　当初は「国籍条項」というのがあって、「国民」だけが医療保険の対象だったのですが、１９８６年にこの国籍条項がなくなっており、現在では、外国人も日本に3ヶ月以上いる場合は、医療保険（国民健康保険）に加入しなければならないしくみになっています。

ちなみに世界的にみると、日本のように、医療保障を社会保険のしくみを使ってやっているところもあります（ドイツ、フランスなど）が、税金で運営している国（イギリスやスウェーデンなど。国民保健サービス）、低所得者、高齢者などを除き民間の医療保険に加入するしかない国（アメリカ）などもあります。税金で運営されているところは無料ないし安価な医療が受けられる反面、サービスがいまいちだったり混んでいる、ということもあるようで、一概にどっちがいい、というのは難しいようですね。

(2) 医療保険制度の種類

(1)で見たような歴史的な流れもあって、日本では複数の医療保険制度があるのですが、大きくは以下の3グループに分けられることを理解しておきましょう（図1）。1つ目が、サラリーマンや公務員などの被用者（＝給料をもらって働く人）と、その人に養われている家族（被扶養者）が加入する**被用者保険**（**職域保険**）。2つ目は、被用者保険に入れない人（自営業者など）が加入する**地**

図1　医療保険制度の３グループ

後期高齢者医療制度 14.3%（1803万人）	
地域保険	**被用者保険（職域保険）**
国民健康保険 自営業者など	**組合管掌健康保険** 大企業サラリーマンなど
国民健康保険組合	**全国健康保険協会管掌健康保険** 中小企業サラリーマンなど
	共済組合 公務員など
	船員保険
23.3% （2932万人）	61.9% （7796万人、うち被保険者4578万人）

注　人数は、2019年度末。

域保険。この代表的な制度は後述する**国民健康保険**ですが、医師、薬剤師、土木建築業者、芸能人などの自営業者が、同業者どうしで作っている国民健康保険組合もあります。3つ目は、75歳以上（寝たきりなどの場合は65歳以上）の高齢者が全員加入する**後期高齢者医療制度**。これは2008年にできたしくみです。▼4

ちなみに被用者保険の中には、民間サラリーマンなどが加入する**健康保険**が代表的ですが、さらに被用者保険には、あとで出てきますが、**組合管掌健康保険**と**全国健康保険協会管掌健康保険**、▼5公務員などが加入する**共済組合**、船員が加入する**船員保険**、があってややこしいですね。いずれも、給料をもらって働く人向けの医療保険です。

(3) 医療保険の流れ

(2)でみたように、制度そのものはけっこう細かく分かれているのですが、どの制度であっても、医療機関で**保険証**▼6を提示すれば、あとでみるように、原則3割の自己負担を医療機関の窓口で払って（一部負担金）、治療などを受けられます（なお、2024年でこれまでの保険証は廃止になり、マイナンバーカードを保険証と一本化される予定です）。

前にもでてきたように「3割でもやっぱり高いよ」というのはあると思いますが、それでも3割の自己負担で治療などが受けられるということは、逆にいえば残り7割はどこからかお金が出ている、ということを意味します。

この「お金の流れ」に関しては、制度ごとに異なりますが、大まかな流れとしてはほぼ

▼4 それ以前の高齢者は、被用者保険または地域保険のどちらかに加入しながら、医療サービスは市町村から受けるというしくみでした（**老人保健制度**）。

▼5 それぞれ略称を組合健保、協会けんぽ↑こっちは平仮名（!・.・）といいます。

▼6 正式名称は被保険者証、被扶養者証、組合員証などまちまちですが、ここでは保険証としておきます

同じです（図2）。

ただ、その前段階として、登場する用語を確認しておきましょう（表1）。まず、医療保険に加入している人を**被保険者**といいます。次に、ちょっとイメージしづらいですが、医療保険を実際に運営・管理している機関を**保険者**（医療保険者）といいます。「え、医療保険って、国がやってるんじゃないの？」と思うかもしれませんが、正確には、法律や国の監督などにもとづいて、市町村や健康保険組合、全国健康保険協会、各種の共済組合などがこれをやっています。イメージがわきにくいかもしれませんが、保険証を発行したり、被保険者から保険料を集めたりしている組織が保険者だと理解しておきましょう。なお、被用者保険には**被扶養者**という人たちがいます。こちらは簡単にいえば、被保険者に養われている一定の親族のこと。保険料は負担しませんが、被保険者と同じように原則3割の負担で医療機関を受診できます。

では、実例で見ていきましょう。たとえば、大学生であるうさぴょんは、歯が痛くなり、保険証を持参してイタミ

表1　被保険者・保険者等について

被保険者	医療保険に加入して、毎月保険料を納めている人。 病気やケガの際に、医療保険を使って医療サービスを受けられる。
医療保険者（保険者）	医療保険を運営・管理している機関。保険料を徴収したり、保険給付を行ったり、保険証（被保険者証、被扶養者証等）を発行したりしている。 例）**健康保険**　全国健康保険協会、健康保険組合 **国民健康保険**　各市町村・都道府県
審査支払機関	保健医療機関から医療サービスの報酬（診療報酬）の請求を受け付け、その請求内容を審査したうえで、医療保険者に請求する。医療保険者から支払いがあったら、それを保険医療機関に払う。
保険医療機関	各地域の地方厚生局からの指定（保険医療機関としての指定）を受けた、病院や診療所。

歯科（保険医療機関）にて歯を抜いてもらい、窓口で3000円（3割相当）を支払ったとします。このとき、実際にかかっている費用は1万円ですが、イタミ歯科は、治療にかかった費用のうち7000円（7割相当）を**診療報酬**というかたちで「審査支払機関」に請求します。つぎに審査支払機関は、医療保険に沿った治療だったかどうかをチェックしたうえで、問題がなければ保険者にその金額を請求します。請求を受けた保険者は、請求された金額を審査支払機関に払い、審査支払機関からイタミ歯科に7割相当が支払われる……という流れです。

図2　医療保険制度におけるお金の流れ

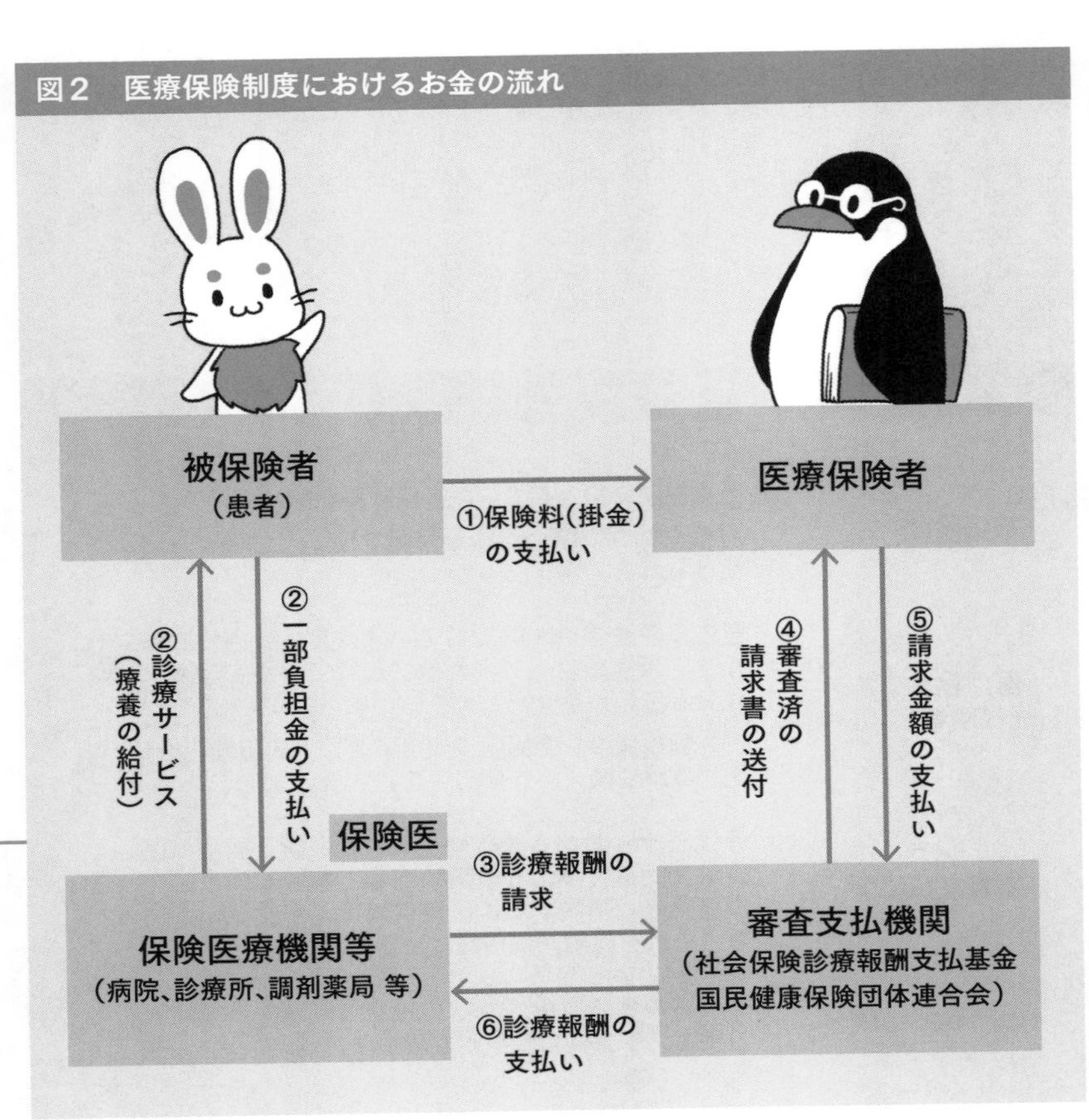

(4) 対象となる保険事故

医療保険のうち、被用者保険の対象となるのは、業務災害以外のケガや病気、死亡、出産です。業務災害、つまり仕事が原因での（業務上の）ケガや病気には、労災保険を使うことになります（第8章を参照。その場合、自己負担は基本的にはありません）。▼7

また、生活保護による医療扶助（第10章を参照）や、原爆被爆者向け医療のように、医療保険とは別の公的な負担でなされる医療、結核療養のように、自己負担相当分が公的な負担でカバーされる医療もあります。さらには、自治体が「中学生までの医療費無料」として、自己負担分相当をカバーしているところもあります（東京23区は高校生まで無料扱い）。

なお医療保険の適用を受けない医療（全額自己負担）を「**自由診療**」といいます。日本では、医療水準からみて必要な治療は、だいたいは医療保険の範囲内でカバーされていますが、たとえば、歯がなくなった場合、医療保険で入れ歯を作ることができます。でも「入れ歯は痛い」「恥ずかしい」という人もいるでしょう。その場合はお金はかかりますが、自由診療で軽い入れ歯にしたり、インプラント（人工歯根）治療をしたりすることもできます。

ところで実際には、1つの治療のなかに、医療保険が使える部分と、自由診療の部分とが混在しているということもあります（たとえば歯を抜いたあとにインプラントを入れる、という場合など）。このように両者が混在している場合、原則としては、（本来なら医療保険が使えるはずの部分も含めて）医療保険は使えなくなり、全額自己負担となります（**混合診**

▼7 少し細かい話ですが、以前は、健康保険の対象は「業務外の事由によるケガや病気等」だったため、健康保険の被扶養者である学生がインターン中にケガをした場合などには、「労働者ではないから労災保険は適用されないけど、業務上だから健康保険も使えない（＝全額自己負担！）」というケースが時々あり、社会問題にもなっていたのですが、2013年に健康保険法が改正され、業務災害以外の場合は健康保険が使えるようになりました。なお、地域保険では、業務災害という概念はありません。

療禁止原則)。しかし例外的に、評価療養(高度の医療技術を用いた療養で、将来保険適用するかどうか評価が必要なもの)や選定療養(患者が選ぶサービスで、保険適用を前提としないもの。差額ベッド代など)などは**保険外併用療養費**[8]として、特別なサービス費用のみが自己負担となり、通常の療養と共通する部分は医療保険が適用されます。

でも患者の立場からすれば、混合診療禁止原則がなければもっと医療費は安く済むのに!という不満もあるでしょう。実際、混合診療禁止原則は憲法13条、14条、25条などに反しないかが争われた事案もあります[9]。ただ、混合診療を安易に拡大すると、最初から混合診療ありきになって、公的な医療保険でカバーされる範囲が小さくなるのではないかとの懸念もあり、難しいところです。

2 健康保険制度

ここからは、被用者保険の代表格である健康保険(**健保**)制度を見ていきましょう。

---

[8] このほか、患者申出療養として、患者からの申出をきっかけに、きっかけに適用が検討され、認められれば適用されるという制度もありますが、わかりにくいためか、適用例はまだ数百件程度のようです。

[9] ただし最判2011.10.25はこれを否定しています。

1 健康保険の「保険者」

健保の保険者は、主に大企業が単独または共同で作っている**健康保険組合**と、健康保険組合がない企業の従業員を対象とする**全国健康保険協会**とがあります。[10] どちらでも、保険の範囲で受けられる診療などには違いはありませんが、健康保険組合のほうが保険料が安かったり、それぞれ独自のサービス（人間ドックの補助、スポーツクラブや温泉施設の優待など）を用意していたり、といった違いがあります。ただし最近は、後述する後期高齢者医療制度への納付金の負担があまりに重いことを理由に、健康保険組合を解散してしまうケースも増えています。

2 健康保険の「被保険者」と「被扶養者」

法人の事業所や、（法人でなくても）常時5人以上の従業員を使用している事業所は、強制的に健保が適用されますので（**適用事業所**といいます）、原則としてそこで「使用される者」が**被保険者**となります。被保険者＝正社員、というイメージが強いかもしれませんが、法人から給料をもらっている社長などでも、被保険者となるケースがあります。[11] また、アルバイトやパートなども、図3の要件を満たすと被保険者となります。[12] なお75歳以上の場合、正社員であっても後期高齢者医療制度に加入しますので、健康保険の被保険者とはなりま

▼10 後者は、全国健康保険協会になる前は政府が保険者でした。当時の略称は「政管健保」だったのです。

▼11 広島高岡山支判1963.9.23

▼12 学生などは対象外ですが、改正が相次いでいますので、ちょっと注意が必要かも!?

せん。

医療保険・厚生年金の加入要件
- 週所定労働時間20時間以上
- 賃金月額が月8・8万円（年約106万円）以上
- 2ヶ月を超えて使用されると見込まれる
- 従業員101名以上の事業所（2024年10月からは「51名以上」）
- 昼間学生でないこと

健保の場合、被保険者に扶養されている一定の家族等も、**被扶養者**として3割の負担で治療等を受けられます（被扶養者は被保険者と違い、保険料を納めなくても、医療保険のサービスを受けられます）。被扶養者になれる範囲は法律で決まっていて、父母・祖父母・配偶者、子・孫などです。ただし、あくまで「扶養されている」ことが必要なので、年収130万円を超えると被扶養者にはなれません。[13] なお、年収130万円以下でも、右の加入条件に該当した場合は、被扶養者ではなく被保険者として保険料の負担が必要になります。

ちなみに、サラリーマンや公務員を辞めた場合も、被扶養者にならない限りは国民健康保険（**国保**）に移ることになりますが、前年の所得が国保の保険料に反映されるため、健保にいたときよりかなり多額になることが多いです。そこで、退職から20日以内に保険者

▼13 なので、アルバイトなどで年収130万円にいきそうな学生さんは、親にすぐ相談しましょう！

に申し出た場合は、2年間に限り、健保に残ることが可能です（**任意継続被保険者制度**）。

3 健康保険の負担

保険料については、勤務先の事業所と従業員とが半額ずつ負担する（労使折半）しくみです。実際には事業主が給料から天引きし、保険者に納めます。保険者が健康保険組合の場合は、標準報酬（標準報酬月額と標準賞与額があり、前者は1級5万8000円〜50級139万円です）の3〜13％を労使折半するしくみです。全国健康保険協会管掌健保のほうは、以前は全国一律の保険料でしたが、いまは都道府県ごとに保険料に差があります。[14]

次に医療機関にかかった場合の窓口での自己負担です。原則は**3割**ですが、義務教育就学前は**2割**、70歳以上75歳未満は**2割**（一定以上の所得がある場合は3割）です。ちなみに1927年に健保制度がスタートしたときは被保険者の自己負担はゼロでした（1943年に定額負担、1984年に1割、1997年に2割、2003年に3割負担に）。

4 健康保険で受けられるサービス

健保で受けられるサービスは、基本的には**現物給付**（医療サービスによる給付）ですが、一部に現金で支払われるもの（**現金給付**）もあります。表2のうち、④、⑥〜⑪が現金給

▼14 2022年度では9・51％（新潟県）〜11・0％（佐賀県）となっています（これを労使折半するかたち）。医療費がかかっていない県ほど保険料も安くなる、という考え方で、都道府県をあげて健康に心がけてもらいましょう、ということなのでしょうが……。

付です。このなかで代表的なものを紹介しておきましょう。

表2　健康保険サービスの一覧

<table>
<tr><th></th><th>内容</th><th>被扶養者への適用</th></tr>
<tr><td>①療養の給付</td><td>ケガや病気の治療、診察など</td><td rowspan="4">家族療養費</td></tr>
<tr><td>②入院時
食事療養費</td><td>入院したときの食事代
（1食460円（原則）が自己負担）</td></tr>
<tr><td>③保険外併用
療養費</td><td>評価療養、選定療養、患者申出療養を受けた場合の、通常の療養と共通の部分にかかる給付</td></tr>
<tr><td>④療養費</td><td>保険証を忘れた場合、海外旅行中の病気など</td></tr>
<tr><td>⑤移送費</td><td>やむをえず医療機関に運ぶ時など</td><td>家族移送費</td></tr>
<tr><td>⑥高額療養費</td><td>自己負担額が高くなった時</td><td>○</td></tr>
<tr><td>⑦高額介護
合算療養費</td><td>医療保険と介護保険の自己負担を合わせると高額になった時</td><td>○</td></tr>
<tr><td>⑧傷病手当金</td><td>被保険者がケガや病気で働けなくなった時
（1年6ヶ月を限度）</td><td>×</td></tr>
<tr><td>⑨埋葬料</td><td>被保険者が死亡し、埋葬を行った時（5万円）</td><td>家族埋葬料</td></tr>
<tr><td>⑩出産育児
一時金</td><td>1児につき原則42万円（産科医療保障制度対象外の出産の場合は40.8万円）</td><td>家族出産
育児一時金</td></tr>
<tr><td>⑪出産手当金</td><td>産前6週間・産後8週間、1日につき標準報酬日額の2/3相当</td><td></td></tr>
</table>

(1) 療養の給付

ケガや病気のときの治療、手術、看護など、一般的なイメージの医療サービスは**療養の給付**といわれます。現在の医療水準からみて必要なサービスは、だいたい療養の給付に含まれていますが、健康診断などが含まれないのはちょっと不思議な感じがするかもしれません。[15]

(2) 高額療養費

療養の給付を受ける際、重い病気などだと、3割負担でもけっこう高額になることもあります。そこで健保では**高額療養費**として、**自己負担が一定の限度額を超えた場合は、超えた分は保険者から支払われる**という制度があります。この「一定の限度額」は、年齢や所得で細かく分かれています。[16] たとえば、年収450万円の場合、1ヶ月の自己負担限度額の計算式は、「8万100円＋（医療費－26万7000円）×1％」となっています。たとえば医療費が200万円だった場合、図3のように、高額療養費制度があるかないかで、こんなにも自己負担の額は変わってくるのです。

ちなみに、以前は窓口でいったん3割払ってから、後で高額療養費分が還ってくるというしくみでしたが、いったん3割払うのも大変だろうということで、**限度額適用認定証**というのを保険者からもらえば、自己負担限度額まで払えば済むということになっています

▼15 健康診断や人間ドック、美容整形、審美医療、薄毛治療、カツラなどは療養の給付には含まれず、保険適用外となります（つまり、自分で負担しなければならない、ということです）。「やらなくても健康には支障がないだろう」ということなのでしょうが……。

▼16 なお、血友病や人工透析を要する慢性腎不全などの自己負担は1万円

（その意味では、現物給付になっているともいえます）。

⑶　出産育児一時金

出産そのものは病気ではないため（異常分娩の場合は別です）、療養の給付の対象とはなりませんが、それでも実際にはお金がかかります。そのため、出産した場合には**出産育児一時金**として原則42万円（被扶養者が出産した場合は家族出産育児一時金として同額。２０２４年度からは50万円となる予定）が支給されるという制度がおかれています。

図３　高額療養費があるかないかの違い

ある月の医療費が200万円だった場合

高額療養費制度がなかったら……

200万円×30％＝

自己負担 60万円

高額療養費制度のおかげで……

8万100＋（200万－26万7000）×1％＝

自己負担 9万7430円

国民健康保険制度

次に、地域保険の代表格である国民健康保険（**国保**）制度を見ていきましょう。

1 国民健康保険の「保険者」

国保の保険者は、**都道府県および市町村**です。かつては市町村だけが保険者だったのですが、市町村規模では財政面で不安ということもあり、2018年から、都道府県と市町村が共同で保険者になることとなりました。これにより、安定的な財政運営は都道府県が担い、被保険者資格の認定や保険料（税）の徴収などは市町村がおこなう、という住み分けがなされています。

2 国民健康保険の「被保険者」

国保では、その都道府県内に「住所」があって、他の医療保険（健保や共済組合など）に加入していない者が被保険者となります（なお、75歳になると後期高齢者医療制度に移行します）。ちなみに、国保には「被扶養者」という制度はありません（全員が加入者となります）。

3 国民健康保険の負担

国保の保険料（税）は、都道府県が決めた**標準保険料率**を参考にして各市町村が決めますが、表3の4つのなかから組み合わせて（ただし、所得割と平等割の2つは必須）計算をしています（もっとも近年では、資産割を廃止する自治体が増えているようです）。

サラリーマンや公務員は、働いている間は被用者保険（健保や共済組合など）に加入しますが、定年退職後は国保に移るケースがほとんどです（74歳まで）。また、非正規労働者や失業者、無職者も多いです（つまり、保険料（税）を納めるのが大変な人たちが結構

外国人の医療保険

なお外国人についても、日本に3ヶ月以上いる場合は、医療保険（国民健康保険）に加入しなければならないしくみになっています（詳しくは第15章）。ちなみに近年、「外国人が日本に大挙して押し寄せ、医療保険にただ乗りして、高額な医療サービスを受けて帰っていく」という批判（医療ツーリズム）もありますが、どこまでそのような外国人が実在するのか怪しいですし、そもそも一定の要件を満たした外国人は、国民健康保険への加入と保険料（税）の納付が義務になっていますので「ただ乗り」ではありません。ましてそのような義務に対応しているのが医療サービスを受ける権利である以上、外国人だからサービスを受けるなというのはおかしいでしょう。とはいえ、グローバル化のなかで、どのように社会保障が対応していくべきかが、課題となってきているということは否定できません。

いるということです）。しかも健保と違って、保険料（税）の労使折半というしくみもありません。そういった事情もあり、国保の給付に必要な金額の約半分は公費（税金）が投入されているのですが、それでも国保の保険料（税）の負担はけっこう重くなっています（なお、保険料の上限や、低所得世帯への減額制度などはあります）。

負担が重いことに加え、国保では、健保のように給料から天引きされるわけでもないため、２０１９年では対象世帯の約14％が保険料（税）を滞納しています。滞納した場合、有効期間が短い**短期被保険者証**に切り替わり、さらにその後も滞納が続くと**被保険者資格証明書**に切り替わります。被保険者資格証明書になってしまうと、医療機関の窓口でいったん全額自己負担しなければならなくなります（いちおう7割相当が、あとで**特別療養費**として還ってきますが、実際にはそれは未払いの保険料（税）に充当されます）。「滞納してるんだし、そのくらい当然だろ」と思う人もいるでしょうが、極端な話こうなると「死にかけても病院に行けない」ということにもなりかねません。さすがにそれは……ということもあり、18歳に達する日以後の最初の3月31日までの間にある若い被保険者に限っては、被保険者証で医療機関にかかれるようになっています。

窓口での自己負担の金額は、健康保険と全く同じなのでここでは省略します。

表3　国民健康保険の保険料（保険税）計算方法

所得割	前年の所得金額に応じて負担する金額
平等割	国民健康保険に加入する全世帯が平等に負担する金額
資産割	固定資産税額に応じて負担する金額
均等割	世帯あたりの国民健康保険加入者の人数が多いほど、多く負担

4 国民健康保険で受けられるサービス

国保で受けられるサービスは、だいたいは**健保と同じ**です（表2）。ただ、前述した特別療養費は健保にはない給付です。また、葬祭費（健康保険の埋葬料に相当）や出産育児一時金は、保険者によっては不支給とされる場合があります。さらには、傷病手当金と出産手当金は、国保では任意実施となっており、実施している自治体はあまりありません（これらは、「給料」がもらえない期間の、収入を補うという性質のものだからです）。

4 高齢者医療制度

1 現在の制度は2008年から

「昔は、お年寄りの医療費はタダだった」という話を聞いたことがあるかもしれません。1973～1982年まで、医療保険における高齢者の一部負担金は、税金（老人福祉財源）

から払われるというしくみになっていました（つまり、実質タダでした）。しかし、結果的には病院に行く高齢者が増えて医療費が急増したため、10年とたたずに**老人保健制度**が創設され、入院1日300円、外来1ヶ月400円の自己負担がかかるようになりました（そのあと少しずつ増え、2001年からは1割負担に）。

当時は「高齢者だけの医療保険制度」というのはなく、高齢者は、国保に入るか（定年退職者などのケース）、健保の被扶養者になる（専業主婦などのケース）かのどちらかでしたが、「若い時は健保、年を取ったら国保」という人が多かったため、国保からすると、不満が大きかったのです（高齢者は保険料が安めな反面、医療費は高くなりやすいため）。老人保健制度が創設された背景には、このような事情も踏まえて、各保険者でお金を出し合って（**老人保健拠出金**）、みんなで均等に高齢者を支えていこう、という思惑もあったのです。

でも「高齢者は、加入するのは国保か健保だけど、医療サービスの費用は各保険者が出し合ったお金（老人保健拠出金）から」というのは、非常にわかりにくいですよね。また健保や共済の側からも、国保よりも重い老人保健拠出金の負担に不満が相次ぎました。そこで「だったら高齢者だけの医療保険を作っちゃえ」ということで（政府の説明としては「さらなる高齢者医療費の増大に備えるため」に）できたのが、現在の**後期高齢者医療制度**だったのです（2008年成立の、**高齢者医療確保法**に基づく）。こうして、これまで国保や健保に入っていた人のうち75歳以上の人は、みんな後期高齢者医療制度に加入することになり、現在の「**被用者保険**」「**地域保険**」「**後期高齢者医療制度**」**の3本柱の医療保険体制**となっ

たのです。▼17

2 後期高齢者医療制度の「保険者」

後期高齢者医療の保険者は、都道府県ごとに全部の市町村が加入する**後期高齢者医療広域連合**で、各都道府県に1つおかれています。

後期高齢者医療制度の被保険者は、その都道府県に居住する75歳以上の者（65歳以上であって寝たきりなどの人も含む）です。生活保護の対象者を除き、75歳以上になったら皆この制度の被保険者になる、というわけです。

3 後期高齢者医療制度の負担

後期高齢者医療制度の保険料は、各都道府県の後期高齢者医療広域連合が、所得割（所得に応じての負担）と均等割（所得に関係なく決まっている負担）との合算で決めるというしくみで、低所得者や、制度創設前に健保の被扶養者だった人には、保険料負担軽減の措置が取られています。▼18 なお、実際の徴収は市町村がおこないます。ちなみに、後期高齢者医療制度の財政は、窓口での負担を除くと、高齢者の保険料でカバーできている部分はわずか1割弱。残りは**税金（公費）が5割**（国・都道府県・市町村で4：1：1）と、**後期高**

▼17 試験には出ない（?）余計な話ですが、このときは「後期とは失礼な！」「姥捨て山制度か！」などいろんな意味で大紛糾し、政府も「長寿医療制度」との別名を提案するなど大騒動になりました。いつの間にか後期高齢者医療制度という呼び名も定着し、むしろ長寿医療制度の呼び名のほうが死語となっていったという過去があります。

▼18 2022～23年度の平均で月額6472円、地域別で見ると、4097円（秋田）～8737円（東京）。年間18万円以上の年金がある場合は、年金から天引き。

齢者支援金という、各保険者からの支援金（老人保健拠出金の新バージョンですが、拠出ではなく「支援」となっています）**が4割**を占めています（後期高齢者支援金の負担が健康保険組合を苦しめているのはすでに述べたとおりです）。高額化しやすい高齢者の医療を、年金収入がほとんどの高齢者の保険料だけで賄うことは非現実的でしょうが、**収支相等の原則**という保険の原理からすれば、ある意味全く成り立っていないともいえます。[19]

後期高齢者の窓口での自己負担は、原則1割（現役なみ所得者は3割、さらに2022年10月からは、一定以上の収入がある層は2割）負担となっています（ただし2025年9月までは、新たに2割負担となる人の負担が月3000円を超えた場合、高額療養費として払い戻しされる措置が取られています）。後期高齢者医療だけでなく、健保、国保にもいえることですが、厳しい財政事情のもとで医療保険を支えていくために、自己負担を上げざるをえないことは否定できません。とはいえ、こうして自己負担がどんどん上がってくると、医療機関への足も遠のきがちですし、「負担が高くて病院に行けない」となると、下手をすれば命に関わります。経済的観点と生命、人権との関係をどう考えていくか、非常に悩ましい問題といえるでしょう。

4 後期高齢者医療制度で受けられるサービス

後期高齢者医療制度で受けられるサービスは、基本的には**国保と同じ**ですが、出産に対

[19] なのでネーミングに「保険」の文字がありません。これは試験では注意！

する給付はありません（被保険者が75歳以上なので……）。一方、傷病手当金については実施は任意ですが、傷病手当金を出している後期高齢者医療広域連合もあります。

5 医療保障に関するその他の論点

1 医療提供体制の動向

(1) 医療提供体制とは

人々の健康を守るためには、お金の面だけでなく、医療サービスが安全に、かつきちんと運営されないといけません。医師などの医療専門職の配置や、医療サービス提供の理念（医療を受ける者の利益保護や、国民の健康保持への寄与など）、医療サービスを担う施設（病院や診療所）の規制などは、**医療法**という法律で定められています。

病院（病床20床以上）を開設しようとするときは、原則として都道府県知事の許可を得ることが必要となっていますが、許可申請があった場合、医師や看護師等の人員数や施設などに関する開設要件を満たしていれば、知事は許可しなければなりませんので、それほどハードルは高くない、ともいえます。さらに診療所（病床19床以下）の開設については、一定の医師や歯科医師が開設する場合は、都道府県知事への届出でよいとされています（それ以外の者が開設する場合は、知事の許可が必要です）。

(2) 保険医療機関制度

このように、医療機関を作ること自体はそんなに厳しくないのですが（**自由開業制**）、これとは別に、厚生労働大臣（地方厚生局）に**保険医療機関**の指定を申請します。この指定を受けなくても別にいいのですが、受けていないと、保険証が使えない病院＝全部自費負担になってしまいますので、通常は同時期に申請をします。保健医療機関では、都道府県知事が登録した**保険医**が、医療保険に規定された範囲で保険診療をおこなうことになります。保険医療機関が過剰に診療した場合は、保険者に対して報酬を請求することはできません。▼20

次に述べる**医療計画**のもとで、都道府県知事が、（無理に開業申請した）医療機関の開設自体は許可するけれども、厚生労働大臣が保健医療機関の指定を拒否するというケースがしばしばあり、営業の自由などとの関係で古くか

医療施設の種類

なお病院（病床20床以上）は、医療施設の機能を体系化するという観点から、医療法によって、一般病院のほか、高度医療の提供を担う**特定機能病院**（厚生労働大臣の承認が必要。約90院）や、地域医療の充実を担う**地域医療支援病院**（都道府県知事の承認が必要。約600院）、国際水準の臨床研究・開発等の役割を担う**臨床研究中核病院**（厚生労働大臣の承認が必要。14院）などに分けられ、それぞれにつき規制が置かれています。

▼20 大阪地判1981.3.23

ら問題となっています。[21]

(3) 医療計画・地域医療構想

病院を誰がどこに作るかについては、(1)で見たようにそこまで厳しくないのですが、特定の地域に医療機関が偏っていたり、逆に医療機関がなさすぎたりすると皆が困ってしまいます。そういう観点から、医療法では、厚生労働大臣がつくる基本方針にそって、都道府県が（地域の実情に応じた）**医療計画**[22]を6年ごとに作ることを求めています。この関連で、すでに病床がいっぱいある地域については、知事は医療法に沿って開設を取りやめる勧告ができますが、開設者がそれに従わない場合に、都道府県知事は開設を許可するものの、厚生労働大臣が保険医療機関の指定をしない（指定拒否処分）が問題となっていたのはすでに述べたとおりです。

このほか、２０１４年の医療介護総合確保推進法制定をきっかけに医療法が改正され、**地域における医療提供体制の確保**を図るという観点から、都道府県は**地域医療構想**（将来の医療提供体制に関する構想など）を医療計画において策定することとなったほか、医師不足の病院への医師の派遣調整などをおこなう、都道府県の**地域医療支援センター**の運営が支援されることとなりました。

▼21　判例（最判2005.9.8）では憲法22条には反しないとされました。

▼22　具体的には、地域医療をどうするかとか、医師の数をどう確保するかなどです。

第7章

介護保険

1 介護保険をめぐる問答

いま、青春まっただなかの大学生の皆さんに、老後や介護の話はなかなかイメージがわかないことでしょう。「老老介護」「認認介護」「陽陽介護」「遠距離介護」「男性介護者」「介護離職」「介護殺人」「若い介護(ヤングケアラー)」といった言葉[1]があります。ひょっとしたら、最近、お母さん(主な介護者)がお爺ちゃんやお婆ちゃん(要介護者)の介護に疲れがちで、

▼1 このなかで聞いたことのある言葉はどのくらいあるでしょうか? ちなみに、認認介護とは認知症のお年寄りが認知症のお年寄りを介護していること、陽陽介護とは、新型コロナウイルス感染症拡大で、高齢者施設において陽性者が陽性者を介護していることだそうです。何だか暗くなりますね。

それを助けるために介護を手伝い、勉強やバイトの時間がないという大学生(若者ケアラー)もいらっしゃるかもしれません。
ところで筆者は、つぎのような会話を大学の授業でしたことがあります。

教　員：「君たちも、やがて年を取ると、誰かの手を借りながら人生を過ごすことになる。ここでは、高齢者の気持ちに寄り添いながら、介護保険の説明をしてみよう。高齢者が家族と一緒に住み、家族が、昼間、職場や学校に通うと自宅には誰もいなくなる。家族は高齢者をひとりにして外に出かけることに不安を感じるだろう。だったら、たとえば、朝と夕方に車で送り迎えをしてくれて、昼ご飯を食べさせてくれ、楽しいレクリエーションを提供してくれ、お風呂に入れてくれ、誰かが面倒を見てくれる場所があれば助かるよね。」
学生一同：「それはそうですね……。」
教　員：「そのためには、家族がサポートしながら、介護保険制度の制度を利用する高齢者（第1号被保険者）が市区町村による要介護認定を受ける必要がある。そうすると、要介護認定を受けた高齢者（要介護被保険者）のもとを、ケアマネージャー（介護支援員）が訪問し、高齢者（本人）や家族の希望や家族状況や住宅事情などを総合的に把握し、高齢者の客観的な状況に資するようなケアプラン（介護サービス計画）を作成することになる。このケアプランに基づいて、要介護認定を受けた高齢者のうち、居宅で介護を受ける者、つまり、居宅要介護被保険者は、さまざまなサービスを受けられる。たとえば、車の送り迎えのあるデイケア（通所リハビリテーション）とかショートステイ（短期入所生活介護）だけではなく、ホームヘルパー（訪問介護員）が居宅要介護被保険者の居宅を訪問し日常生活上の世話をおこなうホームヘルプサービス（訪問介護）、訪問看護、福祉用具貸与などのサービスを受けることができるようになる。この場合、高齢者はクライアントとか利用者さんとかサービス利用者とも言われるが、まずは本人が何を望み、どのように支えていくかが鍵になるだろうね。」

学生A：「先生、用語が色々出てきて、ちょっとついていけないです。高齢者という言葉を通して使って説明してくださるとわかりやすいんですが……。」

学生B：「介護と看護と、それから前の授業で説明があった、医療との関係についても説明してください。」

学生C：「介護保険って、高齢者の自己決定を支える制度なんですね。なぜ、日本の話なのに、ケアマネージャーとかケアプランといった英語なんですか？　高齢者は英語を使っても意味がわかるんですか？　日本の介護保険はドイツを見習ってできたということでしたら、ドイツ語じゃないんですか？」

教　員：「……。」

この授業の冒頭で述べたように、介護サービスの世界では、「高齢者の自己決定」が尊重されることがなによりも大切なはずです。しかし、このやり取りを見ても、制度も用語も、やたらと複雑でわかりにくい感じがしませんか？　こんななかで、高齢者に「はい、自分で好きなサービスを選んでください」といわれてもどうでしょうか？　行く先も分からず、いなくなったヒトを必死に探してさまようような不安を感じたり、時の流れと場所の変化に身を任せて迷子状態になったり……。何をされるのか分からないままに、気がつくと、本当は望んでもいなかったことが、「自己決定したこと」となってしまっては、意味がありません。

さて、介護サービスの世界は、社会保障のなかでも、高齢者などの看取りや死も見つめており、「ゆりかごから墓場まで」のうち「墓場まで」を担っています。それだけに、大学生などの若者はあまり考えたくない分野かもしれません。しかし、人は必ず老います。いくら老いても、どのように老いても、等しく尊い命です。介護保険制度は、その人らしい、かけがいのない人生の尊厳を支えること（＝高齢者の**自立支援**）を目的とした社会保険制度です。

そんな介護保険のしくみを、ここから見ていきましょう。

介護保険と高齢者にかかわる要介護認定

1　介護保険ができるまで

介護とは、高齢者を介抱したり世話をしたりすること。人にもよるでしょうが、高齢になるにつれ、自力で食事をしたり、トイレに行ったり、入浴などがだんだん難しくなりがちです。高齢になれば所得の多寡にかかわらず、誰もが介護を必要とする可能性があるのです。

高齢者の介護の問題は古くからありました。つぎの写真を見てください。本土復帰前の沖縄でも、すでに独居老人問題や寝たきりの高齢者の介護問題はありました（なお家庭奉仕員とは、いまでいう訪問介護ヘルパーのようなものです）。▼2

昔から、老人ホームといわれる施設はありましたが、これはかなり低所得の人しか入ることができず、また、老人ホームに入ること自体、かなり世間体が悪いという風潮もありました。そこで1980年代あたりまでは、家族（主に専業主婦）が見るか、大した病気

▼2　本土復帰前の沖縄は、1945年から1972年まで米軍統治下にありました。

▼3　介護保険ができる前は、行政機関から「あんたはこれができないんだから、このサービスを使っといて

でなくても病院に長期に入院してもらう（**社会的入院**）ことが多く見られました。しかし、社会情勢の変化（女性の社会進出）や医療保険財政のなかで、医療とは別に、高齢者の介護を社会全体で支えるしくみを作っていこうということになり、２０００年に５つ目の社会保険として、**介護保険法**（以下、「介保法」）が始まりました。

2 介護保険法の理念や目的

介護保険制度は、年をとっても、そのヒトらしい、かけがいのない人生が送れるよう、その尊厳を支えることを目的としています（**高齢者の自立支援**▼3）。だからこそ、前で述べたように、高齢者が自分で必要だと考えるサービスを、自分で選べるように、というしくみになっているのです（そううまくいくかはまた別ですが）。ただ、一度介護が必要になると、なかなか大変です。そこで、そもそも高齢者が介護状態になってしまわないように**介護予防**を図ることが法の目的とされています。また、これまで高齢者が親しみを持って暮らしてきた自宅や地域にできるだけいられるようにということで、**在宅優先**も目

くれ」という感じで、行政が決めたサービスを使う、というしくみでした（措置制度）。しかしこれでは、尊厳も何もあったものではありませんよね。

図１　ねたきり老人の世話をする家庭奉仕員

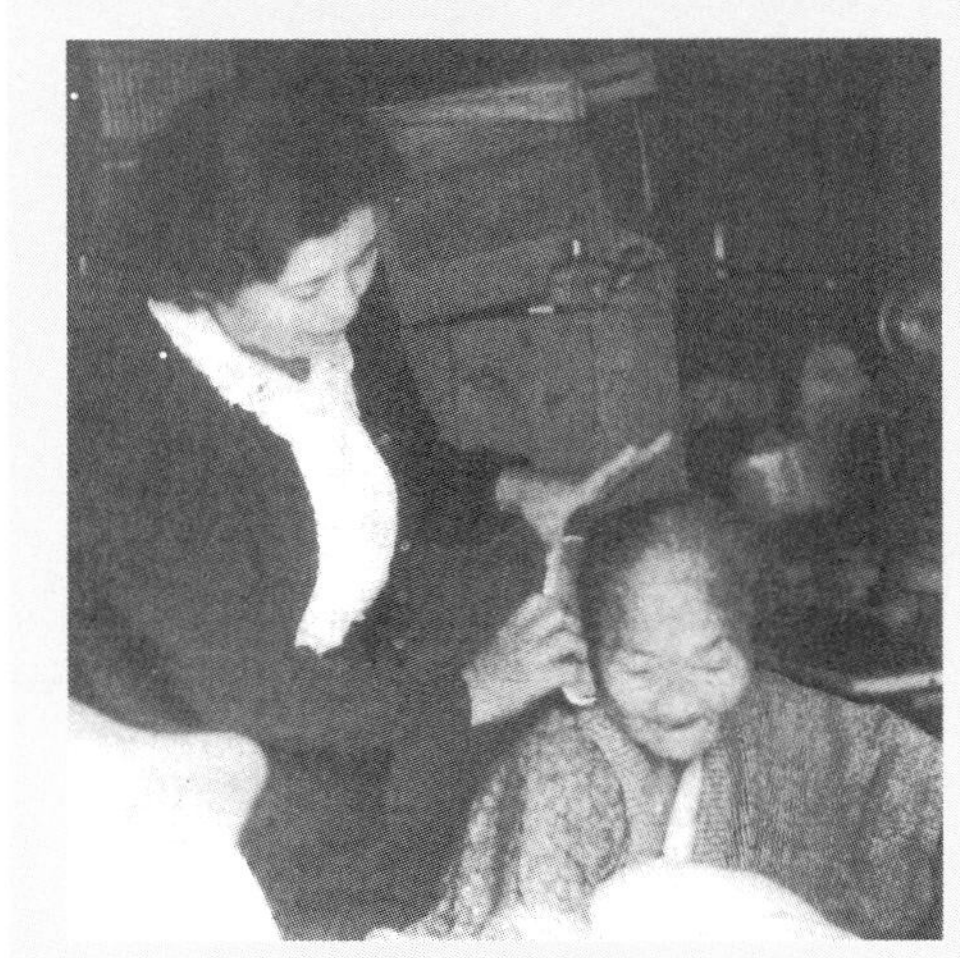

出典　具志堅宗精・編集発行人『沖縄の社会福祉 25 年――沖社協 20 周年記念誌』沖縄社会福祉協議会、1971 年

的となっています。▼4

3 介護保険制度を使うには？

高齢者が介護保険制度を利用するためには、まずは基礎自治体である、**市町村および特別区**（以下、「市区町村」▼5）の行政処分である、**要介護認定**を受けなければなりません。高齢者が市区町村に要介護認定の申請をおこなうと、市区町村のケースワーカーや保健師などが訪問して、高齢者の心身の状況（何ができるかできないかなど）を調査します（図2は調査項目のサンプルです）。市区町村はこの調査結果と主治医の意見書を、市区町村に設置されている**介護認定審査会**▼6に提出します。これらに基づいて介護認定審査会は、**要介護度**（自立、要支援1、2、要介護1～5までの8段階▼7）を判断し、最終的にはこの判断のもとに、市区町村が高齢者の要介護度を認定します。▼8

要介護認定あるいは要支援認定を受けた高齢者が介護サービスを受ける場合は、介護サービス計画（ケアプラン）を作って、市区町村に提出する必要があります。ケアプランは、「どんな介護保険のサービスをどのくらい使うのか」という計画。これは自分で作ってもよいのですが、通常は、市区町村が紹介する居宅介護支援事業者あるいは地域の相談窓口である地域包括支援センター（コラム②「地域包括ケアシステム」を参照）に、ケアプラン

▼4 もっとも介護予防は、介護保険制度がスタート後に、思ったよりも使う人が多くて財政が悪化し、そのなかで入ってきたという経緯もあります。また「在宅優先」も、もともと「家で見るのが難しいから介護保険制度が作られた」はずなのに、「できるだけ在宅でやってくれ」というのは、ムシがよすぎるんじゃないの？という批判もあります。

▼5 財源の弱い市町村などについては、財政基盤強化や事務費軽減を目的とした「広域連合」を設立することもできます。

▼6 **介護認定審査会**は、医師、保健師、社会福祉士などから構成

（介護サービス計画）の作成を依頼することになります（ケアプラン作成は無料です）。ケアマネージャー（介護支援専門員）▼9が高齢者の自宅を訪問し、高齢者の状態などを総合的に把握したうえで、介護サービスの種類や内容を定めた、ケアプランを作成します。ケアプランの作成にあたっては、その高齢者自身が、どんなサービスをどのくらい必要だと思っているのかが大切なので、家族ともしっかり話し合って、ケアマネージャーに伝えることも大切です。

図2　調査項目のサンプル

1-1　麻痺等の有無について、あてはまる番号すべてに○印をつけてください。（複数回答可）

1. ない　2. 左上肢　3. 右上肢　4. 左下肢　5. 右下肢　6. その他（四肢の欠損）

1-2　拘縮の有無について、あてはまる番号すべてに○印をつけてください。（複数回答可）

1. ない　2. 肩関節　3. 股関節　4. 膝関節　5. その他（四肢の欠損）

1-3　寝返りについて、あてはまる番号に一つだけ○印をつけてください。

1. つかまらないでできる　2. 何かにつかまればできる　3. できない

1-4　起き上がりについて、あてはまる番号に一つだけ○印をつけてください。

1. つかまらないでできる　2. 何かにつかまればできる　3. できない

1-5　座位保持について、あてはまる番号に一つだけ○印をつけてください。

1. できる　2. 自分の手で支えればできる　3. 支えてもらえればできる　4. できない

1-6　両足での立位保持について、あてはまる番号に一つだけ○印をつけてください。

1. 支えなしでできる　2. 何か支えがあればできる　3. できない

1-7　歩行について、あてはまる番号に一つだけ○印をつけてください。

1. つかまらないでできる　2. 何かにつかまればできる　3. できない

3 介護保険の全体像

それでは、保険者、被保険者、保険給付、利用者負担という視点から、介護保険の全体像を見ていきましょう。大まかなイメージは、図3を見てください。

1 介護保険の保険者・被保険者

保険者は、市区町村です。**被保険者**には、**第1号被保険者**（市区町村の区域内に住所を有する65歳以上の者）と**第2号被保険者**（市区町村の区域内に住所を有する40歳以上65歳未満の公的医療保険加入者）の2類型があります。▼10

第1号被保険者が介護保険のサービスを使った際には、原則的に、**現物給付**（**実際に介護のサービスが提供される**）となっています。▼11 使う側からすれば、いったん全部払って、後からその一部を還してもらうというしくみ（**償還払い**）よりも、自己負担を払うだけでサービスを受けられる**現物給付**のほうが便利でしょう。第1号の保険料は自治体によってまち

される、専門的な第三者機関です。

▼7 状態の区分は、さまざまな条件から判定されますが、おおむね、薬や金銭管理に一部不安がでてくると要支援1～2、食事や排せつが困難になるとだいたい要介護3～4、寝たきりになると要介護5、くらいのイメージでしょう。

▼8 ただし、「思ったよりも要介護度が低い!?」ということも少なくありません。要介護度が低いほど、1ヶ月に使える介護サービスは少なくなるので、不満がある場合は、都道府県にある**介護保険審査会**に、不服を申し立てることもできます。

図3　介護保険のしくみ

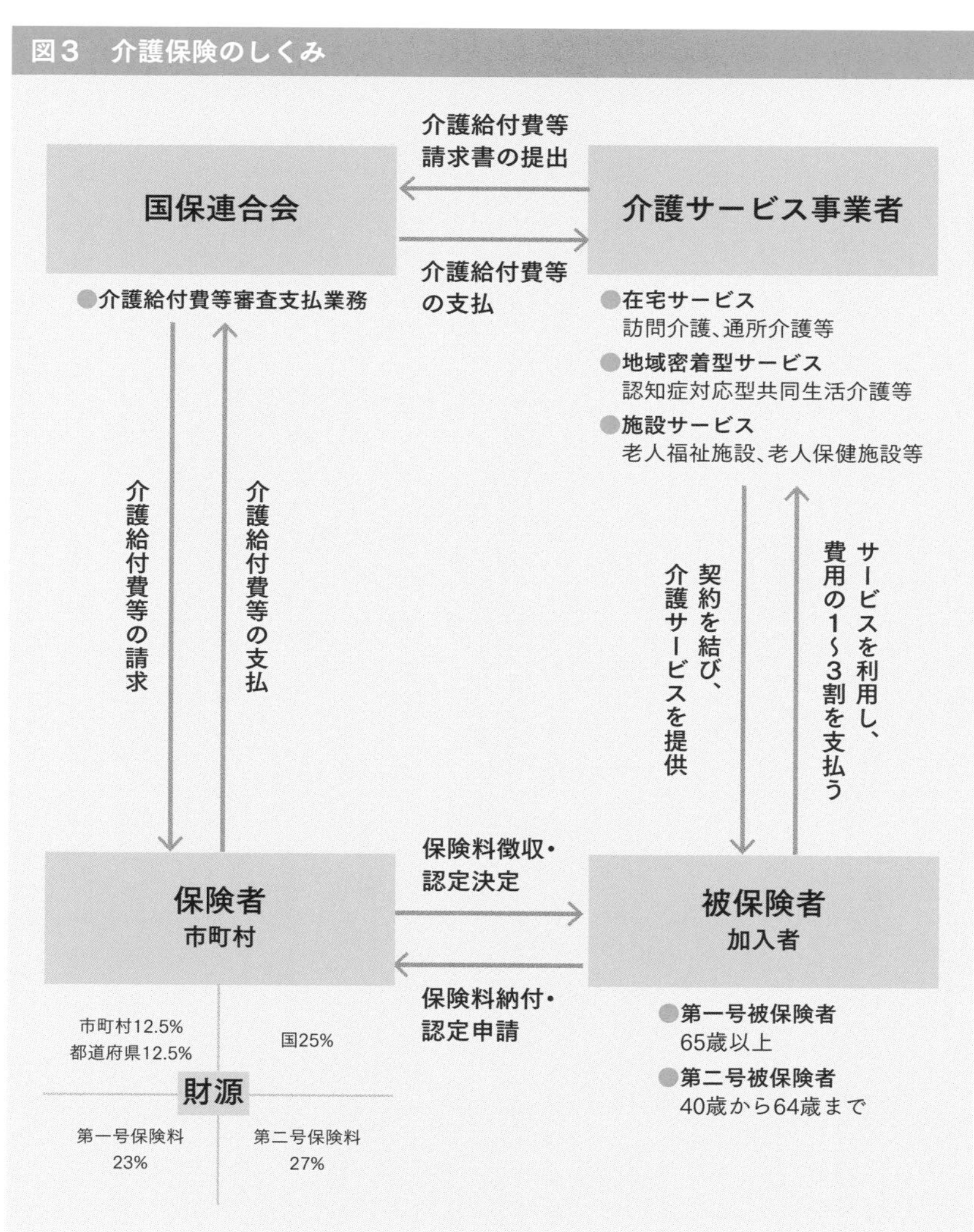

▼9　居宅介護支援事業者の事業所には、実際に相談に応じたり、ケアプランを作成している、保険・医療・福祉などの介護に幅広い知識を持つケアマネージャーがいます。

▼10　40〜64歳で医療保険に加入していない生活保護受給者は介護保険には加入しませんが、65歳以上になると介護保険の被保険者となります（一部負担金は介護扶助費から賄われるかたち）。

▼11　法律上は、被保険者に現金を給付する体裁（現金給付）になっているものもあります。たとえば、市区町村は、要介護認定を受けた被保険者が、居宅で一定の介護サービ

まちですが、所得に応じて9段階に分かれており、原則として年金から天引きされます。

介護保険を使うための条件は、**要介護状態**または**要支援状態**になっていることです。要介護状態とは、寝たきりや痴呆などで、入浴や食事などについて介護を必要とする状態のことで、要支援状態とは、そこまではいかないけれど、家事や身支度などの日常生活に支援が必要になっているような状態のことです。要支援1が一番軽く、要介護5が一番重いです（重いほど、たくさんの介護サービスを、保険の範囲内で利用できます）。

第2号被保険者も、介護保険を使うためには、同様に**要介護状態**または**要支援状態**になっていることが必要ですが、第1号と異なって、老化（加齢）に伴って起きる特定の16の病気（初老期認知症や末期がんなど）が原因となって介護が必要になった場合にしか、利用できません。▼12 第2号保険者の介護保険料は、健康保険料、国民健康保険料に上乗せして、保険者に納付することになっています。

2 保険給付

保険給付は、大きく分けると、①**介護給付**（要介護状態にある者に対する給付）、②**予防給付**（要支援状態にある者に対し、介護予防を目的としておこなわれる給付）とに分けられます。この2つは、法律でやるべき内容が決まっています。このほかに、市町村特別給付と呼ばれるサービスもあります。これは、法定の内容とは別に（その意味で「横出しサービス」

スを受けたときは、その被保険者に対し「居宅介護サービス費を支給する」となっているのです（介保法41条1項）。もっともサービス事業者が、被保険者の代わりにその費用を受け取って、被保険者は自己負担分だけを払うことが可能になっている（介保法41条6項。このようなしくみを、**代理受領**といいます）ので、実際には、**現物給付**になっているといえます。

▼12 それ以外で介護が必要となった場合は、障害者総合支援法などにもとづく障害者福祉制度を利用することになります。これは介護保険が「高齢者の介護」を念頭において登場した制度だからです。

表1　介護保険による給付内容（一例）

予防給付	介護給付
【介護予防サービス】 **●介護予防訪問入浴介護** 生活機能の維持・向上の観点から、移動入浴車などで訪問して入浴を介助する。 **●介護予防通所リハビリ** 施設や病院で、理学療養士などがリハビリテーションを行い、日常生活上の支援や、生活行為の向上などを図る。 **●介護予防福祉用具貸与** 手すり、スロープ、歩行補助つえなどの貸与。	**【居宅サービス】** **●訪問介護** ホームヘルパーが、入浴、排せつ、食事などの介護や調理、選択、掃除などの家事を行う。 **●通所介護（デイサービス）** 食事や入浴支援などのサービスを、施設において日帰りで提供する。 **●通所リハビリ（デイケア）** 施設や病院で、理学療養士などがリハビリテーションを行い、心身機能の維持回復を図る。 **●福祉用具貸与** 特殊寝台、体位変換器、車いすなどの貸与。
	【施設サービス】 **●特別養護老人ホーム** ＊1 自宅では介護が難しい方が入所し、入浴、排せつ、食事などの介護を受ける。 **●介護老人保健施設** ＊2 在宅復帰を目指す要介護高齢者が、リハビリや医療、介護などを受ける。 **●介護医療院** 長期にわたって療養が必要な要介護高齢者が、リハビリや医療、介護を受ける。
【地域密着型介護予防サービス】 **●介護予防認知症対応型通所介護** 家庭的な環境と地域住民との交流のもとで、軽度認知症の方が、入浴、排せつ、食事に対する介護や健康状態確認などのサービスを受ける。 **●介護予防認知症対応型共同生活介護** ５～９人の利用者が、家庭的環境の中で、共同生活を送りながら支援を受ける。入浴、排せつ、食事の介護やリハビリテーションなどの機能訓練を受けられる。	**【地域密着型サービス】** **●夜間対応型訪問介護** 主に18時～朝８時の時間帯に、定期的な巡回により排せつの解除や安否確認などを受ける。 **●地域密着型通所介護** 利用定員18人以下の小規模なデイサービス（スタッフや他の利用者と顔なじみになりやすい） **●認知症対応型共同生活介護** 認知症の利用者が、グループホームに入所して、家庭的環境と地域住民との交流のもとで、日常生活上の支援などを受ける（グループホームでは、１つの共同生活住居に５～９人の利用者がスタッフとともに共同生活を送る）。

＊1　特養とも略称されます。利用できるのは原則、要介護３以上です。
＊2　老健とも略称されます。病院と自宅の中間的な役割があるため、在宅復帰を前提としたリハビリが中心です。入所可能な期間も、３カ月～１年程度で、それほど長くないです。

ともいわれます）、要介護または要支援者に対して、市町村が条例により独自に定める給付のことです（自治体によってまちまちで、紙おむつの支給や、配食サービスなどが典型例です）。ただ、保険給付なので、第1号被保険者の保険料で賄わないといけません。

　まず介護給付には、主に家に住みながら受けるサービス（**居宅サービス**）と、施設に入って受けるサービス（**施設サービス**）▼13、地域住民のためのサービス（**地域密着型サービス**）があります。地域密着型サービスは、住み慣れた地域でできるだけ生活を続けられるようにという目的で2005年からスタートした制度で、基本的には「家に住みながら受けるサービス」という点で居宅サービスとの違いが分かりにくいですが、市区町村が事業者の指定や監督をしているほか、総じて居宅サービスよりも小規模なため、地域住民の細かいニーズに対応してくれるサービスといえるでしょう（居宅サービスと地域密着型サービスは組み合わせて利用できます）。市町村がおこなうサービスだから「地域密着型……」という冠飾句がついている、ともいえます。

　次に予防給付ですが、こちらは主に家に住みながら受けるサービス（**介護予防サービス**）と、地域住民のための予防サービス（**地域密着型介護予防サービス**）があります。これらは施設に入って受けるサービスはありません。こちらはいずれも、要介護状態にならないようにする（できるだけ悪化しないようにする）ことを目指しているもので、「予防」に重点が置かれています。

でも、せっかく介護保険の保険料を払っているのに、冷たい感じもしますね（実際に第2号で要介護認定を受けている人は全体の0・3%にすぎません（1号は18・3%））。

▼13　施設介護サービス費の額は、施設サービスの種類ごとに、要介護状態区分、当該施設の所在地などを勘案して算定される施設サービスなどに要する平均的な費用の額を勘案して厚生労働大臣が定める基準により算定した費用の8割ないし9割に相当する額となります（介保法48条2項・49条）。

▼14　年金収入とその他の所得合計が夫婦で463万円（単

3 利用者負担

介護保険の利用時の自己負担の割合は、原則1割ですが、一定以上の所得がある人は2割、さらに、現役世代並みの所得がある人は3割負担になっています。▼14 財政難（介護保険の費用は、制度がスタートした2000年と2020年を比べると、3倍以上になっています）のなかで「お金のある人に多く負担をしてもらう」という発想自体はおかしくないのですが、あまり負担が増え続けると、利用回数を減らしたり、利用時間を制限する高齢者も出てしまうことでしょう。▼15 なお第2号被保険者は所得にかかわらず1割負担です。

ちなみに、医療保険と異なり、表2の**区分支給限度基準額**を超えた場合、超えたところからは全額が自己負担となってしまいますので、利用者は、この基準額の範囲内で、自分の使いたいサービスを組み合わせて使っていく、ということになります。

表2　区分支給限度基準額

要介護度	支給限度額（1ヶ月）
要支援1	50,320円
要支援2	105,310円
要介護1	167,650円
要介護2	197,050円
要介護3	270,480円
要介護4	309,380円
要介護5	362,170円

身340万円）以上などの要件を満たした人が3割負担、同じく346万円（同280万円）以上などの要件を満たした人が2割負担。日本経済新聞2022年9月26日によれば、2割負担の人が5%、3割負担の人が4%程度とのこと。

▼15 もし自己負担が、同じ世帯でけっこ

地域支援事業

2006年からは、介護保険の給付とは別に、市区町村の**地域支援事業**が開始されています。これは、そもそも要介護状態や要支援状態になることを防ぎ、もし要介護状態となっても、できるだけ住み慣れた地域で自立した生活が送れるように支援するものです。この事業としては、介護予防・日常生活支援総合事業、包括的支援事業、任意事業があります。[16] 要支援者への訪問介護や、通所介護などは、かつては介護予防給付のなかの制度でしたが、法改正によって、介護保険のサービスではなく地域支援事業となりました。地域支援事業は介護保険制度の一環ではありますが、介護給付や介護予防給付、市町村特別給付とは別の制度ですので、介護認定の申請をおこなっていない高齢者も使うことができます。逆にいえば、そういう人にも使ってもらうことで、できるだけ要介護にならないようにしよう、ということなのです。

うな金額になった場合には、高額介護サービス費として、超えた分は申請すれば還ってきます（**高額介護サービス費**）。所得に応じて、月額1万5000円～14万1000円が限度額となっています。

▼16 介保法115条の45（地域支援事業）の規定に基づき、市区町村は、介護予防・日常生活支援総合事業と包括的支援事業は、必ず、実施しなければなりません。

5 介護保険制度を取り巻く課題

「光陰矢のごとし」といいます。若者である、皆さんも、大学や専門学校などを卒業し、働き出すと、あっという間に時間が過ぎていくと実感することでしょう。皆、間違いなく、年を取っていきます。その時まで、介護保険は持続可能な制度として機能し続けなければなりません。……とはいうものの、残念ながら課題が少なくはないのです。

２０２１年度の介護保険料の全国平均は月額６０１４円と、２０００年の介護保険創設時の2倍以上になっています。高齢者や40歳以上の現役世代の保険料負担も限界を超えつつあります。また、２０２５年の日本では、団塊世代が75歳を迎え、「大介護時代」「介護難民時代」が到来します。認知症の高齢者は７００万人を超え、高齢者の５人に１人は認知症になると推定されます。厚生労働省の推計では、２０４０年に介護職員が２０１９年度時点と比べると69万人不足します。少子高齢化社会の流れや人手不足のなかで、介護保険の財政を取り巻く状況は、一層、厳しさを増しています。

介護保険は、利用時の自己負担を除く費用の50％は介護保険料によって、残りの50％は税金でまかなわれています。しかし、介護保険の利用者が増加しているなかで、介護保険財政は悪化しています。そうしたなかで、介護保険料は増額傾向が続いており、たとえば、年金などの収入が低い低所得高齢者については、介護保険料を滞納し預貯金や不動産などを差し押さえられるという問題も指摘されています。[17] いまは原則1割負担ですが、これを2割負担にするという議論も。安心して介護が受けられるために社会保険にしたのに、「保険料は払っていても高くて使えない」ということになったら本末転倒でしょう。

また、介護を支える介護職員の人出不足という問題も。介護職員は、高齢者の尊厳を支える、大切な働き手（エッセンシャルワーカー）です。介護職員の賃金改定、労働環境の整備なくして、介護人材不足という問題は解決できるはずがありません。しかし一方で、「調理・掃除・洗濯という生活援助を介護保険でやる必要があるのか」という論を立てることで、介護保険制度における、増大する介護費用や給付を抑制しようという流れもあります。このままいくと、訪問介護（生活援助や身体介護）の利用が削減されてしまい、ますます高齢者の介護の質の低下や高齢者の介護環境の悪化をもたらすことになりかねません。

そのほか、ここまでで見てきたように、制度も用語も非常に複雑です。介護保険の給付は、国―都道府県（や政令市および中核市）―市区町村という、重層的行政関係において、役割分担されています。しかし、市町村特別給付、地域密着型サービス、地域支援事業というように、用語も紛らわしいです。また、「地域＋包括＋ケア＋システム」という4つの日本語と英語から作られた、**地域包括ケアシステム**（という言葉）は、いかにもお役所

▼17 市区町村は、居宅要介護被保険者が滞納している保険料を納付しない場合には、要介護被保険者に通知して、一時差止に係る保険給付の額から居宅要介護被保険者が滞納している保険料を控除することができ（介保法67条3項）、**現金給付（償還払い）の原則**に戻ってしまうわけです。

第２部のおわりに

みなさんのなかにも、ねこにゃんのように「年金なんてあてにならない」と感じている人は多いでしょう。医療サービスが「不公平」というのは、あまり実感がないかもしれませんが、負担と給付がみあっているか、という点でみてみると、年金よりずっと不公平ともいえます。

本書でも少しふれたように、「社会保障は公平でなければならない」とよく言われます。とはいえ、何が「公平」なのかは、これまたとっても難しく、ある人には公平でも、ほかの人にはかえって不公平だったりもします。しかしそれ以上に重要なのは、社会保障そのものが「困っている人を守る」制度である以上、もともとかなり「不公平」なシステムでもあるということ。なので、本当に「公平でなければならない」のか、あるいはそれを前提としながら、ある程度は柔軟な意味で公平さをめざすのかが、私たちには問われているのです。

的な堅い言葉ですね。使う側の高齢者にも理解できる言い回しを考えたほうがいいのではないでしょうか？

COLUMN 2

地域包括ケアシステム、どう活かす？

私は以前、病院の医療ソーシャルワーカーとして患者さんの退院後の暮らしについて相談を受けていました。患者さんが自宅で入院中と同じようなサポートを受けることができず、体調を悪化させ、入退院を繰り返してしまうケースをたくさん見てきました。こうした課題を解決するため考えられたのが、地域包括ケアシステムです。

地域の医療保健福祉の機関や専門職が連携して切れ目ないフォローを行い、住み慣れた地域での暮らしを可能にしようとすることが主な目的で、団塊の世代が75歳以上になる２０２５年をひとつの目安として、全国で地域包括ケアシステムの構築が進められてきました。

では、地域包括ケアシステムが構築され、切れ目のないフォローがあれば、私たちの生活は安心できるものになるでしょうか。地域に自分を支えてくれる支援体制があることは確かに安心でしょう。しかし人は支えられるだけでは生きがいを見出すことが難しくなり、徐々に元気や活力が失われてしまいます。地域包括ケアシステムは人を支えるためのシステムとして考案されましたが、これからは単に人を支えるだけではなく、その人が誰かの支えになり、何らかの役割を実感できる場面や機会を作ることも大切でしょう。

私の職場の近くに認知症の方を対象にしたデイサービスがあります（写真）。そこでは、利用者の方が近所のカフェのコーヒー豆の選別作業や地域の花壇の手入れなどを行っています。みなさんとても楽しそうに（しかし真剣に）作業に取り組んでいました。ただ支援を受けるだけでなく、認知症であってもできること、地域に貢献できることは沢山あります。こうした取り組みは利用者の方自身の励みになるだけではなく、認知症に対する理解を深めることにもつながります。

ＷＨＯは、健康とは単に疾病や虚弱でないということだけでなく、「身体的、精神的、社会的に良好な状態」と定義しています。これからの地域包括ケアシステムは、健康を多面的に捉えてバージョンアップしてく必要があるでしょう。そのためには、デイサービスとカフェの例のように、医療保健福祉の枠を超えて、地域のさまざまな人や団体との繋がりを豊かにしていくことが大切なのではないでしょうか。

（松﨑）

写真　認知症対応型デイサービスおとなり
株式会社ファイブスター

神奈川県相模原市南区相武台団地 2-3-512 号店舗
https://5s-sagamihara.localinfo.jp/

COLUMN 3

ヤングケアラーを沖縄から見ていくと

2025年の日本では、団塊世代が75歳を迎え、「大介護時代」「介護難民時代」が到来、認知症の高齢者は700万人を超え、高齢者の5人に1人は認知症になるとも推定されています。介護は、これまで、大人がケアラーとして担う問題だと考えられてきましたが、少子高齢化による世帯人数の減少、核家族化、共働きやひとり親家庭の増加、非正規労働者の経済的不安定さなど、ケアラーの人口や収入も減少しています。

そうしたなかで、18歳未満の学齢期の子どもが、病気を抱えた父母やきょうだい（幼い兄弟姉妹など）あるいは祖父母の「介護」や「看護」を含むケアを担うという「ヤングケアラー」が社会的に注目を集めています。法的な定義はありませんが、厚生労働省は「家族やきょうだいの世話、家事、労働など本来大人が担うような役割を日常的にしている18歳未満の子」をヤングケアラー、「18歳から30歳くらいまでのケアラー」は若者ケアラーとしています。介護は長期化しがちなので、ヤングケアラーから若者ケアラーに移行するケースも少なくありません。私事ですが、沖縄の大学で教えていると、少子高齢化の波が（本土に比べ）遅れているためなのか、「兄弟姉妹が多く、幼い頃から弟や妹の面倒をみていた」「病気や障害のある家族のために、家事や介護を担っている」という学生も少なくありません。2022年10月10日、沖縄県は、県内の小学5年から高校3年までの学級担任を対象にアンケートを実施しましたが、ヤングケアラー（若い介護者）と思われる子どもが、少なくとも1088人（全児童生徒の0・86％）確認され、そのうち少なくとも523人は学校生活に影響が出ているといいます。

ヤングケアラーや若者ケアラーは、家族を大切に思い、家族をケアしたいという気持ちと、自分の将来につながる勉強や仕事をしていくこととの間で板挟みになっています。誰にも家族のことを相談できず、学校などでも孤立しがち。物心がついたときには、ケアを必要とする家族がいてケアを担うことを当たり前のように期待される。ヤングケアラーや若者ケアラーにとって、ケアは生活そのものであり、それ以外の生活について何をどう語ればいいのかわからない。羞恥心から、外部に窮状を伝えられず、孤立しがちです。

介護の状況に合わせた「支援サービス」などの情報を提供することや学校教育で子どもたちへの啓発や理解を深めてもらうこと、当事者が悩みを共有して助け合う「場」が必要でしょう。これまでの介護保険法は、どちらかといえば、要支援者や要介護者といった「介護される側」に光をあてており、「介護をする側」には、あまり光をあててきませんでした。ヤングケアラーは、教育と福祉の狭間で、可視化されてこなかった問題ですが、もしかするとほかにもこのように、支える側から見た問題も、社会保障にはあるかもしれませんね。

（春田）

第3部

働くうえでの困りごとには

労災・雇用

労災保険でカバーされるのは誰？

自分で辞めたらどうなるの？

» 労働保険（労災保険・雇用保険）は、雇われて働くようになるとお世話になる社会保険。ほかの制度以上に用語が複雑でクラクラするかもしれませんが、「雇われて働く」とは何か、「失業」とは何かなど、根っこのところに目を向けると案外面白いです。そんな労働保険の世界をみていきましょう。

第 8 章

労災保険

1 労働災害補償制度のしくみ

1 労働災害補償制度って何?

アルバイトをしているときにケガをしてしまったり、心身に負担のかかる環境で働き続けたことにより病気になってしまったりすることは、誰にでも起こりうる出来事です。さ

バイト先で転んで
脚骨折した……

らに、仕事中の事故で不幸にも亡くなってしまうこともあります。このように、仕事が原因で生命、身体および健康を損なうことを**労働災害**（**労災**）といいます。労働者が労災にあって働けなくなると収入が得られなくなり、労働者本人やその家族は生活できなくなるリスクにさらされます。労災補償制度は、労働は危険なものであるという前提のもとで、労働者に労働という危険なことをさせて利益を得ている使用者が、その危険が実際に起こったことにより損失を被った労働者を救済する責任を負担すべきとして、使用者に過失がなくても被災労働者またはその遺族が補償を受けられる制度を採用しています（**無過失責任主義**）。

2 労基法と労保法

日本の労災補償制度は、1947年に制定された労基法（75条～88条）と労保法により確立しました。労基法における災害補償は、使用者が直接、被災労働者に補償する仕組みを採用しています。ただ、使用者に支払能力がない場合には、被災労働者が十分な補償を受けることが難しいという点に限界があります。他方で、使用者の災害補償責任を保険化して、被災労働者に対する迅速かつ公正な保護をおこなうことを目的とするのが労保法です。制度発足当初、2つの法律による労災補償は同一の救済内容となっていましたが、1960年代以降の数次にわたる改正を経て、労保法は特別加入制度の導入や通勤災害保護制度の創設といった救済範囲の拡大、給付の年金化などにより、労基法における災害補償を上回る救済内容となりました（労保法の「一人歩き」現象）。現在、被災労働者は労保法の保険給付を受けることが一般的となっています。

このような歴史的沿革から、労保法の適用を受ける者は、**労基法上の労働者**（労基法9条）と同一であると理解されています。労基法上の労働者とは簡単に言えば「雇われて」働く人のことで、正社員やアルバイトなど雇用形態には左右されません。また、同法の労働者性は契約形式（請負契約など）ではなく、就労実態により客観的に判断されるため、労働（雇用）契約以外の契約に基づいて働く人にも労保法が適用される可能性があります。近年では就労形態が多様化したことで労働者性の判断が難しい場合もありますが、労保法は労働者でない人にも労災保険への加入を認める**特別加入制度**（後述）を設けています。

3 労保法に基づく労災補償制度概要

原則として、労働者を1人でも使用するすべての事業は労災保険に加入することを義務づけられています[▼1]（3条1項）。

労災保険の保険者（運営主体）は政府となります。保険加入者は事業主で、労災保険の保険料は事業主が全額負担する義務を負っています。

労災保険の財源は、事業主の負担する保険料と国庫負担です。労災保険料率は、事業の種類ごとに災害率等に応じて定められていますが、個々の事業の災害率の高低などに応じて、

▼1　国家公務員や地方公務員、船員はそれぞれ独自の災害補償制度が存在するため労保法の適用除外となっているほか、農林水産業の常時5人未満の労働者を使用する個人経営の事業は労災保険に入らなくてもよい事業となっています（暫定任意適用事業）。

図1　労働者災害補償保険制度の概要

労災保険（適用 労働者を使用するすべての事業）

保険給付等	療養のため休業する場合	療養（補償）等給付	療養費の全額
		休業（補償）等給付	休業4日目から休業1日につき休業給付基礎日額の60％
		傷病（補償）等年金	療養開始後1年6ヶ月経過しても治らずその傷病が重い場合：年金給付基礎日額の313日分（1級）～245日分（3級）の年金
	障害が残った場合	障害（補償）等年金	年金給付基礎日額の313日分（1級）～131日分（7級）の年金
		障害（補償）等一時金	給付基礎日額の503日分（8級）～56日分（14級）の一時金
	被災労働者が死亡した場合	遺族（補償）等年金	遺族数に応じ年金給付基礎日額の153日分～245日分の年金
		遺族（補償）等一時金	遺族補償年金受給資格者がいない場合、その他の遺族に対し給付基礎日額の1,000日分の一時金
		葬祭料等（葬祭給付）	315,000円＋給付基礎日額の30日分（最低保障額は給付基礎日額の60日分）
	常時又は随時介護を要する場合	介護（補償）等給付	1月当たり、常時介護は171,650円、随時介護は85,780円を上限（R3.4.1から）
	脳・心臓疾患に関連する異常所見	二次健康診断等給付	脳血管及び心臓の状態を把握するための二次健康診断及び医師等による特定保健指導
	石綿による健康被害で死亡した場合	特別遺族年金	遺族数に応じ、年240万円から330万円
		特別遺族一時金	遺族に応じ、1,200万円若しくは1,200万円から既に支給された特別遺族年金の合計額を差し引いた差額
社会復帰促進等事業		社会復帰促進事業	義肢等の費用の支給、アフターケアの実施等
		被災労働者等援護事業	労災就学等援護費の支給等
		安全衛生確保等事業	労働災害防止対策の実施等
特別加入			中小事業主、一人親方、特定作業従事者、海外派遣者

＋特別支給金（休業特別支給金・特別一時金・特別年金）

・給付基礎日額とは、原則として被災前直前３ヶ月間の賃金総額をその期間の暦日数で除した額（最低保障額 3,970円（R1.8.1 から））である。
・年金給付及び長期（1 年 6 ヶ月経過）療養者の休業（補償）給付等に係る給付基礎日額については、年齢階層ごとに最低・最高限度額が設定されている。
・個々の事業の労災保険の収支に応じて、保険率（保険料の額）を増減させるメリット制あり（継続事業及び有期事業（一括有期事業を含む）である建設の事業　±40％、有期事業（一括有期事業を含む）である立木の伐採の事業　±35％）

出典　『令和３年版 厚生労働白書 資料編』133 頁より作成。

労災保険料率を一定の範囲内で引き上げまたは引き下げるメリット制がとられています。

労働者に負傷、疾病、死亡という保険事故が発生した場合、受給権者である被災労働者または遺族は給付を請求し、**労働基準監督署長**（労基署長）が給付の決定をおこなうことで、給付を受けることができます。労基署長の決定に不服がある場合、**労働保険審査官**に審査請求をすることでき、この審査にも不服がある場合には**労働保険審査会**に再審査を請求することができます。これらの手続きを経てもなお不服がある場合には、労基署長の不支給決定の取消しを求めて行政訴訟を提起することができます（40条）。

保険給付には、傷病の治療を自己負担なく受けることができる療養（補償）等給付、傷病の療養のために働くことができない日につき賃金の一定割合を支給する休業（補償）等給付、傷病が一定期間を経過しても治癒せず、その傷病が重い場合に支払われる傷病（補償）等年金などの給付があります（図1）。医療保険では、治療を受ける者が原則として医療費の3割を自己負担しなければならないことと比較すると、被災労働者には手厚い補償がなされていることが分かります。また、2020年9月の労保法改正により、複数の会社等で雇用されている労働者（複数事業労働者）の休業（補償）等給付は、すべての会社の賃金額を合算した額を基に算定することとなりました。

療養（補償）等給付の請求手続きは、①療養の給付の場合には被災後に労働者が指定医療機関等で診療を受け、事業主は請求書に証明（押印）したあと、療養を受けている指定医療機関等を経由して、所轄労基署長に請求書を提出することになり、②指定医療機関等

図2　労災保険給付の申請手続き

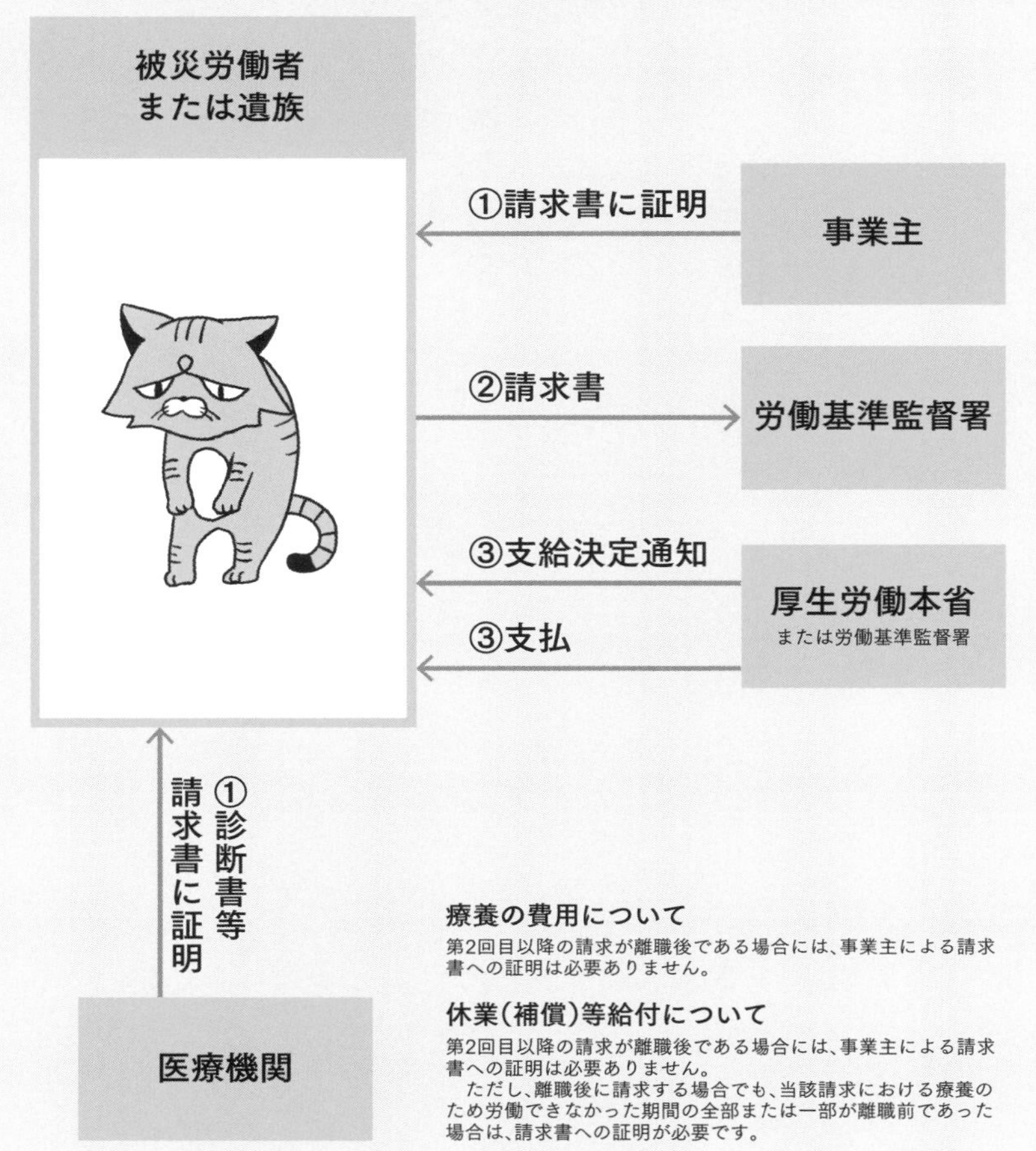

以外で診療を受けた場合には療養の費用の支給となるため、いったん治療費を支払ったあと、事業主（押印）および医療機関の証明（診断書等）がある請求書をみずから労基署に提出することになります。休業（補償）等給付・障害（補償）等給付・遺族（補償）等給付などについては、②の手続きとなります。請求書は労基署でもらうことができますし、厚労省のホームページからダウンロードすることもできます。[▼2] 請求書提出後は労基署長により、労災に該当するかどうかの調査がおこなわれ、労災に認定されると保険給付を受けることができます。労災を申請する際には、必要書類とあわせて、その被災が労災であることを示す証拠を提出すると認定されやすくなります。なお、事業主が押印を拒否した場合であっても、労基署は請求書を受け付けてくれます。

② 業務上外認定

1 保険給付をもらう条件は？

▼2 厚生労働省「労災保険給付関係請求書等ダウンロード」https://www.mhlw.go.jp/bunya/roudoukijun/rousaihoken06/03.html

労保法上の保険給付は、労働者の負傷、疾病、死亡が「**業務上**」であると認められた場合に支給されます（7条1項1号）。そのため、災害が「業務上」であるか否かの判断が保険給付を受けるために非常に重要となります。

業務上とは、業務が原因となったということであり、業務と傷病等との間に一定の因果関係があることをいいます（**業務起因性**）。そして、業務起因性があるというためには、**業務遂行性**、すなわち「労働者が労働契約に基づいて事業主の支配管理下にある状態」で災害が発生したことが前提条件となります。つまり、仕事中に仕事が原因で被災した場合に、「業務上」と認定されることになります。

2 どんな場合が業務上災害になるの？

まず、事業場の施設内で業務に従事している、すなわち事業主の支配・管理下にあるときに発生した災害は、業務と一切関係ないことをしているなど特段の事情がない限りは、業務起因性が認められます。

次に、休憩時間や終業後のように、事業主の支配・管理下にはあるものの、業務に従事していないときに災害が発生した場合には、一般には業務起因性は認められません。ただ、事業場施設またはその管理に起因して災害が発生した場合には、業務起因性が認められます。たとえば、行政解釈によると、休憩場所がないため道路の傍らで休憩していたときに発生した自動車事故や作業場近くの崖下で休憩していた際の岩石落下による死亡[4]などは、業務起因性が認められます。[3]

さらに、出張中など事業主の支配下にはあるものの、管理下を離れて業務に従事している際に発生した災害は、仕事とは関係ない私的行為をおこなっている場合を除き、包括的に使用者の支配下にあると考えられ、出張の全過程に業務起因性が認められます。たとえば、同行者との飲酒後に出張先の宿泊施設の階段で転倒して死亡したとしても業務上と認定されます。[5] また、社外行事へ参加したことに伴い発生した災害は、その行事に参加することを使用者に強制されていたり、指揮命令に基づいて参加したりした場合には業務上と認定されます。上司に促されて歓送迎会に参加したあと、業務を再開するために会社に戻る途中での労働者の事故死について、歓送迎会への参加が事業活動に密接に関連するものであることを理由に業務上と認めた裁判例があります。[6]

最後に、他人の犯罪行為や、地震などの天災地変によって負傷または死亡した場合はどうなるのでしょうか。前者について、行政解釈によると、他人の故意による暴行が「私的怨恨に基づくもの、自招行為によるものその他明らかに業務に起因しないものを除き」、業務起因性が推定されます。[7] 被災労働者が同じ職場で働く労働者に刺殺された事例では、被災労働者が加害者に対する苦情を加害者の上司に申

行政解釈

行政解釈とは、法令を運用する際に解釈の統一を図るために行政機関がおこなう法解釈で、一般的に「通達」と呼ばれます。労保法に関する通達は、厚労省（上級行政機関）から労基署（下級行政機関）に対して発せられます。この章の注に記載されている「基発」は厚生労働省労働基準局長名通達、「労災収」は厚生労働省労働基準局労災補償部長又は労災補償課長が疑義に応えて発する通達、「基補発」は厚生労働省労働基準局補償課長通達、「基収」は厚生労働省労働基準局長が疑義に応えて発する通達の略語です。

[3] 1950.6.8 基災収1252号

し出たことにより加害者が殺意を固めたとして業務起因性を認めています[8]。

天災地変については、事業場の立地条件や作業条件・作業環境などにより、その災害を被りやすい業務の事情があるときを除き、業務上とは認定されません。新型コロナウイルス感染症については、感染経路が業務によることが明らかな場合のほか、感染経路が不明な場合でも、感染リスクが高い業務（たとえば、顧客等との近接や接触の機会が多い労働環境下の業務）に従事し、それにより感染した蓋然性が強い場合には、業務上と判定されます[9]。

3 どんな疾病が業務上と認定されるの？

業務上疾病は、業務と疾病の間に災害が介在する**災害性疾病**と災害をともなわない**職業性疾病**とに分けられます。災害性疾病の場合は疾病の発生に災害が介在するため因果関係を立証することが比較的容易である一方で、職業性疾病の場合には基礎疾患や生活要因など業務以外の要因が大きく影響するため、業務起因性を立証することが困難です。たとえば、常に激しい騒音にさらされる作業によって難聴を発症したり、人体に有害な化学物質を使用する作業に長期間従事していてガンなどの疾病に罹患したりするケースが考えられます。このような職業性疾病の業務起因性の立証を容易にするために、労基法は業務との因果関係が確定した疾病を職業性疾病のリストにまとめ[10]、このリストに例示されている疾

▼4　1952.10.13 基災収3352号

▼5　大分労基署長（大分放送）事件・福岡高判 1993.4.28

▼6　国・行橋労基署長（テイクロ九州）事件・最二小判 2016.7.8

▼7　2009.7.23 基発0723第12号

▼8　国・尼崎労基署長（園田競馬場）事件・大阪高判 2012.12.25

▼9　2021.6.24 基補発0624第1号

▼10　労規則35条別表第1の2

病は特段の反証がない限り業務起因性が認められます。また、業務との因果関係が確定していない疾病についても、「その他業務に起因することの明らかな疾病」（11号）という項目を設けて救済を可能としています。さらに、過労死やうつ病などのメンタルヘルス不調が社会問題化したことを背景に、2010年に「長期間にわたる長時間の業務その他血管病変等を著しく増悪させる業務による脳出血、くも膜下出血、脳梗塞、高血圧性脳症、心筋梗塞、狭心症、心停止（心臓性突然死を含む。）若しくは解離性大動脈瘤またはこれらの疾病に付随する疾病」（8号）、「人の生命にかかわる事故への遭遇その他心理的に過度の負担を与える事象を伴う業務による精神及び行動の障害またはこれに付随する疾病」（9号）が追加されました。

3 脳・心臓疾患の労災認定

いわゆる「過労死」

「**過労死**」という言葉が広く使われるようになったのは1980年代後半以降であるといわれています。当時、働きすぎの弊害として働き盛りの労働者の突然死が社会問題として注目を浴びていたものの、脳・心臓疾患による突然死は労災とは認められませんでした。

脳・心臓疾患の労災認定について、行政解釈は、当初、業務に結びつく突発的出来事ないし災害的出来事が認められない限り、一般的には業務起因性ありとは言えないという災害主義を採用していました[11]。この判断基準は、発症直前の出来事のみを考慮するものでした。その後、認定基準が改正され、特に過重な業務に従事したこと（過重負荷）、その過重負荷が発症のおよそ1週間前までに生じたことを要件とする過重負荷主義となりました[12]。その際に、業務過重性は同僚・同種の労働者が判定基準とされました。さらに、この通達を踏襲しつつ、発症1週間前よりも前の業務をも考慮に入れた総合的な判断をすること、同僚・同種の労働者に「同程度の年齢・経験等」を加えて同僚概念を拡大したこと[13]、不整脈による突然死も対象業務に追加したこと[14]により、要件が緩和されました。しかし、これらの通達では、長期的な疲労の蓄積による発症は考慮されていませんでした。

この認定基準を大きく変えるきっかけとなったのが、支店長つき運転手が支店長を迎えに行く運転中に発症したくも膜下出血の業務上認定が争いとなった横浜南労基署長（東京海上火災）事件[15]です。最高裁は、長期間（とりわけ約6ヶ月間）にわたり従事した業務による過重な精神的、身体的負荷が基礎疾患をその自然の経過を超えて増悪させ、発症に至ったものとみるのが相当であって、その間に相当因果関係の存在を肯定することができるとして、くも膜下出血を業務上疾病であると認めました。同判決は、これまでの認定基準で考慮されていなかった長期間の負荷を考慮し、また業務上認定における基礎疾患の自然的

▼11 1961.2.13 基発116号

▼12 1987.10.26 基発620号

▼13 1995.2.1 基発38号

▼14 1996.1.22 基発30号

▼15 最一小判 2000.7.17

経過による増悪と業務過重性について判示しました。

この判決を受けて、2001年、脳・心臓疾患の労災認定基準が改正されました[16]。この基準は、①過重負荷について、発症直前から前日までの間の異常な出来事、発症前おおむね1週間の短期間の過重業務、発症前おおむね6ヶ月間の長期間の過重負荷を考慮すること、②業務の過重性評価に当たって、疲労の蓄積をもたらす最も重要な要因と考えられる労働時間に着目して、発症前1ヶ月間におおむね100時間または発症前2ヶ月間ないし6ヶ月間にわたって、1ヶ月当たりおおむね80時間を超える時間外労働が認められる場合は、業務と発症との関連性が強いと評価できること、③業務の過重性評価に当たって、労働時間以外に、不規則な勤務、交替制・深夜勤務、作業環境、精神的緊張を伴う業務等を検討することを定めています。さらに、比較対象労働者として、基礎疾患を有するものの日常勤務を支障なくおこなえる同僚労働者も加えられました。

そして最近、働き方の多様化や職場環境の変化が生じていることを背景とした改正がおこなわれています[17]。この改正により、①長期間の業務につき、労働時間と労働時間以外の負荷要因を総合評価して労災認定することを明確化、労働時間以外の負荷要因の見直し（勤務間インターバルが短い勤務、身体的負荷を伴う業務などを評価対象として追加）、②短期間の過重業務・異常な出来事について、業務と発症との関連性が強いと判断できる場合を明確化（「発症前おおむね1週間に継続して深夜時間帯に及ぶ時間外労働をおこなうなど過度の長時間労働が認められる場合」などを例示）、③対象疾病に重篤な心不全の追加がなされました。

▼16 「脳血管疾患及び虚血性心疾患等（負傷に起因するものを除く）の認定基準について」2001.12.12 基発1063号。

▼17 2021.9.14 基発第0914第1号

なお、判例は、脳・心臓疾患発症後、入院のうえ安静と適切な治療が必要であったにもかかわらず、公務に従事せざるをえなかったために症状の増悪があった場合には（治療機会の喪失）、発症と公務との間に相当因果関係を認めています。[18]

２０１４年には、過労死・過労自殺が大きな社会問題となっていることを背景に、**過労死等防止対策推進法**が制定されました。同法は、過労死等の防止のための対策として、①調査研究等、②啓発、③相談体制の整備等、④民間団体の活動に対する支援を定めています。

最近では、コロナ禍を契機にテレワークが普及したことにより、自宅での労働時間を労災認定においてどのように評価するかも問題となります。この点、近年の裁判例[19]では、労災認定において自宅残業を労働時間に含める傾向が見られ、テレワークについて考えるうえで参考になると思われます。

4 精神障害の労災認定

近年、うつ病など精神障害をり患して休職し、最悪の場合には自殺する労働者が増加し

▼18 地公災基金東京都支部長（町田高校）事件・最三小判1996.1.23など。

▼19 たとえば、地公災害基金熊本県支部長（市立小学校教諭）事件・福岡高判2020.9.25

ていることが深刻な問題となっています。精神障害に関する労災の請求件数および支給決定件数は年々増加しており、2021年度の請求件数は2346件、支給決定件数は629件で過去最高となりました。[20]

心理的負荷による精神障害等に係る労災請求事案が増加したことから、2011年に審査の迅速化や効率化を図るために心理的負荷評価表を分かりやすくするなどした現行の**「心理的負荷による精神障害の認定基準」**[21]が発出されました。この認定基準によると、①対象疾病を発病していること、②対象疾病の発病前おおむね6ヶ月の間に、業務による強い心理的負荷が認められること、③業務以外の心理的負荷および個体側要因により対象疾病を発病したとは認められないことという要件を満たす場合には、精神障害が業務上の疾病として取り扱われます。②の業務による心理的負荷の強度の判断は、**「業務による心理的負荷評価表」**（以下、「評価表」）に基づき審査されることとなります。精神障害は業務による心理的負荷、業務以外の心理的負荷（家族の死や金銭トラブルなど）、個体側要因（既往歴など）といったさまざまな要因で発病しますが、発病した精神障害が労災認定されるのは、その発病が仕事による強いストレスによるものと判断できる場合に限ります。評価表では、具体的な出来事による心理的負荷の強度を「強」、「中」、「弱」の三段階に区分し、総合評価が「強」と判断される場合に認定要件を満たします。評価表は、出来事を「特別な出来事」と「特別な出来事以外」の具体的出来事に分けて、「特別な出来事」に該当する出来事がある場合には、心理的負荷の強度を「強」と判断し、業務起因性が認められます。

▼20 厚生労働省「令和3年度 過労死等の労災補償状況」

▼21 2011.12.26 基発1226第1号

特別な出来事の類型は、心理的負荷が極度のものと極度の長時間労働です[22]。「特別な出来事」に該当する出来事がない場合には、①事故や災害の体験、②仕事の失敗、過重な責任の発生等、③仕事の量・質の変化、④役割・地位の変化等、⑤パワーハラスメント、⑥対人関係、⑦セクシャルハラスメントに出来事を類型して37項目に分類された具体的出来事に当てはめ、出来事ごとの心理的負荷の強度を総合評価します。

それでは、精神障害を発症した者が自殺に至った場合でも、労災認定されるのでしょうか。従来、自殺は本人の自由意思に基づきおこなわれるため、業務と死亡との相当因果関係が切断されると考えられていました。行政解釈[23]は、自殺が心神喪失状態でおこなわれた場合のみ労災認定されると定めていました。その後の行政解釈[24]では、精神障害による自殺につき、業務により精神障害を発症した者が自殺を図った場合、「精神障害によって正常の認識、行為選択能力が著しく阻害され、又は自殺行為を思いとどまる精神的な抑制力が著しく阻害されている状態で自殺がおこなわれたものと推定し、原則として業務起因性が認められる」としています。また、遺書等の存在は、自殺に至る経緯に係る一資料として評価されます。

訴訟における出来事の評価表への当てはめを見ると、たとえば、大学卒業後に採用された会社で、入社約4ヶ月後に店舗責任者に就任した労働者が入社約2年後に自殺した事例では、経験したことがない仕事内容への変更であり、常時緊張を強いられる店舗責任者としての業務と、短期間にアルバイトが大量に退職を申し出たのが自分のせいだと認識した

▼22 発症直前の1ヶ月におおむね160時間を超えるような、またはこれに満たない時期にこれと同程度の時間外労働をおこなった。

▼23 1948.5.11 基収1391号

▼24 1999.9.14 基発544号

ことの心理的負荷の程度をそれぞれ「強」と評価しています。[25] 同様に、月100時間を超える時間外労働を継続したことに対する心理的負荷を「強」、上司から「偽善的」、「腹黒い」との発言を受けたことが長時間労働によって疲弊した労働者に追い打ちをかけたとして、本来は「中」である上司の発言による心理的負荷の程度を修正して「強」と判断し、20代労働者の入社約2年後の自殺を業務上と認めた裁判例もあります。[26]

精神障害の認定基準に関する最近の改正として注目すべきは、2020年6月、評価表に「**パワーハラスメント**」に係る出来事が追加されたことです。この改正の背景には、パワーハラスメント防止措置を義務化した改正労働施策推進法が同月に施行されたことがあります。パワハラと精神障害に関連する労災認定として、2人の上司から頻繁に、他の労働者の面前において大声で叱責されるという行為が1年近く反復、継続されたことについて、上司からの一連の言動の心理的負荷を「強」と評価し、労働者がうつ病を発症して自殺に至ったことの業務起因性を認めた裁判例があります。[27]

最近の動向として、2020年9月、労保法が改正され、1つの事業場で労災認定できない場合であっても、事業主が同一でない複数の事業場の業務上の負荷（労働時間やストレス等）を総合的に評価して労災認定できる場合にも保険給付が受けられるようになりました。

さらに、労働者のメンタルヘルスについては、精神障害を発症した者を労災補償制度によって事後的に救済するだけではなく、未然予防の観点も重要となります。そこで、精

▼25 国・八王子労基署長（東和フードサービス）事件・東京地判2014.9.17

▼26 国・福岡中央労基署長（新日本グラウト工業）事件・福岡地判2021.3.12

▼27 国・豊田労基署長（トヨタ自動車）事件・名古屋高判2021.9.16

神疾患の労災認定件数が増加傾向にあったことを背景に、労働安全衛生法が改正され、2015年12月1日から、メンタルヘルス対策の充実・強化のために常時50人以上の労働者を使用している事業場には**ストレスチェック制度**の実施が義務化されました（66条の10）。

5 通勤災害

1 通勤中の事故って労働災害になるの？

通勤中に交通事故に遭った場合、労働災害になるのでしょうか。通勤中は使用者の支配・管理下からは離れていることや通勤経路・手段は労働者の選択によることから、業務上とは言い難いといえます。しかし、会社に行かなければ働くことができない労働者にとって、通勤は業務と密接に関連する行為で、しかも労働者が十分に注意を払っていても交通事故を完全に防ぐことは不可能です。このように、通勤は労務提供に不可欠であり、かつ危険を伴う行為であることから、1973年の労保法改正によって、通勤中に被災した労働者を保護するために**通勤災害制度**（7条1項3号）が創設されました。

通勤災害における給付内容は、基本的に業務上災害と同一ですが、①通勤災害における保険給付の名称に「補償」という文言が入っていない点、②療養給付を受けた労働者が一部負担金として200円を納付しなければならない点（休業給付から控除）に違いがあります。この違いは、業務上災害とは異なり、労働者が使用者の支配・管理下にない通勤中の事故は使用者の責任ではないという考え方から生じます。

2 「通勤」とは？

労保法上、「通勤」とは、就業に関する、住居と就業場所との間の往復、就業場所から他の就業場所への移動、単身赴任先住居と帰省先住居との間の移動です（7条2項1～3号）。この間の移動について、合理的な経路が複数ある場合には労働者が通勤経路を自由に選択することができ、必ずしも最短距離の経路であることは求められません。[28]

では、労働者が通勤途中に寄り道をした際に事故に遭った場合、通勤災害と認定されるのでしょうか。労保法は、通勤中に逸脱または中断した場合には、その間およびその後の移動は通勤に該当しないと規定しています（7条3項）。逸脱とは、通勤の途中で就業や通勤と関係ない目的で合理的な経路をそれることをいい、中断とは、通勤の経路上で通勤と関係ない行為をおこなうことをいいます。この場合には、逸脱または中断後に通勤経路

▼28 羽曳野労基署長事件・大阪高判2007.4.18

に戻って事故にあったとしても、通勤災害には認定されません。他方で、日常生活上必要な行為のために最小限でおこなわれた①日用品の購入、②職業訓練、③選挙権の行使、④病院または診療所で診療・治療を受ける行為、⑤要介護状態にある配偶者や父母等の介護については、通勤経路に復帰したとき以降は通勤として扱われることになります（同項但書）。たとえば①について、独身の労働者が食堂に立ち寄るのは日常生活上必要な行為になりますが[29]、妻帯者の場合には日常的に外食をしていない限りは必要性がないとされています[30]。また、夕食の食材（日用品）を購入するためであっても、逸脱中に発生した交通事故は通勤災害にはなりません[31]。

通勤災害は、通勤に通常伴う危険が具体化した場合に認められます[32]。交通事故のほか、駅の階段からの転落や歩行中にビルから落下してきた物体による負傷などが挙げられます。他方で、通勤途中に計画的な犯罪行為によって死傷した場合、通勤途上が犯行場所となる必然性はないため、通勤の危険性が現実化したものではないとされます[33]。また、飲酒を伴う社内会合後の事故死についても、帰宅行為が、業務終了後相当程度時間が経過した後であり、酩酊するほど飲酒していたことから、この事故は通勤災害とは認められませんでした[34]。

29　2006.3.31 基発第0331042号

30　1974.4.28 基収2105号

31　札幌中央労基署長（札幌市農業センター）事件・札幌高判1989.5.8

32　2006.3.31 基発第0331042号

33　大阪南労基署長（オウム通勤災害）事件・最二小判2000.12.22

34　国・中央労基署長（通勤災害）事件・東京高判2008.6.25

6 その他の労災補償制度

1 労災民訴

これまで見てきた労災補償制度は、実損害にかかわりない定率・定額の補償をおこなうものであり、被災労働者またはその遺族が現実に被ったすべての損害を補填する制度とはなっていません。また、慰謝料も含まれていません。そのため、日本においては、労保法上の給付とあわせて、使用者に対して損害賠償を求めて民事訴訟を提起することができます。労災民訴の代表的な事例である電通事件[35]では、ラジオ推進部に配属された新入社員が慢性的な長時間労働および深夜労働に従事しており、この労働者が社内において徹夜で労働していることや健康状態の悪化を上司が認識していたにもかかわらず何らの対策も取らなかった結果、この労働者が自殺に至ったことについての**不法行為責任**[36]（民法709条、715条）が争われました。最高裁は、使用者は労働者が業務に伴う疲労の蓄積により心身の健康を損なうことがないように注意すべき義務を負っているところ、上司が労働者の

▼35　最二小判 2000.3.24

▼36　わざと（故意）、または不注意で（過失）、他人に損害を与えることを不法行為といい、その損害を賠償する責任のことを不法行為責任といいます。

て、不法行為の成立を認めました。[37]

勤務状態や健康状態の悪化を認識しながらその負担を軽減しなかった点に過失があるとして、不法行為の成立を認めました。[37]

さらに、使用者は労働者の生命および身体等を危険から保護するよう配慮すべき義務、すなわち**安全配慮義務**（労契法5条）を負っていることから、被災労働者またはその遺族は安全配慮義務違反を根拠に使用者に対して労災の責任を追及することもできます（労契法5条）。この義務の内容は、労働者の心身の健康に配慮したり、労働者の年齢・健康状態に応じて労働時間や労働内容を調整したりすることなど多岐にわたります。アルバイトに対しても使用者は安全配慮義務を負います。業務に不慣れであったうえ、ときに深夜におよぶ長時間労働をしたアルバイト労働者が入社から51日目に虚血性心疾患で亡くなった事例で、裁判所は使用者の安全配慮義務違反を認めて、約４７００万円の損害賠償の支払いを命じる判決を下しました。[38]

2 特別加入制度

１７４頁で説明したとおり、労保法の適用対象者は労基法上の労働者です。しかし、業務の実態や災害の発生状況からみて、労働者に準じて保護することがふさわしい非「労働者」にも任意で労災保険への加入を認める、特別加入制度が労保法に導入されました。対象者は、中小企業事業主等、労働者を使用しないで一定の事業をおこなうことを常態とす

▼37 差戻審において、最終的に、使用者が約1億６８００万円を支払うという内容の和解が成立しました。

▼38 ジェー・シー・エム（アルバイト過労死）事件・大阪地判2004.8.30

る一人親方等、特定農作業従事者や家内労働者などの特定作業従事者です。2021年には特定作業従事者として芸能関係作業従事者、アニメーション制作作業従事者、ITフリーランス、一人親方等として柔道整復師、創業支援等措置に基づき事業をおこなう方、自転車を使用して貨物運送事業をおこなう者、2022年には一人親方等としてあん摩マッサージ指圧師・はり師・きゅう師、歯科技工士が新たに加わりました。たとえば、街中でよく見かけるフードデリバリー配達員が労保法上の給付を受けるためには、多くの場合、自転車を使用して貨物運送事業をおこなう者として特別加入しなければなりません。

また、労保法は日本国内のみでの適用（**属地適用**）となるため、海外の事業場に所属し、その事業場の指揮命令に従って業務をおこなう海外派遣者も対象となっています。

特別加入の手続きとしては、特別加入申請書を所轄の労基署長を経由して労働局長に提出し、その承認を受けることになりますが、この手続きは中小企業事業主等の場合には労働保険事務組合、一人親方等及び特定作業従事者の場合には特別加入団体を通じておこない、海外派遣者の場合には派遣元団体または事業主がおこないます。給付対象となるのは特別加入申請書に記載され承認を受けた業務に限られます。保険料や休業（補償）等給付の基礎となる給付基礎日額は申請に基づき、労働局長が決定します。

しかし、特別加入制度では、保険給付の対象となるのが一定の業務のみであったり（一人親方等、特別作業従事者）、労働者がおこなう業務に準じたものに限られたり（中小企業事業主等）と、給付を受けるための要件が厳格で、保険給付が受けにくいという課題があ

ります。

プラットフォーム就労者と労災補償

就労形態の多様化により労基法上の「労働者」であるか否かが判然としない者は増えつつあり、近年では、インターネット上のプラットフォームを介して、単発の仕事を請け負うギグワーカーが新たな就労形態として注目されています。最近よく見かけるフードデリバリー配達員がその一例で、スマホのアプリを介して好きな時間に発注元（ユーザー）から仕事の依頼を受けます。このような働き方をする者は、労働契約を結んで会社に「雇われて」働く者という従来の労働者像とはかけ離れた就労者です。したがって、仕事中にケガをしても労災補償を受けることができません。ただ、たとえば、フードデリバリー配達員は、自転車を使用して貨物運送事業をおこなう者として特別加入の対象に加わり労災補償を受ける途は開かれました。

しかし、労災の特別加入は任意で、みずから申請しなければ労災補償を受けることはできません。さらに、保険料は自己負担です。フードデリバリー配達員は、最近新たに特別加入の対象となった他の作業と比べて4倍の保険料を支払う必要があるため、特別加入が普及するかは不透明といえるでしょう。

これらの課題に対しては、プラットフォーム就労者も通常の労災補償の適用対象とすることや、ユーザーに保険料負担義務を課すことなどの解決策が考えられ、今後の展開が注目されます。

第9章

雇用保険

1 雇用と社会保障

1 失業とは？

多くの人は、労働者として企業に就職し、労働の対価として給料を得ることで生計を立てる必要があります。しかし、2020年の統計によれば、1年間で約717万人もの人

バイト先閉店…
でも学生は雇用保険ない？

が、結婚や出産・介護などの個人的な理由（自己都合）、あるいは解雇・倒産など会社の都合によって職を失っています。

職を失うことを一般に**失業**といいますが、仕事をしていない人はみんな失業しているということになるのでしょうか。法律上は、失業とは、労働者が「離職し、労働の意思及び能力を有するにもかかわらず、職業に就くことができない状態にあること」と定義されているので、仕事をしていない人のうち、労働の意思と能力を有している人が失業者ということになります。そして「労働の意思および能力」の有無については、仕事をしていない人に個別に確認するわけにもいかないので、法的には**公共職業安定所（ハローワーク）**にて求職活動をしている人を労働の意思と能力を有している失業者ということにしており、**失業率**もこの失業者数をベースにして算出されることになっています。

失業することは、労働者個人にとっては、経済面での問題のほか、メンタル面が不安定となってうつ病になるなど生活面でも重大な問題をもたらす可能性がありますが、国家にとっても、有用な労働力が放置されることにより国民経済に重大な損失をもたらす要因ともなり、場合によっては犯罪率の増加など社会の基盤を脅かすことにもつながりかねないので放置しておくことはできません。そこで、このような職を失った労働者に対して、職業生活への復帰の手助けとして所得保障や職業訓練などの社会保障が必要とされるこ

失業率

一般に失業率という場合は完全失業率のことをいいます。完全失業率は、労働力人口（15 歳以上の人口のうち就業者と失業者を合わせたもの）に占める失業者の割合によって算出されますが、本文で述べた失業者の定義からすると、働く意思はあるけど諸事情により働くことができない人や求職活動をしていない人は労働力人口には含まれないので、こうした人を失業者に含めると、統計で出ている数値よりも失業率が高くなることに注意が必要です。

とになります。

2 失業保険から雇用保険へ

こうした失業問題に関しては、戦前から不況対策として失業者への救済が議論されてきましたが、最終的に日本で社会保障として実現したのは、1947年に制定された**失業保険法**からです。同法は数多くの改正を経て制度の充実を図ってきましたが、第1次石油危機を契機として、失業の事前の予防、再就職の促進などの機能を加えるかたちで抜本的な見直しがおこなわれた結果、1974年に廃止されて新たに**雇用保険法**が制定されました。

雇用保険法は、制定後も景気の変動に伴う失業率の変動や、雇用形態の多様化や少子高齢化への対応としてさまざまな改正がおこなわれてきています。現在では、

> ① 労働者が失業した場合および育児や介護などにより雇用の継続が困難となる事由が生じた場合に対応する**所得保障としての機能**
>
> ② 再就職の促進や雇用機会の増大や労働能力の向上に必要な給付ならびに事業をおこなう**雇用保障としての機能**

という2つの目的を有し、図1にあるように多種多様な給付をおこなう法律として、日

図1　雇用保険法の体系図

雇用保険	失業等給付	求職者給付	一般被保険者 に対する求職者給付	基本手当
				技能習得手当 受講手当 通所手当
				寄宿手当
				傷病手当
			高年齢被保険者 に対する求職者給付	高年齢求職者給付金
			短期雇用特例被保険者 に対する求職者給付	特例一時金
			日雇労働被保険者 に対する求職者給付	日雇労働求職者給付金
		就職促進給付		就業促進手当 再就職手当 就業促進定着手当 就業手当 常用就職支度手当
				移転費
				求職活動支援費 広域求職活動費 短期訓練受講費 求職活動関係役務利用費
		教育訓練給付		教育訓練給付金
		雇用継続給付		高年齢雇用継続給付
				育児休業給付
				介護休業給付
	雇用保険2事業	雇用安定事業		
		能力開発事業		

本の社会保障制度の一環を担っています。

3 雇用保険法ってどんな法律？――法の概要

(1) 適用事業

雇用保険法は、その業種や規模に関わりなく、労働者を一人でも使用するあらゆる事業を**適用事業**としています（5条1項）。ここでいう事業は、企業そのものではなく、独立性をもったひとつの経営単位を意味するので、同じ会社に属していても個々の支店や工場に対しては、別に適用事業の当事者となることがあります。

(2) 被保険者

雇用保険法における**被保険者**は、雇用保険の適用事業に雇用される労働者のうち、6条各号に掲げる適用除外に該当しない者をいいます（4条1項）。コラムを読むと分かりますが、学生には雇用保険の適用がありません。これは学生の本分は学業の修得にあり、アルバイトは臨時的な労働でしかなく、退職も学業に専念する趣旨と考えられるので労働者としての所得保障の必要性が低いというのがその理由です。逆にいうと、退職が学業への専念とイコールではない人、たとえば夜間部の学生とか休学中の学生などであれば、学生でも雇用保険への加入が認められることになります。学費や生活費を稼ぐために授業が終わってからバイトを頑張っている学生の皆さんには厳しい規定ですが、被保険者資格が認められるということは、毎月の給料から雇用保険の保険料が天引きされるということでもあるので、毎月の手取り額の減少と退職後の所得保障を天秤にかけるとなかなか微妙なところです。

(3) 保険関係の成立と終了

雇用保険は、政府が管掌（管理）することとなっています。その保険関係については、労働保険徴収法という法律に規定されていますが、事業主が新たに事業を開始した日に成立し、事業が廃止されるか終了したときは、その事業についての保険関係はその翌日に終了することとなっています（3条、5条）。また、保険関係が成立した事業の事業主は、その旨を政府に届け出なければなりま

雇用保険の適用除外の対象者

雇用保険法6条各号に掲げる適用除外は、次のように定められています。

❶ 65 歳に達した日以後に雇用された者
❷ 1 週間の所定労働時間が 20 時間未満である者
❸同一の事業主の適用事業に継続して 31 日以上雇用されることが見込まれない者
❹季節的に雇用される者
❺学生または生徒
❻船員
❼国、都道府県、市町村その他これに準じる事業に雇用される者であって、離職時に受けるべき諸給与の内容が雇用保険の求職者給付および就職促進給付の内容を超える者

また、適用除外に該当しない者は、さらに年齢や雇用期間により次のように分類され、これらのいずれにも該当しない者が一般被保険者となります。

❶ 65 歳以上の者を対象とする高年齢継続被保険者（37 条の 2）
❷季節的雇用や雇用期間 1 年未満の短期雇用を対象とする短期雇用特例被保険者（38 条）
❸日雇いや雇用期間 30 日以内の者を対象とする日雇労働被保険者（42 条）

せん（4条の2）。

(4) 保険料

雇用保険における**保険料**は、労働者の賃金に保険料率を掛けて算出します。保険料率は、失業や育児介護休業に関わる給付に要する費用と雇用2事業（雇用安定事業、能力開発事業）に要する費用に分かれていて、前者については労使で折半され、後者については、全額事業主が負担することになっています。▼1 2022年度でいうと、一般の事業における雇用保険料率は、失業等給付に係る保険料率が0・6％、雇用保険2事業に係る保険料率が0・35％で合計0・95％と定められているので、労働者は0・3％分、事業主は0・65％分をそれぞれ負担することになっています。

2 失業時の所得保障

求職者給付

雇用保険制度の中心となるのは、労働者が失業した場合や雇用の継続が困難となるよう

▼1 雇用2事業に要する費用については、労働者の雇用に関わる問題は事業主の行動に起因することが多いことから、これらの問題を解決するために展開される雇用2事業は事業主に利益をもたらすことが期待されるという理由で事業主が全額負担することになっています。

な事情が発生した場合の所得保障として給付される**失業等給付**です。図1にあるように、この給付は、求職者給付、就職促進給付、教育訓練給付、雇用継続給付という4つの給付で構成されています。このうち、求職者給付は、さらに基本手当、技能習得手当、寄宿手当、傷病手当に分かれていますが、失業時の給付の中心となるのは基本手当なので、まずはここから見ていきましょう。

1　基本手当

基本手当は、被保険者が失業した場合に、原則として離職の日以前2年間に被保険者期間が通算して12ヶ月以上あるときに支給されます。本章の冒頭で説明したように、失業とは、労働の意思および能力を有するにもかかわらず、職業に就くことができない状態にあることをいいますが、雇用保険法では、現在働いていない人が失業しているかどうか（労働の意思および能力を有しているかどうか）を**失業の認定**という手続によって決定することにしています。

2 基本手当の受給手続

(1) 失業の認定

離職した人が失業者として基本手当を受けるためには、最初に公共職業安定所長による受給資格の決定を受ける必要があります。これは、ハローワークに離職票の提出や求職の申込をした者について、雇用保険に基づく受給資格を有する者であることを決定するもので、認定されると受給資格者証が交付されて失業認定日が指定されます。失業認定日は、**特定受給資格者**や**特定理由離職者**については、受給資格決定の後に7日間の待期期間が経過した後の日が指定されますが、これらに該当しない人については、待期期間に加えて**給付制限**が適用されるため、前述の特定受給資格者にも特定理由離職者にも該当しない人は2ヶ月、自己に責任のある重大な理由で解雇された人は3ヶ月が経過した後の日にそれぞれ指定されます。

このようにして指定された失業認定日に、「受給資格者証」と「失業認定申告書」を公

特定受給資格者、特定理由離職者

いずれも労働者本人の責任による離職ではないことを示すものです。特定受給資格者は、会社の倒産やリストラ、解雇、労働条件の著しい相違、賃金不払い、長時間労働、3年以上継続した有期労働契約の雇止め、妊娠・出産・育児に関連した不利益取扱い、セクハラ、パワハラ、退職勧奨など、主に会社に理由があるかたちで離職した人が該当します。特定理由離職者は、特定受給資格者以外で、有期契約の雇止め、心身の障害、家庭の事情の急変、通勤困難（育児や介護、結婚、単身赴任など）を理由として離職した人に対して、正当な理由のある自己都合退職として認めることをいいます。特定受給資格者や特定理由離職者として認められると、給付制限の対象から外れるほか、本来ならば12ヶ月間必要な被保険者期間も6ヶ月間あれば給付を受けることができます。これらに該当するかどうかは公共職業安定所が判断しますが、離職理由の確認について退職時に交付される離職票を参照することが多いため、その記載内容をめぐって会社都合の離職か自己都合の離職かでトラブルになることがあります。

共職業安定所に提出すると、ようやく失業が認定されて、基本手当の受給権を取得することになります。

(2) 求職活動

失業の認定は、原則4週間ごとにおこなわれることになっていて、この認定対象期間（前回の認定日から今回の認定日の前日まで）に失業状態であれば基本手当の支給が受けられます。雇用保険による所得の保障があるなら、その受給期間中は骨休みとしてゆっくりしておきたいと思う人もいるかもしれませんが、これらの給付は、あくまで労働の意思および能力を有している人に支給することを目的としているので、認定対象期間中に求職活動の実績がないと就職の意思がないと判断されて基本手当が支給されなくなります。求職活動は、求人への応募や、ハローワークでの職業紹介、各種セミナーや企業説明会の受講などの実績が必要となっています。

表1　特定受給資格者、一部の特定理由離職者の給付日数

		被保険者であった期間				
		1年未満	1年以上 5年未満	5年以上 10年未満	10年以上 20年未満	20年以上
区分	30歳未満	90日	90日	120日	180日	—
	30際以上 35歳未満		120日	180日	210日	240日
	35歳以上 45歳未満		150日	180日	240日	270日
	45歳以上 60歳未満		180日	240日	270日	330日
	60歳以上 65歳未満		150日	180日	210日	240日

3 基本手当の給付内容

(1) 基本手当日額

基本手当が具体的にいくらになるかを計算するためには**基本手当日額**を算出する必要があります。基本手当日額とは、離職前の賃金をもとに算出された1日辺りの支給額のことで、離職前の最後の6ヶ月間に支払われた賃金総額を180で割った賃金日額に対して、一定の給付率（50%〜80%）を掛けて算出されます。基本手当日額については、年齢区分に応じた上限額と下限額が定められていて、毎年平均給与額の変動に応じて自動的に改訂されています。[2]

(2) 給付日数

基本手当は、失業認定日の前28日分の基本手当日額をまとめて支給することになっています。その給付日数は、表1から表3の通りですが、受給資格者の年齢、被保険者期間および離職理由に応じて差が付いていて、離職を余儀な

表2　障害者等の就職困難な者の給付日数

		被保険者であった期間	
		1年未満	1年以上
区分	45歳未満	150日	300日
	45歳以上 65歳未満		360日

表3　一般の離職者（定年退職や自己の意思で退職した者等）の給付日数

		被保険者であった期間			
		1年未満	1年以上 10年未満	10年以上 20年未満	20年以上
区分	全年齢	—	90日	120日	150日

くされた人や就職が困難な人のうち、生活にお金がかかると考えられている中高年齢者に手厚い保障をおこない、若年者や自己都合退職の場合には給付日数が少なくなっています。

3 雇用継続・安定のための給付

雇用継続給付、就職促進給付、教育訓練給付

1 雇用継続給付

雇用継続給付とは、高年齢者や育児休業あるいは介護休業を取得した者などの職業生活の円滑な継続を支援・促進するために、雇用の継続が困難となる事由を失業に準じた保険事故として所得保障をおこなうものです。

(1) 高年齢雇用継続給付

高年齢者の雇用については、年金支給年齢である65歳までの所得保障が問題となっています。雇用保険法は、高年齢者を対象とする給付として２つの給付を定めています。高

▼2 より正確に言うと、賃金日額の上限額・下限額は、各年度の「毎月勤労統計」の平均定期給与額の増減により変更することになっています。２０２２年８月１日からは下限額が２６５７円、上限額は年齢によって変わり、30歳未満の人は１万３６７０円、30歳～44歳の人が１万５１９０円、45歳～59歳の人が１万６７１０円、60歳～64歳の人が１万５９５０円となり、前年度よりも増額されています。そして、基本手当日額の下限額は、賃金日額下限額の80％（２１２５円）、上限額は賃金日額上限額の50％（30歳未満：６８３５円、30歳～44歳：７５９５円、45歳

年齢雇用継続基本給付金は、被保険者期間5年以上の60歳以上65歳未満の一般被保険者が、60歳到達時の賃金と比較して25%以上賃金が低下している状態で雇用を継続している場合に最大で賃金の15%分を支給するものです（61条1項）。また、**高年齢再就職給付金**は、受給資格者が基本手当の所定給付日数を100日以上残して再就職し、かつ再就職後の賃金が60歳到達時の賃金に比べて85%未満である場合に支給されるもので、いずれも定年到達後の賃金の低下を補う役割を果たしているということができるでしょう。▼3

(2) 育児・介護休業給付

日本では**育児介護休業法**により、労働者に**育児休業・介護休業**の権利を認めていますが、これらはあくまでも休業を取得する権利を認めたのみで、休業期間中の賃金については使用者に支払いを義務づけていません。そこで、労働者に安心して休業を取得してもらうため、雇用保険法は、これらの休業を取得した労働者に対し、休業開始時の賃金月額の3分の2に相当する額を支給することで所得の保障を図っています（休業が6ヶ月を超える場合は2分の1）。同じように所得が保障されない休業として、労働基準法に定める**産前産後休業**がありますが、こちらについては健康保険法に基づく**出産手当金**として支給されるため、雇用保険法による給付ではない点に注意が必要です。

育児休業に関する給付としては、**育児休業基本給付金**と**育児休業者職場復帰給付金**とがあります。育児休業基本給付金は、一般被保険者がその1歳に満たない子を養育するため

～59歳：835５円、60歳～64歳：7177円）となります。

▼3 2020年の法改正により、高年齢雇用継続基本金は、2025年4月1日から最大で賃金の10%分を支給するという形で制度が縮小されます。これは、高年齢者雇用安定法による60歳定年到達後の高年齢者の雇用確保措置が進展し、希望者全員が65歳以上まで継続して働くことができる企業の割合が80%を超えていることから、給付率の見直しがおこなわれたことによるものです。

に休業した場合に、その休業を開始した日前2年間に、「みなし被保険者期間」が通算して12ヶ月以上ある場合に支給されます（61条の4）。また、育児休業者職場復帰給付金は、育児休業基本給付金を受けた被保険者が、育児休業終了後に休業前から雇用されていた事業主に引き続き6ヶ月以上雇用されている場合に一時金として支給されます（61条の5）。

また、介護休業給付としては、**介護休業給付金**があり、介護休業を取得した一般被保険者で、かつ介護休業開始日前2年間に被保険者期間が12ヶ月以上ある者に対して支給されます（61条の7）。

育児休業・介護休業

育児介護休業法により、育児と介護を理由として労働者が権利として休業することを認めるもので、事業主は、労働者が休業を申請した場合、これを拒むことができません。育児休業は、1歳未満の子を養育する労働者を対象として休業を認めるもので、一定の場合には、2歳まで休業することが認められています。また、介護休業は、要介護状態にある配偶者（事実婚を含む）、父母、子または配偶者の父母を介護する労働者を対象として、要介護者1人につき、3回まで、通算93日まで休業することを認めるものです。

産前産後休業

労働基準法65条により女性労働者に対して産前6週間、産後8週間の休業を認める制度です。産前6週間については、女性労働者が請求した場合に認められるため、出産直前まで労働者が働くこともできますが、産後の休業については、労働者の意思に関わりなく、必ず休業させなければなりません（ただし、産後6週間を経過した後に、労働者が請求した場合に医師が問題ないと認めた業務に就かせることは可能です）。

2 労働者の再就職とキャリア形成の支援──就職促進給付および教育訓練給付

(1) 就職促進給付

基本手当は、受給期間が終わるまで支給されるものですが、失業者がこの期間を無為に過ごすことなく再就職へのモチベーションを高めるための給付として、**就職促進給付**があります。この給付は、就職促進手当（再就職手当、就業促進定着手当、就業手当、常用就職支度手当）、移転費、求職活動支援費（広域就職活動費、短期訓練受講費、求職活動関係役務利用費）の3種類で構成されています。これらの給付は、受給期間満了前の再就職に対する支給残日数分の支給や、再就職に伴う引っ越しをする際の費用、求職活動をおこなうにあたっての交通費の支給などをおこなうものですが、再就職を促進する雇用保障の側面とともに、所得保障の機能も併有すると考えられています。

(2) 教育訓練給付

失業については、失業した人に対する所得保障も重要ですが、失業を予防するという雇用保障の観点からは、労働者の自発的な能力開発やキャリア形成を支援することも重要な意味を持ちます。**教育訓練給付**は、このような目的のために一般被保険者等が厚生労働大臣の指定する教育訓練を受け、これを終了した場合にその受講費用の一部を一時金として支給するもので、専門実践教育訓練、特定一般教育訓練、一般教育訓練の3種類があり、それぞれについて給付額・支給上限額が定められています。▼4

失業の予防のために

雇用保険2事業

雇用保険法は、労働者の職業の安定のために、各種の給付をおこなうほか、失業の予防、雇用状態の是正および雇用機会の拡大、労働者の能力の開発向上なども目的としています。この目的のために、法に基づいて雇用安定事業と能力開発事業からなる雇用保険2事業がおこなわれています。これら事業の財源は、事業主の負担する保険料で賄われています。また、政府は、これら事業の一部を独立行政法人である高齢・障害・求職者雇用支援機構に委託しています。

▼4 教育訓練給付の給付額・支給上限額

専門実践教育訓練は、最大で受講費用の70%、年間上限56万円が支給されます。特定一般教育訓練は、受講費用の40%、上限20万円が、一般教育訓練は、受講費用の20%、上限10万円がそれぞれ支給されます。また、専門実践教育訓練の場合は、最長で4年間給付を受けることができます。

1 雇用安定事業

雇用安定事業は、失業の予防、雇用状態の是正、雇用機会の増大その他雇用の安定を図ることを目的としておこなう事業のことをいいます（62条）。具体的な類型としては、①事業活動の縮小への対応、②再就職の促進、③高年齢者の再就職援助、④地域における雇用機会の増大などを目的として実施される事業となっていますが、中心となっているのは事業者に対する**助成金**です。代表的な助成金としては、経済上の理由により事業活動の縮小を余儀なくされた事業主が、雇用調整（休業、教育訓練など）を実施することにより雇用を維持した場合に助成される**雇用調整助成金**があります。▼5 雇用調整助成金については、事業活動の低下や助成率等について一定の要件が課されていますが、新型コロナウイルス感染症対応の特例措置として一部要件が緩和されるなど、そのときどきの社会経済情勢に応じて、柔軟な運用がおこなわれています。

2 能力開発事業

コロナ禍の雇用政策

新型コロナウイルスに関連する休業については、事業主を対象とする雇用助成金の特例措置のほか、緊急事態措置やまん延防止措置の影響により休業した労働者を対象として、新型コロナウイルス感染症対応休業支援金・給付金の制度も設けられています。この制度は、休業期間中の賃金の支払を受けることができなかった労働者に対して、1日あたりの平均賃金の60%（2022年11月までの休業については80%）に休業期間の日数を掛けた額が支給されます。詳細については、厚生労働省のサイト（https://www.mhlw.go.jp/stf/kyugyoshienkin.html）を参照してください。

▼5 雇用保険法に限らず、雇用関係にはさまざまな助成金の仕組みがあるため、その検

能力開発事業は、被保険者の能力開発・向上を促進することを目的としておこなわれる事業のことをいい（63条）、①事業主等がおこなう職業訓練に対する助成および援助、②公共職業能力開発施設の設置運営等、③再就職を容易にするための職業講習等の実施、④有給教育訓練休暇を与える事業主に対する助成および援助、⑤公共職業訓練等の受講の奨励、⑥技能検定の実施に対する助成、⑦その他の労働者の能力の開発および向上のために必要な事業により構成されています。

索ツールが厚生労働省により提供されているので、参考にしてください（厚生労働省「雇用関係助成金検索ツール」）。

第3部のおわりに

みなさんのなかには、働いたことある人、あるいはこれから働く人、いろいろいるでしょうが、ほとんどの場合、**雇われる側は雇う側よりも立場が弱い**ですし、「働かなくても別に困らない」と言える人はごく少数でしょう。他方で、体を壊したり、パワハラにあったり、勤め先が倒産したりして、働けなくなることも。そういったときのために、ここで学んできた**労災保険や雇用保険**があるのです。

もっとも最近は、**「雇われて働く」の意味が相対化**しています。委託を受けての契約だと、形式的には雇われていることにはなりません。ボランティアも「任意」なので、雇われているわけではありません。なので、労災保険の適用は基本的にはありません（ボランティア保険などで自分で備える必要があります）。でもだからといって、「雇われていないなら、関係ないね」で済むものなのかが、いま問われているのです。

第4部

生きているとイロイロあります

合理的配慮って何をすればいいの?

同じ被害でも、道一つ挟んだだけで!?

社会福祉は、かつては、社会的に立場が弱い人への公的な支援、と説明されることが一般的でした。しかし最近はそれだけにとどまらず、幅広い対象に対し、個別の事情・ニーズをふまえた対応をしていくことが広く求められてきています。そんな福祉の制度や法のしくみを、ここではみていきましょう。

第10章

生活保護

あなたは「**生活保護**」と聞いてどんなことをイメージしますか？

私[1]は大学生に生活保護の話をすると、毎回、次のような感想が聞こえてきます。働けない人が受けていてかわいそう、自分とは関係ないから想像できない、本当は働けるのに怠けたいから受けていると聞いた、若いのに働かないで生活保護を受けるのはおかしい、不正受給者が多いんじゃない、などなど。

生活保護制度はとても大事な制度なのに、誤解や偏見、誤った情報やデマが広がっていて、正しい理解が進んでいるとはいえません。ここでは自分の問題として生活保護制度について見ていくことにしましょう。

もしも、明日、あなたが突然重い病気になって働くことも学校に行くこともできなくなったらどうしますか？　またその際に家族がサポートをしてくれる状況ではなかったり、友

▼1　この章を執筆している藤田孝典さんは、ソーシャルワーカーとして、生活困窮者の支援活動や情報発信に取り組まれています。本章は、その活動での知見も含めてご執筆いただきました。（編集部）

人などに相談することもできなかったら。とても心細く不安になってしまいますよね。

２０２０年の新型コロナウイルス感染拡大によって、移動が制限されて、飲食店などのサービス業は休業、閉店を迫られてしまいました。もともとお給料が少ないため、十分な貯金がないパート社員、派遣社員の人たちなどに生活ができない状況が広がりました。大学生の皆さんも居酒屋などでアルバイトができなくなり、生活費や学費が支払えない状況が広がりました。大学では奨学金を借りている学生が大勢いますので、コロナ禍は他人事ではない危機でした。

私のところにもたくさんの相談者が訪れてくれて、事務所は大忙しでした。

私は大学生のときから東京都内のホームレス支援活動に参加し、２００６年から埼玉県に事務所を構え、社会福祉士として相談支援活動をしています。生活困窮者、というと自分と無関係のように思いますが、そんなことはありません。誰でも突然、助けが必要な状態に陥ります。相談に来られた方たちは「まさか自分が……」と口々に言うのです。人生は想定外の連続です。

たとえば、私がまだ新人の社会福祉士だった頃の２００８年には、リーマンショックによって、仕事や家を失う人が大勢いました。絶対に倒産することはないだろうという超巨大金融機関が破綻しました。２０１１年には東日本大震災と福島第一原発事故です。史上最大規模と言っていい地震と津波が襲い、住み慣れた家や田畑、仕事を奪われた避難者が大勢相談に来られました。そして２０２０年は新型コロナウイルスです。

このような生活の危機が人生で訪れたとき、覚えておけば助かるさまざまな制度があります。そのひとつである生活保護制度を少しだけ一緒に見ていきましょう。

1 「生活保護」ってなあに？

1 日本国憲法第25条と生活保護制度

まず、一番大事なのはこれまでにも見てきたように、みなさんには人間らしく生きる権利、**社会権**があるということです。**生存権**と呼ばれることもありますが、ただ生きるだけではなく、人間らしく、社会的により良く生きるためにも、社会権という呼び名のほうがいいと思います。これは私もあなたも、あなたのお友達も、知らない人、にもある権利です。もちろん、性別、出自などに関係なく、すべての人にその権利があり、国際的にも国連の社会権規約などで規定されています。

その権利を保障するために、**憲法第25条**には「すべて国民は、健康で文化的な最低限度の生活を営む権利を有する。国は、すべての生活部面について、社会福祉、社会保障及び公衆衛生の向上及び増進に努めなければならない」と規定されています。憲法によって日本政府は、あなたの社会権を守ります、と約束しているわけです。その憲法の条文に従ってできたものが**生活保護法**とその運用になります。

生活保護法は1950年に施行されました。第二次世界大戦の戦災後、飢餓や貧困に苦しむ人たちを保護対象にするため、連合軍総司令部（GHQ）による指導のもと、**小山進次郎**厚生省保護課長が策定に尽力しました。

生活保護法の目的は「日本国憲法第25条に規定する理念に基き、国が生活に困窮するすべての国民に対し、その困窮の程度に応じ、必要な保護を行い、その最低限度の生活を保障するとともに、その自立を助長すること」（1条）としました。国民の社会権は、国家（政府）が保障するという**国家責任の原理**が明確に示されています。

先ほど、社会権がすべての人にある、と書きました。言い換えれば、**保護請求権**がすべての人に認められており、権利を行使すれば、国が最低限度の生活を保障（**最低生活保障の原理**）するということです。

つまり、かわいそうな人だけ選んで、お恵み（**慈恵的救済**）として国が助けるのではなく、保護請求権を行使した人に生活保障をする規定です。慈恵的救済ではなく、保障されている権利なので、申し訳ない、恥ずかしい、と思う必要はなく、堂々と権利行使するべきですね。

私たちが生活困窮した際は、家族や友人、知り合いの社長やお金持ちに助けを求めなくても、あるいは危険な仕事をしなくても、国、役所が生活保障を約束してくれているのです。誰にも頼れない場合、とても頼もしい仕組みです。それゆえに「**最後のセーフティネット**」と呼ばれることもあります。つまり、どんな状態になっても、最終的には最低限の暮らしが守られます。

もちろん、家族や知り合いが頼れる場合には仕送りを受けて構いません。生活保護制度には、最低生活水準と比較して、足りない分だけ金品を支給する**補足性の原理**もあります。頑張って稼いだり、仕送りを受けても、なお最低生活が難しい場合、文字通り足りない分だけ支援する仕組みです（図1）。

そのため、原則として、持ち家、土地、証券、高価な貴金属やブランド品、自動車など売却して処分すれば生活費に充てられる場合、保護申請前後に処分が求められることもあります。保護申請前ならそれを生活費に充てて、保護申請後なら金額に応じて返還が必要になります。

ただし、古い持ち家などに住み続けることで、処分価値よりも利用価値が高い場合などは保有が認められます。自動車も傷病による通院、就労、育児など、自立助長のために必要不可欠な場合、例外的に保有が認められています。

これらをどう処分するか、あるいは保有を認めていくのか、というのは福祉事務所、担当ケースワーカーの判断によって意見も分かれます。そもそも生活保護の運用は個

図1　補足性の原理

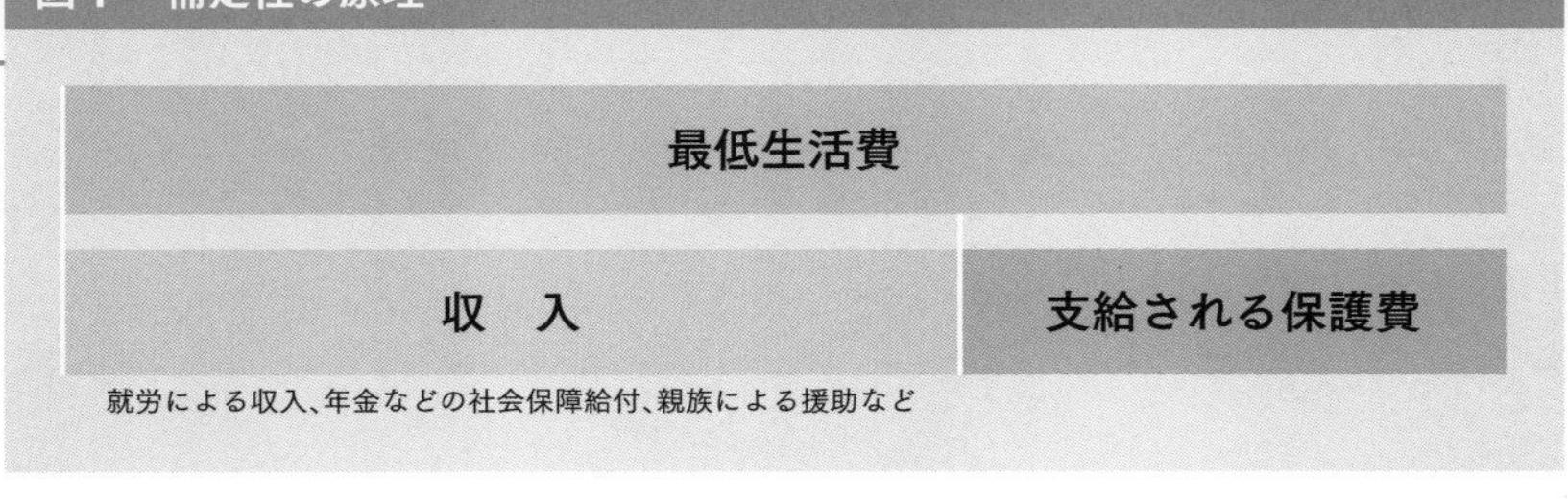

最低生活費	
収　入	支給される保護費

就労による収入、年金などの社会保障給付、親族による援助など

別性が高く、それに対応するため、広い**行政裁量権**が認められています。それゆえ、被保護者に対しては、画一的な対応ではなく、個別事情を考慮した対応が期待されています。

いずれにしても、生活保護を受けるからといって何もかも売却しなければならない、ということはありません。

また、生活保護法は**無差別平等の原理**も規定していて、困窮に至った理由を問わずに保護します。実は旧生活保護法では**欠格条項**が存在していて、素行不良な者は保護に値しない、という取り扱いがされていました。現在は素行不良な者にも適切にかかわり、自立助長をしていく仕組みになっています。

だから、昼間から飲酒する人（アルコール依存症者）、ギャンブルで資産を無くした人（ギャンブル依存症者）、働かない人、過去に罪を犯した人などにも、差別しないで請求があれば保護します。

生活保護法の目的は、金品を支給するだけでなく、あわせて就労支援、自立支援をおこない、自立を助長することにもあるからです。対象者への**所得保障**と**自立助長**が法の目的であり、福祉事務所、ケースワーカーの仕事になります。具体的にどうやって自立助長をするのか、は後で少し述べたいと思います。

2 生活保護の基本的なルール

それでは生活保護制度は具体的にどのように運用されるのでしょうか？　基本的なルールを見ていきましょう。

まず、ルールとして**申請保護の原則**があるため、要保護者本人、またはその扶養義務者、その他の同居親族の申請を必要とします。ただし、要保護者が急迫状態の場合は、保護申請がなくても、所管の福祉事務所長の判断で**職権保護**をおこないます。一人暮らしの認知症高齢者などが増えていますので、職権保護は今後も大事な機能です。

また、無差別平等の原理に基づいて、いわゆるホームレス、ネットカフェ生活者など住所不定の人たちも生活保護を利用できます。住所不定の場合、**現在地保護**という取り扱いがされることを覚えておいてください。[2]

いずれにしても、本人などから保護申請があった場合は、保護が必要かどうか、**資産調査（ミーンズテスト）**などを開始し、要否判定をおこないます。その際は、申請を受け付けたら、福祉事務所は原則14日以内、調査に時間を要する場合でも、30日以内で要否判断をすることになります。著しく急迫性が認められる場合、審査を後回しにして保護を開始することもできますし、保護費支給まで社会福祉協議会[3]の生活福祉資金貸付を受けてもらって生活費を立て替えておく対応も可能です。

保護を実施する場合、厚生労働大臣が定める**基準及び程度の原則**に沿って、要保護者の

▼2　たとえば、東京都北区の河川敷で野宿をしている場合、本籍地や住民登録が他の自治体であっても東京都北区の福祉事務所が担当します。宮城県仙台市から仕事を求めて上京し、東京都渋谷区のネットカフェで宿泊中に困窮状態に陥れば、東京都渋谷区の福祉事務所が担当します。

▼3　**社会福祉協議会**　民間の社会福祉活動を推進することを目的とした民間組織です。社会福祉法にもとづき、都道府県・市区町村に設置されています。

▼4　最大判 1967. 5.24

最低生活の需要を満たすため、不足分を補う程度でおこないます。保護基準は、毎年改定されるのですが、要保護者の年齢別、性別、世帯構成別、所在地域別、その他保護の種類により、必要な事情を考慮して個別に決定されます。つまり、家族の人数、住む場所などで支給金額に差が生じます。

昔からこの基準及び程度、つまり生活保護基準は健康で文化的な最低限度の生活を保障しているのか、という論争があります。有名なものは１９５７年当時、結核入院患者だった朝日茂さんが提起した**朝日訴訟**[4]です。日本は高度経済成長下にあり、物価も上がるなか、支給される生活保護費だけでは人間らしい暮らしができない、憲法25条違反だ、と国を訴えました。結果として、東京地方裁判所はほぼ全面的に朝日さんの訴えを認めましたが、二審の東京高等裁判所は訴えを棄却し、最高裁判所での判断は朝日さんが亡くなることで終結することになります。

しかしながら、朝日さんの問題提起は社会、世論を大きく動かし、その後の生活保護基準の改定の際にも大きな影

生活保護における扶養義務と扶養照会

生活保護制度では扶養可能な配偶者、親子、兄弟姉妹、その他３親等内の親族がいる場合、福祉事務所が書面などで扶養可能か確認（扶養照会）することになります。その一方で、親族はできる範囲で援助すればいいことになっており、照会を受けた親族は、金銭的に余裕がない場合、援助を断ることができます。

また「扶養義務の履行が期待できない者」に対しては、扶養照会をしなくてもよいことになっています。具体的には、扶養義務者が、生活保護利用者、福祉施設入所者、長期入院患者、無職者、未成年者、70 歳以上の高齢者、10 年程度音信不通の者などの場合です。その扶養義務者から虐待・DV を受けていた場合などは、むしろ連絡してはいけません。

厚生労働省は「扶養の可能性が期待できない者」へ扶養照会しないよう注意喚起しています。さらに、新型コロナ禍を契機にして、生活保護手帳別冊問答集を改正し、要保護者が扶養照会を拒んでいる場合においては、その理由について特に丁寧に聞き取りをおこなって判断するように促しています。つまり、扶養照会の可否については、申請者の意思を尊重する方針が示されています。ゆえに生活保護申請時に親族への照会を拒否することは可能なのです。

響を与えていきました。

実は現在も朝日さんの闘争の歴史は引き継がれています。2012年に実施された生活保護基準の引き下げをめぐって、全国の生活保護受給者（原告）と弁護団はその取り消しを求めて、裁判所に訴えを起こしています。

そのときどきの社会状況、経済状況に応じて保護基準は変化しますが、ナショナルミニマム（国家最低保障）を具現化する仕組みなので、運用に際しては厚生労働大臣はじめ、政府関係者に十分な説明が求められると思います。

次は**必要即応の原則**です。これは健康状態など、その個人または世帯の事情に応じておこないます。たとえば、障害者の場合、障害の程度に応じて障害者加算、母子世帯の場合には母子加算、というように、世帯の必要事情を個別に考慮します。どの世帯にどれだけ保護金品を支給すれば最低生活を保障できるか、は歴史的にもずっと論争されてきた大変難解な議論です。そのため、厚生労働大臣の諮問機関である社会保障審議会生活保護基準部会の専門家の助言にもとづき、厚生労働大臣が決定を下しています。

そして、生活保護は、**世帯単位の原則**がルールなので、世帯を単位にその要否および程度を定めます。たとえば、本人と配偶者、その子が同一世帯の場合、三人世帯で保護を実施します。ただし、婚姻関係があってもＤＶ（家庭内暴力）があり、同一世帯とみなすことで不利益が生じる場合などは、**世帯分離**して、個人を単位として定めることができます。

3　8つの扶助項目

これらのルールに従って、生活保護制度は、生活費の①**生活扶助**、義務教育までに必要な教育費の②**教育扶助**、借地借家代や家賃等の③**住宅扶助**、医療費などの④**医療扶助**、介護費などの⑤**介護扶助**、出産費用などの⑥**出産扶助**、高校通学や資格取得のための⑦**生業扶助**、葬儀代などの⑧**葬祭扶助**、という8種類に分けられて支給されます。

最近は高校だけでなく、生活保護世帯の子どもたちに、生業扶助費を支給し、大学や専門学校への進学を促すべきではないか、という議論が進んでいます。貧困世帯だとその子も貧困世帯になる、という**貧困の連鎖**、**貧困の再生産**を止めるためにも必要なことだと思います。

ただ、高等教育を受ける学生の増加、給付型奨学金制度の拡充が進めば、生活保護制度の運用にも変化が生じていくかもしれませんね。時代の変化、要請に合わせて生活保護制度は変化するものです。出身世帯の所得、状況に関係なく、すべての人に教育が保障されるようにしたいですね。

いずれにしても、それぞれ最低生活を充足するために必要とされる限度において、具体的な支給範囲が定められています。

図2　最低生活費のしくみ

最低生活費		
最低生活費	生活扶助	第1類費　個人的経費：食費・被服費など
		第2類費　世帯共通経費：光熱費・家具什器など
		入院患者日用品費
		介護施設入所者基本生活費
		加　算　妊産婦加算、障害者加算、介護施設入所者加算、在宅患者加算、放射線障害者加算、児童養育加算、介護保険料加算、母子加算
		期末一時扶助
		一時扶助
		冬季加算
	住宅扶助	家賃、間代等
		住宅維持費
	教育扶助	一般基準
		学校給食費
		通学交通費
		教材代
		学習支援費
	介護扶助	
	医療扶助	
	出産扶助	
	生業扶助	生業費
		技能修得費（高等学校等就学費）
		就職支度費
	葬祭扶助	
	勤労控除	基礎控除
		新規就労控除
		未成年者控除

4 被保護者の権利と義務

そして、生活保護を受給すると守られる権利、守らないといけない義務が生じます。まず、**被保護者の権利**から見ていきましょう。生活保護制度を利用している最中は保障される権利です。1つ目に**不利益変更の禁止**があります。被保護者は、正当な理由がなければ、すでに決定された保護処分を、不利益に変更されません。たとえば、気に入らない態度の被保護者がいるからといって、福祉事務所の判断で、一方的に保護金品を減額支給することは禁止されています。

2つ目に**公課禁止**があります。これは文字通り、被保護者は、支給される保護金品に対して、租税その他の公課を課せられません。通常、所得がある場合、所得税が課されますが、保護金品は最低限度の生活費相当しか支給していないため課税されません。もしここに課税されてしまうと最低生活費を割り込んでしまい、最低生活保障の義務を政府が果たせなくなってしまいます。被保護者は医療費が全額扶助されますが、一部自己負担させるべき、という暴論がありますが、論理的に整合性が取れなくなりますよね。ただし、消費税や酒税など買い物の際に課される税は一般世帯同様に課されています。

3つ目は**差押禁止**です。被保護者は、すでに給付を受けた保護金品および、これらを受ける権利を差し押さえられることはありません。保護金品は最低生活の維持に使用するものであり、原則としてこの金品を第三者が差し押さえることは禁止されています。生活保

護受給前に借金があるからといって、保護金品を返済に充てるのではなく、裁判所で自己破産手続きを進めたり、返済を猶予してもらうなど工夫が必要です。
4つ目は**譲渡禁止**です。被保護者は、保護金品を受ける権利を譲り渡すことができません。友人が困っているからといって、被保護者が受けている受給権の全部、もしくは一部でも譲ることはできません。
次に**被保護者が守るべき義務**についても見ていきましょう。
まず、**生活上の義務**があります。被保護者は、可能な範囲で勤労に励み、健康の保持および増進に努め、家計状況を把握しながら、生活の維持および向上に努めなければなりません。たとえば、保護金品を過度に飲酒やギャンブルに使用しては、何のための制度かわからなくなってしまいます。生活上の義務が守れない場合、依存症の治療、家計管理の支援、成年後見制度の活用なども検討する必要があります。
2つ目は**届出の義務**があります。被保護者は、収入、支出その他生計の状況で変動があったとき、または居住地もしくは世帯の構成などに異動があったときは、すみやかに、保護の実施機関または福祉事務所長にその旨を届け出なければなりません。届出がない場合、適正に保護金品を支払うことができなくなります。保護金品は基準及び程度の原則に従い、過不足なく支払われなければなりません。届出を忘れてしまい、多く保護金品の支払いを受けてしまった場合は、生活保護法第63条に従い、**費用返還義務**が生じます。
また「不実の申請その他不正な手段により保護を受け、又は他人をして受けさせせた者があるときは、保護費を支弁した都道府県又は市町村の長は、その費用の額の全部又は一部を、その者から徴収するほか、その徴収する額に百分の四十を乗じて得た額以下の金額を徴収することができる」（生活保護法第78条）とされています。いわゆる**不正受給**がこれにあたります。故意や悪意ある虚偽申告、不正な申告による保護金品の受給は、他に刑法による処罰を受けることもあるので絶対にあってはならないことです。

3つ目は**指示等に従う義務**があります。被保護者は、保護の実施機関が、生活保護法第27条の規定により、必要な指導または指示をしたとき、これに従わなければなりません。保護の実施機関は、被保護者が指導・指示に違反したときは、保護の変更、停止または廃止処分が可能です。

その一方で、同法第27条2は「前項の指導又は指示は、被保護者の自由を尊重し、必要の最小限度に止めなければならない」とし、さらに同法第27条3では「第一項の規定は、被保護者の意に反して、指導又は指示を強制し得るものと解釈してはならない」と規定しています。

被保護者の自立助長のため、どのような方法で指導・指示権限を行使し、生活支援を実施するのか。被保護者との信頼関係の醸成と合理的な判断、丁寧なケースワーク業務が求められます。

しかしながら、私のもとには、「保護の実施機関の担当ケースワーカーから暴言を吐かれた」「指導に従わなければ生活保護を廃止すると言われた」などのいわゆる**パワーハラ**

スメント事例がしばしば報告されています。酷い一方的な処分も散見されています。

被保護者と担当ケースワーカーの権力関係は絶対的です。弱い立場にある被保護者に対し、権威的にならないよう、福祉事務所員は常に言動を振り返らなければなりません。

また、不当な行政処分に遭遇した際は泣き寝入りする必要はありません。おかしいことにおかしい、と言える制度も用意されていますので、このあと説明していきます。

② 不服審査請求と今日的課題

1 生活保護における不服申し立ての仕組みと権利

第1章⑦で詳しく触れましたが、生活保護制度も行政法のひとつなので、当然、**行政不服審査請求**、不服申立て制度があります。

保護請求したい要保護者は、申請保護の原則に沿って、福祉事務所（保護実施機関）に申請をします。それに基づいて、保護実施機関は、保護内容を決定し、書面で申請者に通

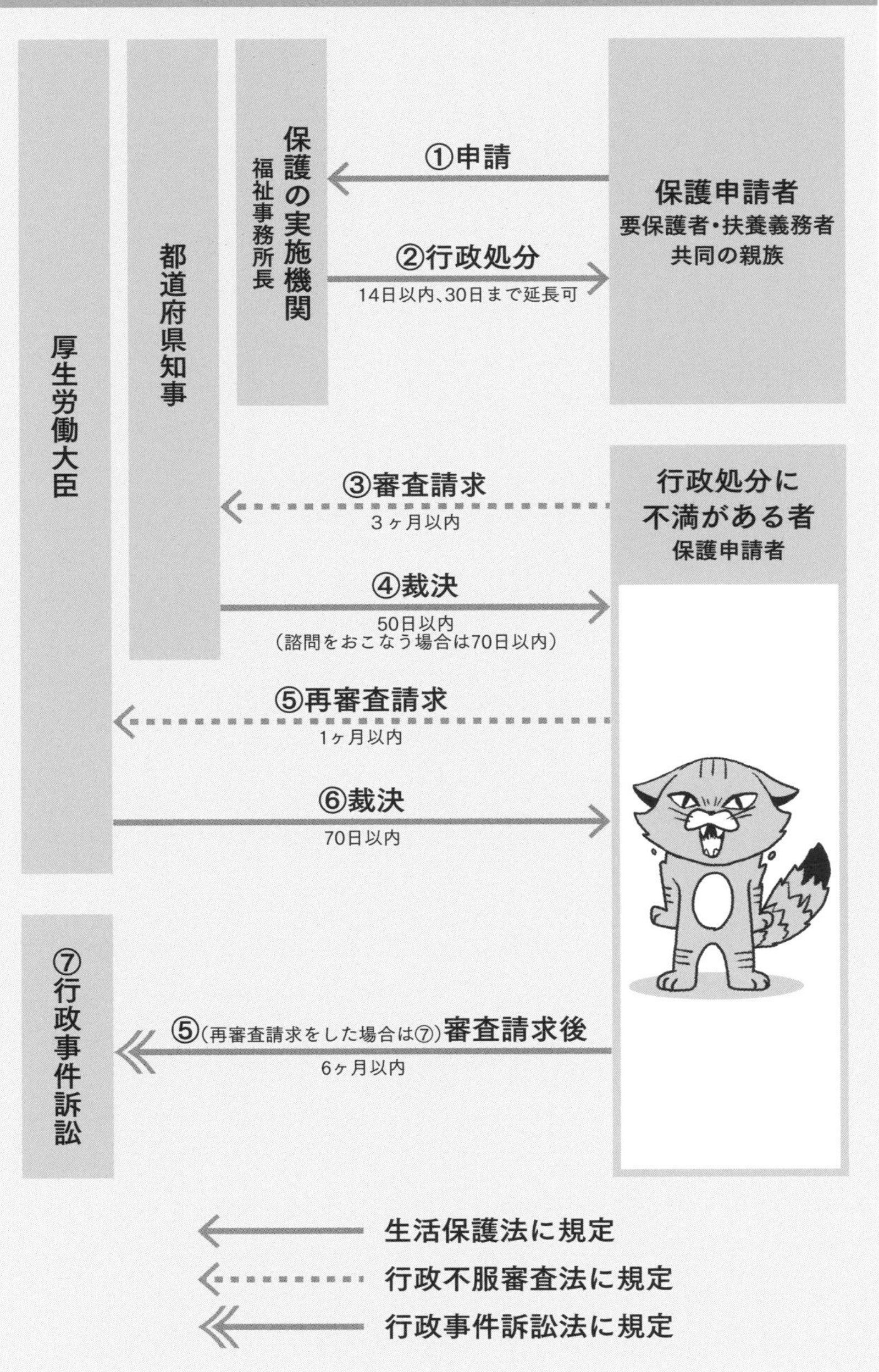
図３　不服申し立てと訴訟の流れ
厚生労働大臣
都道府県知事
保護の実施機関
福祉事務所長
保護申請者
要保護者・扶養義務者
共同の親族
①申請
②行政処分
14日以内、30日まで延長可
行政処分に
不満がある者
保護申請者
③審査請求
３ヶ月以内
④裁決
50日以内
（諮問をおこなう場合は70日以内）
⑤再審査請求
1ヶ月以内
⑥裁決
70日以内
⑦行政事件訴訟
⑤（再審査請求をした場合は⑦）審査請求後
6ヶ月以内
生活保護法に規定
行政不服審査法に規定
行政事件訴訟法に規定

知することになっています。

もちろん、資産がある場合は保護申請に対する却下通知が届きます。申請から30日経って何も連絡がない場合は、**みなし却下**といって、申請が却下されたものとみなします。また居所がない申請者には施設入所による保護決定がされる場合もあります。さらにあってはならないことですが、支給された保護費の計算が間違っている場合もあります。

このような行政がおこなう保護決定、却下、変更、内容に関する一連の処分に対して、不服がある場合、審査請求をすることが可能です。

審査請求者は、処分のあったことを知った日の翌日から起算して3ヶ月（90日）以内に、保護の実施機関、あるいは審査庁である都道府県知事に審査請求をします。

審査庁の都道府県知事は、請求のあった日から50日以内、第三者機関に諮問をする場合は70日以内（生活保護法65条1項）で裁決をしなければなりません。また、審査請求者は、この期間内に裁決がないときは、審査請求が棄却されたものとみなすことができます。

この都道府県知事の裁決にも不服があるときは、厚生労働大臣に**再審査請求**をすることもできます（生活保護法66条）。再審査請求は、審査請求についての裁決があったことを知った日の翌日から起算して、1ヶ月（30日）以内にしなければなりません（行政不服審査法62条）。この再審査請求に対し、厚生労働省は、70日以内に裁決をおこなうものとされています（生活保護法66条2項）。

このように、審査請求、不服申し立て制度はあるものの、再審査請求の裁決まで待てない場合、地方裁判所へ**仮処分申し立て**をしたり、保護の実施機関等を被告に提訴することもできます。その際は当然、弁護費用が工面できない、という事情も考慮されます。**日本司法支援センター（法テラス）**に法律扶助という仕組みがあります。一定条件のもとで裁判費用が国から補助されますので、お住まいの弁護士、法律事務所へ相談してみると良いでしょう。

また、現在は**首都圏生活保護支援法律家ネットワーク**とその関連団体など、全国各地で生活保護に関する訴訟に取り組んだり、専門に研究する法律家がいます。社会権、生存権に関する不利益は、命や暮らしに直結する問題なので、ためらわずに第三者の専門家に相談することが重要です。

2 生活保護制度、社会権保障の今日的課題

ここまでは、生活保護制度を正しく理解して、保護請求権などの権利行使をしていくこと、それを支えていくことの重要性をお伝えしてきました。ここからはどうしていま、社会権保障が注目されているのか、社会情勢について見ていきましょう。

現代の日本社会は、新型コロナウイルスの感染拡大だけでなく、うつ病や精神疾患で働けない若者の増加が顕著です。いわゆるブラック企業と呼ばれる違法性が疑われる企業で劣悪な労働環境下で働く人が大勢います。非正規雇用やウーバーイーツなどの業務委託（自

営業）契約での低賃金労働も、定期昇給、賞与（ボーナス）、退職金、福利厚生が少ないか、ない職場も急増しています。働ける世代の貧困、つまり**ワーキングプア**、その親のもとで養育されている**子どもの貧困**は話題ですよね。

もちろん、このような不安定な働き方は、法制度で是正するべきですが、規制を待っているだけでは、当人の問題は解決しません。必要に応じて、劣悪、不安定な労働をしなくても生活保護を含む社会保障制度が幅広く適用されていくべきでしょう。

また、賃金が低すぎる状況では、生活保護制度を利用しつつ働く「**半福祉半就労**」というモデルがあっても良いはずです。

たとえば、私が支援にかかわっている30代の軽度うつ病がある母親には2人の子どもがいます（母子世帯）。お母さんは子育てをしながら、コンビニで月収12万円を得ていますが、生活費が足りないので、不足分の約10万円を毎月、保護費として支給されています。要するに、収入の半分を働いて、半分は給付を受ける、という生活です。

別の一人暮らしの20代の保育士も軽度うつ病などのため、週3日しか働けず、月収は8万円です。足りない分の5万円程度を保護費から補填しています。

心身に無理強いして、必死に働かなければいけない暮らしではなく、無理しないで働ける分だけ働いて、最低生活費に満たない分を政府が保障するモデルは、もっと一般化して良いと思います。

さらに、生活保護利用世帯は65歳以上の高齢世帯が60％近くを占めています。端的にいって、老齢人口が急増しているため、老齢年金の支給額が下がり続けています。国民年金だけで生活している低年金高齢者の多くは、最低生活費基準以下の生活を強いられています。国民年金支給額は、月額6、7万円という高齢者も多いので、生活保護制度との併給が求められますが、多くの低年金高齢者も「生活保護への恥辱感」(**スティグマ感**)などから保護請求権を行使していません。このように生活保護制度はあっても必要な人が受けられていない、**保護の捕捉率**の低さが昔から課題です。

そのため、コロナ禍でも生活保護受給世帯数に大きな変化は見られませんでした。つまり、生活保護制度が機能しているとは言い難い状況があるということです。

憲法第25条の違憲状態が横行していることが理解できます。憲法は条文だけでは意味を成さず、書いてある各種権利を行使していかなければ実効性はありません。まさに絵に描いた餅です。みなさんはいざというときに、保護請求権を行使できるようになってください。

第11章

社会福祉

社会福祉制度とは、社会生活を送るうえでさまざまな困難を負った人々に対して、公費により支援をおこなう制度のことです。支援を必要とするいわゆる「社会的弱者」とされる人々が、心身ともに健やかに過ごし、安心して日常生活を営むことができるようさまざまなサポートをすることが、社会福祉制度の趣旨になります。

さて、この説明を読んだあなたは、あなた自身が社会福祉制度と関わりが深いなと感じましたか？　それとも自分にはあまり縁のないものだと思いましたか？　「社会的弱者」とはいったいどんな人を指すのか、果たして自分は社会的弱者なのか。いったい誰と比較したうえで社会的弱者かどうかを決めるのか……考え始めると迷宮に入り込んでしまいそうですが、まずはそこから始めましょう。

「社会的弱者」ってだれ？

社会保障や社会福祉のテキストに頻繁に登場する「**社会的弱者**」ですが、まず確認しておきたいことは、社会的弱者とは、ある程度、普遍性、共通性をはらむ概念ではありますが、固定したものではなく、時代状況や環境の変化などに応じて変動するものだということです。

人はこの世に誕生し、ひとつずつ年を積み重ね成長していきます。子どもから成人し、成熟期を迎え、やがて高齢者になります。こうした人間のライフサイクルのなかで、誰しも思いもよらぬ出来事が降りかかる可能性があります。また、時代状況や生まれ育った国の政策のちがいによって、これまでの安定が崩れ、不利な立場に追い込まれる人たちが生み出されることもあるでしょう。

社会保障・社会福祉分野の対象として真っ先に挙がるのが、「児童」「障害者」「高齢者」の三者です。この三つの対象は、時代や国・地域にかかわらず、普遍的に「社会的弱者」と位置づけることができるでしょう。本章でも、これからこれらを中心に取り上げていき

ます。

しかし、社会的弱者は三つの分野で固定するものではありませんし、完結するわけでもありません。現在の日本社会で、たとえばどんな人が新たに「社会的弱者」になっていると思いますか？　たとえば……「中高年引きこもり」「ヤングケアラー」「シングルマザー」「高学歴ワーキングプア」「外国人技能実習生」「難民申請者」……思いつくままに挙げてみました。本書で触れた２０２２年に制定された「困難女性支援法」[1]も、いまの時代だから新たに〝発見された〟（＝可視化された）社会的弱者を対象にした法律といえるかもしれません。[2]

社会的弱者は普遍的な概念であるとともに動態的、重層的な性質もあわせ持つということを頭に入れたうえで、ここからは、前述した代表的な三つの分野に関する社会福祉制度について取り上げていきます。

▼1　第16章「ジェンダー」４（３）を参照。

▼2　そういえば、2002年に『若者が〈社会的弱者〉に転落する』（宮本みち子著）というタイトルの本が出されたこともありました。

▼3　たとえば、児童養護施設、乳児院、母子生活支援施設、障害児施設などが挙げられます。

2 児童福祉

1 児童福祉に関連する法律

児童福祉分野のなかでも最も身近なものとして、保育所における保育サービスを挙げることができます。それ以外にも、さまざまな事情から家庭で暮らすことができなかったり、厳しい家庭環境にあったりする子どもたちの生活や発達、自立を支援するためにさまざまな施設[3]があります。これらの福祉サービスは児童福祉の基本法である児童福祉法に基づき実施されています。

児童福祉法は、戦後、困窮する子どもの保護、救済、そして次代を担う子どもの健全な育成を図るため、1947年に制定されました。その後、1951年5月5日の子どもの日に、日本国憲法の精神に基づき、すべての児童の幸福を図るための児童の権利宣言として児童憲章[4]が定められました。

さらに1994年には、国連子どもの権利条約[5]を批准しました。また、児童虐待の増

▼4 児童憲章は内閣総理大臣が招集し国民各層・各界の代表で構成された「児童憲章制定会議」（会長は金森徳次郎：第1次吉田内閣の憲法担当国務大臣）による審議を通じて制定されました。

▼5 18歳未満の児童を権利をもつ主体と位置づけ、成人と同様にひとりの人間としての人権を認めるとともに、成長の過程で特別な保護や配慮が必要な子どもならではの権利も定めています。前文と本文54条からなり、子どもの生存、発達、保護、参加という包括的な権利を実現・確保するために必要となる具体的な事項を規定しています。

加や、少子化の進行といった課題に対応するために、**児童虐待防止法**（２０００年）、**次世代育成支援対策推進法**（２００３年）などの法律が制定されました。

2 「児童」とは——基本は18歳未満だけど

ところで、児童って何歳から何歳までなのでしょうか。答えを明かすと、日本の法律では「18歳未満」が基本になっています。これは、２０２２年の民法改正で「18歳成年制」がスタートする前から変わっておらず、児童福祉法、児童虐待防止法、児童手当法などなど、ほとんどの法律では18歳未満と定義されています。ちなみに、子どもの権利条約は、児童の「能動的権利」を規定したことで有名な条約ですが、ここも児童は18歳未満と定義されています。

しかし、法律によって例外があることも覚えておきましょう。児童を18歳未満と定義していない２つの法律を挙げておきます。

まず、１つ目。**母子及び父子並びに寡婦福祉法**▼6では児童を20歳未満と定義しています。あまり聞きなじみのない「寡婦（かふ）」についてですが、「配偶者と死別や離婚をした女子で児童（20歳未満）を扶養したことのある人」（６条４項）を指します。▼7

児童と少年

戦前1933年に制定された児童虐待防止法では、児童は14歳未満でした。

なお、児童と重なる「少年」の法律上の定義も確認しておきます。少年法では少年の定義を20歳未満としています。これは、2022年の「18歳成年制」後も変わっていません。ただし18歳と19歳を「特定少年」として位置づける新たな枠組みが作られました。

少　　年　20歳未満
触法少年　14歳未満、刑罰法令に触れる行為をした少年
犯罪少年　14歳以上で罪を犯した少年
虞犯少年　20歳未満で将来罪を犯すおそれのある少年

2つ目は、**特別児童扶養手当法**（「トクジ」と呼ばれています）です。これは、障害のある児童を扶養する家庭に支給される手当について定めた法律です。この法律でも児童は20歳未満と定義されています。ただし障害者の定義は障害者総合支援法などで18歳以上となっていますので注意してください。障害基礎年金▼8は20歳から支給されますが、それまではこの特別児童扶養手当が支給されます。つまり、18～20歳まで空白期間ができないように20歳未満と定義されているのです。

表1　各制度の対象年齢

法律・条約名	対象年齢
児童福祉法	18歳
児童虐待防止法	18歳
児童買春・ポルノ処罰法・出会い系サイト規制法	18歳
母子および父子ならびに寡婦福祉法	20歳
児童手当法	18歳
児童扶養手当法	18歳 ※障害児は20歳
特別児童扶養手当法	20歳
子ども子育て支援法	18歳
子どもの権利条約（国際条約）	18歳

3　児童相談所

児童相談所は、児童福祉法に基づいて設置された児童福祉の第一線の機関として、「専門的な知識及び技術を要する」相談に対応しています（12条）。児童相談所は、都道府県、政令指定都市に設置が義務づけられています。

児童相談所には、ソーシャルワーカー（児童福祉司、相談員）、児童心理司、医師（精神科医、小児科医）、その他の専門職員がいて、児童に関する相談業務、専門的な調査・診断・判定、それに基づく児童・保護者などへの指導、一時保護、児童福祉施設への入所措置などをおこなっています。

児童に関する相談の種類には、次の5つがあります。

① 障害相談（障害のある児童に関する相談）
② 育成相談（しつけ、性格行動、適性、不登校、教育、その他、児童の育成上の相談）
③ 養護相談（保護者の病気、家出、離婚などによる養育困難児、棄児、被虐待児、被放任児など養育環境上問題のある児童に関する相談）
④ 非行相談（窃盗、傷害など問題行為のみられる児童に関する相談）
⑤ その他の相談

▼6　経済的・社会的に不安定な生活になりがちなひとり親世帯について援助をおこない、経済的な自立と、扶養している児童の福祉を増進させるための法律です。寡婦に対する福祉資金の貸付け、就業支援事業等の実施、自立支援給付金などについて定められています。

▼7　「母子生活支援施設」という母子専用の入所施設がありますが、この施設は「母子及び父子並びに寡婦福祉法」ではなく「児童福祉法」で規定されています。児童福祉法での児童は18歳未満なので母子生活支援施設は原則18歳までしか入れません。ただし例外的に20歳まで延長できます。

近年は重大な児童虐待事件が跡を絶たず、児童虐待に関する相談対応件数も増加し続けています。

3 障害者福祉

障害者福祉の基本は、障害のある人が自立した生活をめざす**リハビリテーション**と、障害のある人もない人も同じように生活し活動できる社会をめざす**ノーマライゼーション**の理念にあります。

1 障害者福祉の概要

障害者福祉制度は、障害ごとの法律と障害者総合支援法や障害者基本法、社会福祉法などによって定められています。

障害者を対象とする障害別の主な法律としては、①身体障害者福祉法、②知的障害者福

▼8 第5章「年金」③1(2)「障害基礎年金」を参照。

祉法、③精神保健福祉法、④発達障害者支援法▼9があり、18歳以上の障害者を対象としています。

なお、障害児に対しては、大枠のところでは児童福祉法が、障害種別を問わず18歳未満の全ての障害児を対象とした規定を数多く置いています。ただし、児童福祉法がカバーしていない制度がほかの法律で定められている場合には、障害児にもその法律が適用されます。▼10

2 障害者基本法

障害者基本法は、日本の障害者施策全体の方向性を決める重要な法律で、1970年に制定された心身障害者対策基本法を改正して、1993年に制定されました。障害者基本法では、障害者を次のように定義しています。

> 身体障害、知的障害、精神障害（発達障害を含む。）その他の心身の機能の障害がある者であって、障害及び社会的障壁により継続的に日常生活又は社会生活に相当な制限を受ける状態にあるもの（2条）

この法律では、すべての国民が障害の有無によって分け隔てられることなく、相互に人

▼9　障害者（児）への障害別の法律制度は、障害者に対する障害別の各法と障害児に対する児童福祉法によって定められていましたが、2005年に自閉症・アスペルガー症候群、学習障害（LD）、注意欠陥多動障害（ADHD）などの発達障害のある障害者（児）の支援を目的とした包括的な法律として定められました。

▼10　たとえば、障害者総合支援法の自立支援医療制度や補装具費支給制度などがあります。

格と個性を尊重しあいながら共生する社会を実現することを目指して、障害者の自立および社会参加を支援するための施策を推進することを目的としています。

その後、この法律は2011年に改正され、その際に日本で初めて「合理的配慮」が法律に明記されることになりました。さらに、障害を理由とする**差別の禁止**ならびに社会的障壁の除去も盛り込まれました。この「**合理的配慮**」の具体的な実現のためにルールを定めたのが、2013年に成立した**障害者差別解消法**と**改正障害者雇用促進法**になります。

地域社会における共生の実現という基本原則、差別の禁止のほか、介護、医療、年金、手当、教育、療育、雇用、住宅、バリアフリー化など生活全般にわたって必要とされる施策を講じることを、国と地方公共団体に義務づけています。また、国と地方公共団体は、基本原則に関する国民の理解を深めるよう必要な施策を講じ、国民も、基本原則にのっとって共生社会の実現に寄与するよう努めなければならないことが明記されています。

2002年には、**障害者基本計画**が定められ、2003年度から2012年度までの10年間を前半と後半に分けたうえで、就労の機会の確保や地域における自立生活など、具体的な目標が掲げられました。その後、障害者総合支援法において、「障害福祉計画」の計画期間を「3か年」とすることが定められるとともに、PDCAサイクルを導入して、成果目標をいっそう明確にするような方向になりました。しかし、目先の成果を挙げることに集中することで、障害者本人の意思や意向がおざなりになるという本末転倒な事態を招かないよう注意が必要です。

3 障害者総合支援法――対象者や理念など

障害者総合支援法は、障害のある人が日常生活や社会生活を営むうえで必要な障害福祉サービスなどが定められた法律で、障害者自立支援法を改正するかたちで、2013年に施行されました。

障害者自立支援法では、法律の名称にも入っている「自立」を目的の前面に打ち出していましたが、障害者総合支援法では、「自立」という表現に代わり、「基本的人権を享有する個人としての尊厳」という表現になりました。

さらに、障害者自立支援法では、支援対象が身体障害者、知的障害者、精神障害者（発達障害者を含む）に限られていましたが、障害者総合支援法では、そこに一定の難病患者が加えられました。

障害福祉サービスには大きく分けて、介護や就職支援といったサービス利用者へ個別に支給される**自立支援給付**と、利用者の状況に応じて市区町村や都道府県が柔軟にサービスをおこなう**地域生活支援事業**があります。

障害者総合支援法では障害や難病のある方は、必要に応じてこれらのサービスを複数組み合わせて利用できるようになっています。

障害者総合支援法の対象者は次の通りです。障害のある方だけでなく、一部の難病がある方も総合支援法の対象者となります。[11]

▼11 障害者手帳をもっていなくても、障害者総合支援法の福祉サービスの対象となることがあります。

図1　障害者施策の変遷

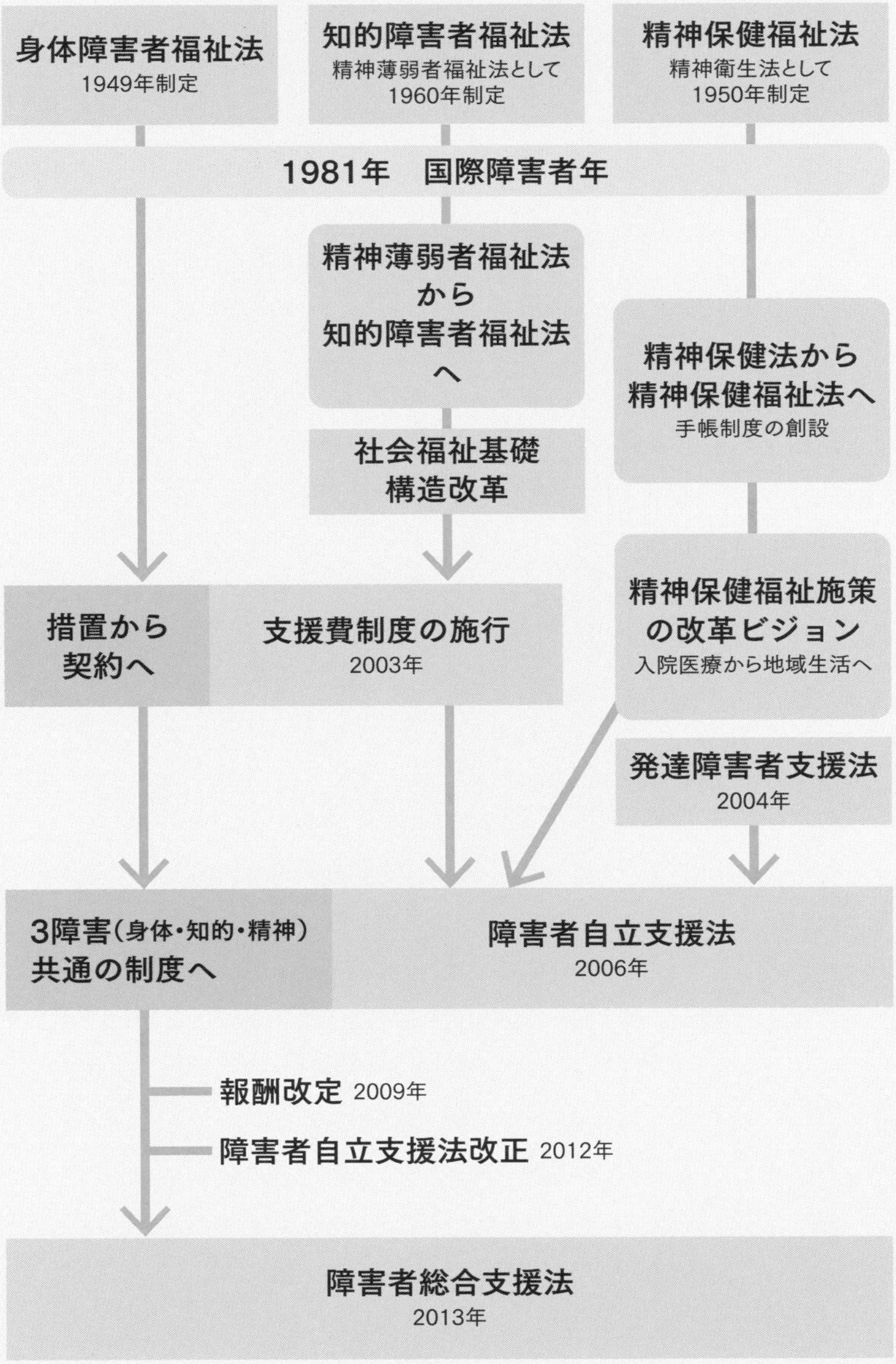

身体障害者福祉法
1949年制定

知的障害者福祉法
精神薄弱者福祉法として
1960年制定

精神保健福祉法
精神衛生法として
1950年制定

1981年　国際障害者年

精神薄弱者福祉法
から
知的障害者福祉法
へ

社会福祉基礎
構造改革

精神保健法から
精神保健福祉法へ
手帳制度の創設

措置から
契約へ

支援費制度の施行
2003年

精神保健福祉施策
の改革ビジョン
入院医療から地域生活へ

発達障害者支援法
2004年

3障害(身体・知的・精神)
共通の制度へ

障害者自立支援法
2006年

報酬改定 2009年

障害者自立支援法改正 2012年

障害者総合支援法
2013年

障害者総合支援法の対象者

❶18歳以上で以下の条件に該当する方

・身体障害者

・知的障害者

・精神障害者（発達障害者を含む）

❷障害児

満18歳に満たない、身体・知的・精神に障害のある児童のことです。発達障害児も含まれます。

❸難病患者

ここでは障害者総合支援法で指定されている難病を指します。その程度が日常生活や社会生活に相当の制限が加わると認められる場合に、障害者総合支援法の障害福祉サービスを受ける対象となります。

図2　障害福祉サービス

障害福祉サービス	訓練等給付	就労支援	就労移行支援
			就労定着支援
			就労継続支援（A型/B型）
		自律訓練	機能訓練
			生活訓練
		居住支援	自立生活援助
			共同生活援助（グループホーム）
	介護給付	訪　問	居宅介護（ホームヘルプ）
			重度訪問介護
			同行援護
			行動援護
			重度障害等包括支援
		日中活動	療養介護
			生活介護
		施設	短期入所（ショートステイ）
			施設入所支援
	自立支援医療		更生医療
			育成医療
			精神通院医療
	相談支援		計画相談支援
			地域相談支援
	その他		補装具

高齢者福祉

高齢者福祉は、長年にわたって社会の進展に寄与し、豊富な知識と経験を有している高齢者が、敬愛され、生きがいをもって健康で安心した生活を送ることができるよう、社会全体で支えていくことを目的に**老人福祉法**に基づいて発展してきました。高齢者に対するホームヘルプサービスや福祉施設の利用など、具体的なサービスの多くは2000年に導入された介護保険制度のもとで実施されています。▼12 ここでは、介護保険法によるサービス以外のものを取り扱います。

1 老人福祉法の目的と背景

まず最初に、老人福祉法は、「高齢者の生活を安定させること」「健康を維持すること」「社会への参加を促すこと」を理念としており、高齢者の介護を目的とした法律ではないことを確認しておきましょう。

▼12 第7章「介護保険」を参照。

老人福祉法は、高齢者福祉を管轄する施設、機関、事業について定められた法律です。都道府県や市区町村において、老人福祉計画の作成の義務づけ、6つの老人居宅生活支援事業、7つの老人福祉施設に関して規定されています。ただし、有料老人ホームは、老人福祉法に記載されている老人福祉施設には該当しないものの、老人福祉法の規制の対象となっている点を理解しておきましょう。

高齢者福祉の具体的内容

1　老人福祉施設

老人福祉施設とは、老人福祉法を根拠として老人福祉をおこなう施設のことです。具体的には次の7つがあります。

①老人デイサービスセンター
②老人短期入所施設
③養護老人ホーム
④特別養護老人ホーム（介護老人福祉施設）
⑤軽費老人ホーム
⑥老人福祉センター
⑦老人介護支援センター

2　訪問介護

訪問介護とは、利用者が在宅のまま自立した日常生活ができるよう、訪問介護員などが利用者宅を訪問して、「身体介護」や家事面における「生活援助」をおこなうサービスのことです。ホームヘルプとも呼ばれます。

3　認知症対応型共同生活介護（グループホーム）

認知症対応型共同生活介護（グループホーム）とは、少人数の家庭的な雰囲気のなかで共同生活を支援するサービスです。

4　複合型サービス福祉事業

複合型サービス福祉事業とは、２つのサービスを組み合わせて提供するサービスです。訪問介護および小規模多機能型居宅介護を組み合わせて一体的に提供することが特に効果的な場合に提供される事業です。

5　日常生活用具給付等事業

日常生活用具給付等事業は、市町村がおこなう地域生活支援事業の一つです。障害者や高齢者などの日常生活がより円滑におこなわれるための用具を給付または貸与することなどにより、福祉の増進に資することを目的とした事業です。

老人福祉法は、1963年の高度経済成長期に施行されました。背景としては、高度経済成長期に人が地方から都心へと流れたことで核家族化が深刻となり、家庭内でサポートしあうことが少なくなったからです。そのため、以前までは「高齢者の介護は家族間の責任である」とされてきましたが、高度経済成長期以降、それが困難となりました。そこで、家族や社会が大きく変化したことで浮き彫りになった介護問題への対応策として、老人福祉法が制定されることになったのです。

老人福祉法に基づき、養護老人ホーム、特別養護老人ホーム、軽費老人ホームといった施設が整備され、老人家庭奉仕員派遣事業の制度も整えられていきました。しかし、サービスや施設を利用するためには、所得制限が設けられていたため、サポートを必要としている高齢者を公費でサポートするといった目的で、社会福祉制度が設けられたのです。

2 老人福祉法改正

1970年代には景気が上向きになり、70歳以上は医療費が無償化されるといった老人福祉法の改正が実施されました。[13] しかし、無償化の影響で病院の受診者数や入院者数が増えたため、医療費が高額になり、さらにはオイルショックによる経済成長率低下もあいまって、無償化の継続が困難となりました。そのため、1982年に老人保健法が制定され、医療費の一部を自己負担することになりました。同時に、ショートステイ、ホームへ

▼13 医療保険の自己負担分を老人福祉法によって肩代わりするという趣旨です。

ルプ、デイサービスなどが制度化され、施設での介護がメインだった老人福祉を自宅で実施するという選択肢も増えました。

5 各分野の棲み分け

人は生まれてから死ぬまでのライフステージにおいてさまざまな社会福祉と関わりながら生活しています。ここまで見てきたように、出生から18歳までは児童福祉、65歳以降は高齢者福祉、そして障害者については、原則として出生から18歳までは児童福祉、それ以降は障害者福祉となります。

児童福祉と高齢者福祉は、ライフサイクルのなかであらゆる人に関係するものですが、障害者福祉は自分とはかけ離れたものだと感じている人もいるかもしれません。しかし事故や病気などの理由により、誰もが、いつでも障害者となる可能性があります。障害者の定義は拡大しており、精神障害に、発達障害や高次脳機能障害が、身体障害には、透析が必要な腎臓疾患、ＡＩＤＳなどの免疫機能障害が認められましたし、難病と関節リウマチの患者も、障害福祉サービスが受けられるようになっています。また、厚生労働省がいっているように、65歳以上の5人に1人は認知症と診断されている状況もあります。このように考えると、障害者福祉はきわめて身近な分野と言えるのではないでしょうか。

1 すべての分野のベースにある社会福祉法

児童福祉、障害者福祉、高齢者福祉、これらの社会福祉に関するすべての法律の基本となるのが**社会福祉法**という法律です。社会福祉法の前身は社会福祉事業法といい、1951年に施行されました。社会福祉事業法は、社会福祉の事業と、その事業者である社会福祉法人、行政の組織や監督の制度について定めた法律です。

その後、2000年に**社会福祉基礎構造改革**（コラム①参照）により、約50年ぶりに社会福祉法に改正されました。これまで**措置**という行政処分であった社会福祉が、利用者との**契約**に転換したことで、法の目的に「福祉サービスの利用者の利益の保護」と「地域における社会福祉の推進」が追加され、「（事業者の）基本理念」が「福祉サービスの基本理念」（第3条）に変わるなど、利用者主体の制度に改正されましたが、全体としてみると法制度の枠組みなど、社会福祉事業法からそのまま引き継いだ条文も多いです。

2 制度の移行について

障害者総合支援法7条は、原則として障害福祉サービスの利用者は65歳になると、高齢者福祉である介護保険に同様のサービスがある場合には、そちらに移行しなければならないと定めています。

例としてデイサービスについてみてみましょう。デイサービスとは、昼間の食事、排せつ、入浴の介助などをおこなう介護サービスです。障害児は6歳までは児童発達支援、18歳までは放課後等デイサービスという児童福祉法のサービスの対象になります。18歳以降は、総合支援法の生活介護というサービスになり、65歳以降は介護保険の通所介護というサービスになります。

障害者も年をとるし、同じ介護なのだから、一見するとあまりおかしい点はないようにも思えます。しかしよく考えてみると、障害者の介護の目的はノーマライゼーションであり、障害のない人と同じ質の生活を提供することを目的とするものである一方、高齢者介護は、もともとは自力でおこなっていた食事、排せつ、入浴などの身体の機能を維持したり、低下しないように予防することを目的とするものなので、同じデイサービスでも趣旨や内容が異なってきます。具体的にそれが問題となったのが、次のケースです。

3 障害者の「65歳の壁」問題——岡山浅田訴訟

前述したような問題は、俗に障害者の「65歳の壁」問題といわれています。この問題をめぐって一つの裁判が提起されました。「岡山浅田訴訟」[14]です。

脳性麻痺の男性が、それまで障害者自立支援法（当時）の訪問介護を無償（非課税世帯のため）で受けていましたが、65歳になる直前の2013年2月、市の通告ですべて打ち切られてしまいました。その後、同年7月に153時間の給付が認められましたが、残りの96時間分については介護保険サービスに切り替わり、月額1万5000円の自己負担が発生することになりました。そこで、この男性が市に対して決定の取消しならびに損害賠償を求め、提訴しました。

2013年の岡山地裁の一審判決は、市の決定を取り消すとともに、慰謝料など合計107万5000円の支払いを市に命じ、原告側の主張をほぼ認めました。その後、市は控訴しましたが、2018年、広島高裁岡山支部は「65歳になった障害者は介護保険優先、とした市が間違っている」との判決を出し、市は上告を断念したため、原告の全面勝訴となりました。

(1) 高裁判決の要旨

高裁判決の要旨は、障害者自立支援法7条の解釈については、自立支援法と介護保険の

▼14 第一審：岡山地判 2018.3.14
第二審：広島高判 2018.12.13

二重給付を避けるための規定であって、市の主張するような自由裁量がない縛られた規定ではないというものです。

その根拠としては、介護保険と自立支援法は異なり、個別の状況（必要なサービスや費用負担の程度など）によって自立支援給付を選択する場合もあり、一律に介護保険を優先して利用するものではないこと、さらに「障害者自立支援法違憲訴訟の基本合意」[15]で国は介護保険優先原則廃止の検討を約束したこと、調査によると自立支援給付を却下する自治体は6・4％（6自治体）に過ぎないことなどを挙げました。

そのうえで、「ボランティアの支援があるから」といった理由で機械的に自立支援給付を打ち切ったことは看過しがたい誤りであり、自己負担のある介護保険給付を自立支援給付に相当すると判断したことは明らかに合理性を欠き、市の処分は裁量権を逸脱しており違法と結論づけました。

(2) 訴訟の意義

判決をまとめると、第一審では、障害者自立支援法と介護保険は、その目的、対象者、給付内容、財源が異なることが明らかにされました。さらに第二審では、障害者自立支援法に基づく給付は、すべての人が障害の有無にかかわらず個人として尊重されるとの障害者基本法の理念にのっとり、障害者が自立した日常生活や社会生活を営むことができるためのものであるのに対して、介護保険の給付は、加齢に伴う心身の変化に起因する疾病な

▼15 原告71名と弁護団が2010年に国と合意に至りとり交わしたもので、たとえば利用者負担のあり方や制度の谷間のない「障害」の範囲などが検討項目として挙げられています。

どによる要介護状態となった者への給付であることを確認し、介護保険給付を受ける地位が障害者自立支援法に基づく自立支援給付を受ける地位と同じとはいえないこと、そもそも自立支援給付と介護保険給付とでは、目的や対象も異なるので、障害者が65歳になる前から有していた障害が、65歳になったとたんに、加齢に伴って生じる心身の変化に起因する疾病などによる要介護状態になるわけでもない、と踏み込んで言及しました。

このように、岡山浅田訴訟は、第一審、第二審ともに原告の完全な勝利で幕を閉じました。それでも、この規定はいまだ撤廃されずに残されています。

このように、障害者福祉、高齢者福祉、児童福祉は同じ社会福祉事業でありながら、分野ごとに縦割りに制度が定められていることで、ときとして実態からかけ離れた事態を引き起こす可能性があるということも知っておきましょう。

第12章

災害福祉

① 増え続ける災害のなかで

みなさんの多くは、２０１１年3月11日の東日本大震災と津波の衝撃を覚えているでしょう。あの恐ろしい大震災から10年以上経過しましたが、その後も大地震や豪雨、台風などの大規模な自然災害は、毎年のように発生しています。災害対策基本法では、自然災害の例として、暴風、豪雨、豪雪、洪水、高潮、地震、津波、噴火、竜巻、がけ崩れ、土石流、地滑りなどが挙げられていますが、実際には「地震＋津波」「豪雨＋土石流」など、複合的なかたちで展開することも多くあり、深刻な被害をもたらすことも少なくありません。また２０１９年冬頃からは、いわゆる新型コロナウイルス感染症の世界的な流行もありました。コロナ禍は、前に挙げた一般的な自然災害とはちょっとタイプが違いますが、私たちの生活に大きな悪影響をもたらし続けているという意味では、「災害」といって差し支えないでしょう。実際にコロナ禍では、生活困窮に陥ったり、仕事を失った人も少なくありません。

相次ぐ自然災害に加えてコロナ禍と、「もういい加減にしてくれ」といいたくなりますが、社会保障とは、誰もが遭遇する可能性がある「生活上の困りごと」に対し、国家の責任で、金銭やサービスの提供などを通じて、国民の生活を守るしくみですよね。だったら、このような災害のときこそ、まさしく社会保障の出番！……のはず。ここでは、災害時にはどんな「困りごと」が発生するのか、そして災害と社会保障・社会福祉とはどのように関連するのか、また、そこにはどんな問題点があるのか……などを見ていきましょう。[1]

[1] なお本書第13章では居住福祉を扱っていますが、災害（特に自然災害）の時には、住宅・住居の保障（避難所も含めて）がかなり大きな意味を持ってきますので、主に本章で扱っています。

自然災害と社会保障

1　震災で何が起こったか

震災は直接人命を奪うだけではなく、被災した人々にさまざまな生活上の被害を発生させます。自然災害に伴って生じる主な問題は仕事を失う、住居を失う、地域や社会のつながりを失う、ＰＴＳＤ（心的外傷後ストレス障害）などの心理的な被害などさまざまです。これらの問題は災害発生後も継続します。ここでは主に東日本大震災を例にとって、特に重要な仕事や住居の問題に社会保障・社会福祉がどう機能していったのかを見ていきましょう。

2　社会保障制度はどう機能したか

大災害では会社の操業が難しくなってしまうために、長期休業状態に置かれる人々が出てしまいます。災害の影響で電気やガスが届かない、あるいは道路が封鎖されてしまっているような状況では普通の操業はできません。会社は倒産したわけではなく、平常に戻れば仕事を続けられるのに仕事ができなくなるのです。東日本大震災では、こうした一時的な失業に対して、政府が雇用保険制度の特例として、「**みなし失業**」と呼ばれる制度をつくりました。まず、事業所が災害を受けたことにより休止・廃止したために、休業を余儀なくされ賃金を受けることができない場合には、実際に離職していなくとも失業給付（雇用保険の基本手当）を受給できるようにしました。また、災害救助法の指定地域にある事業所が、災害により事業を休止・廃止したために一時的に離職を余儀なくされた場合には、事業再開後の再雇用が予定されている場合であっても、失業給付を受給できるようにしました。[2]

住居に関しても、災害救助法にもとづく応急仮設住宅の設置を進め、岩手・宮城・福島の3県で、1年間で約5万2000戸が供給されました。みなさんも、被災後すぐに建設される無償の仮設住宅を、ニュース映像で見たことがあるかもしれません。また、東日本大震災では地域の実情に応じて民間賃貸住宅、空家の借り上げにより設置することも差し支えないこととし、民間から借り上げた「みなし仮設住宅」も6万8000戸提供されました。さらに、家屋に被害が出た世帯に対しては、被害の規模に応じて37・5万円から100万円の基礎支援金に加え、住宅の再建に関してもその方法に応じて37・5万円から200万円の加算支援金が給付されました。

▼2　本来、同じ事業主のもとに再就職する前提の場合には、就職活動の意思がないとみなされ、失業給付は受給できないのですが、このような特例が置かれたのです。

ところで、1995年の阪神淡路大震災では仮設住宅にはいった高齢者が地域などのつながりが絶たれ孤立してしまうことが問題となりました。そこで東日本大震災の際には、阪神淡路大震災の教訓を踏まえ各市町村が地域の実情に応じて仮設住宅への入居方法を決めることができるようにされました。たとえば仙台市では、第一次募集で単独世帯ではなく集団単位で入居する「コミュニティ申込み」という独自の方式を採用しました。

これら仕事や住居の支援のほかにも、保険料、窓口負担の支払猶予を受ける特別措置が実施されました。震災で保険証を喪失した人が医療機関を受信できる特例措置、保険料の支払いが困難になる場合における保険料支払いの猶予措置、窓口負担の免除措置などです。年金保険料など、他の社会保険料の納付猶予についても措置が命ぜられたほか、生活保護の受給手続きの緩和措置も実施されました。

避難所とペット

東日本大震災のケースではありませんが、ペット問題が深刻化した災害として、2016年4月の熊本地震があります。当初避難所では、ペット同居が容認されていましたが、他の避難者への気兼ねやトラブル等から、ペット同居をあきらめて車中泊や自主避難をする人も多かったようです。熊本県益城町では、その後、避難所施設内のペット同居が禁止されましたが、官民共同のプロジェクトによって避難所敷地内にペットの一時預かり用のプレハブ施設（犬舎2棟・猫舎1棟）が建設され、専従スタッフやボランティアなどによるサポートがおこなわれた結果、避難所が閉鎖される2016年10月末までペットとの生活をつつがなく終えられた、とのことでした（渥美公秀・石塚裕子 編『誰もが〈助かる〉社会』2021年、49頁以下、加藤謙介執筆部分）。

3 民間団体による社会保障の補完

東日本大震災では日本中からボランティアがおとずれ、NPO（非営利活動法人）などが現地でボランティア活動に従事しました。都市部の仙台市では、もともとホームレス支援をしていた支援団体がまっさきに炊き出し支援を開始しました。「平時」に野宿者支援をしてきた蓄積があったからこそ、震災のなかでも即座に被災地支援に取り組むことができたのです。沿岸部では津波で流された写真を回収して可能な限り復元し持ち主を見つける取り組みが注目され、都市部ではペットのいる被災者のために動物愛護団体がペットの面倒を見るといった支援もおこなわれていました。

また、被災後に駆け付けたボランティア団体は国の福祉政策の穴を埋めるようなきめ細かい取り組みもおこないました。仙台市に拠点を置くNPO法人POSSE(ポッセ)では、国が用意した仮設住宅に引っ越すことができない高齢者の支援をおこないました。自力で引っ越せないため、全壊と認定され赤い紙が貼られた住宅にとどまっている高齢者も少なくなかったからです。同法人は辺鄙な地域にある仮設住宅から、バスの運行もおこないました。病気や高齢で移動が困難な人たちにとっては、住宅だけがあればよいわけではなく細やかな支援が求められたからです。このように、民間のボランティア団体が国の社会保障によって支えられる基本的ニーズから漏れた部分を補完する傾向が近年ますます強まっています。

3 コロナ禍と社会保障

1 コロナで何が起こったか？

２０２０年１月あたりから拡大したコロナ禍によって多くの事業所が休業を余儀なくされ、大量の失業者・休業者が発生しました。特に非正規雇用労働者の多くが雇止めされたり、契約期間の途中で解雇されてしまいました。また、シフト制で働く労働者への影響も深刻でした。はっきりと解雇・雇止めといわれることもないままに、「シフトを削減する」というかたちで「実質的失業状態」が蔓延してしまったのです。シフト削減による実質失業はパートだけではなく大学生のアルバイトの生活にも大きな影響を与えました。みなさんの周囲にも、シフトがほとんどなくなり、働けなくなってしまった人がいるのではないでしょうか？

２０２１年１月の時点で休業状態に置かれている人は、２４４万人に達しました。また、野村総研が発表した調査結果によると、２０２１年２月時点でのシフト削減による「実質

的失業者」は、女性で103・1万人、男性で43・4万人にものぼったといいます。さらに、感染が収まらないなかでは失業者が新たな就労先を見つけることも難しく、生活保護受給世帯も増加しました。生活保護申請件数は2019年まで減少傾向にありましたが、2020年に前年比0・76％、2021年に5・11％増加しました。

そうしたなかでも特に目立ったのが女性の貧困問題です。新型コロナの流行で休業状態が広がるなかで、各地の支援団体に若い女性からの相談が殺到しました。もともと雇用が不安定なことが多いサービス業では女性労働者の割合が高いことが知られていましたが、コロナ禍の影響で飲食店や小売店などが真っ先に休業を余儀なくされました。そのため、コロナ前から不安定な働き方をしていた非正規雇用の女性たちの多くが貧困状態に陥ってしまったものと考えられます。

2　政府による雇用への支援

コロナ禍による雇用への影響に対し、政府は雇用調整助成金を中心とした対策を進めました。**雇用調整助成金**とは、災害などの場合に限らず、企業の事業活動の縮小を余儀なくされた場合に、従業員の雇用維持を図るために、労使間の協定に基づき、雇用調整（休業）を実施する事業主に対して休業手当などの一部を助成するものです。この制度は以前からありましたが、給付対象や給付割合を広げる特例措置をつぎつぎに拡大し、大企業であっても一定の場合には助成率が100％に達しました。また、シフト制で働く非正規労働者にも、直近月のシフトなどに基づいて同助成金の申請ができるようにしました。雇用調整助成金の対象には大学生のアルバイトも含まれています。このように、企業が解雇や雇止めをせずに労働者を休業させ、休業手当を支払うための支援措置が拡充されていったのです。[3]

ところが、雇用調整助成金は、企業側が申請しなければならない制度であるため、企業が解雇や雇止め、無給での休業を継続しようとする限り、労働者はこの制度の恩恵にあずかることができません。そうした人たちの要望を受けて政府は、無給の休業状態にある労働者自身が直接政府に支援を求めることができる**休業支援金**[4]を創設しました。休業支援金では本来の給与の6割（2022年11月までの休業は8割）にあたる額が給付されました。

3　生活困窮者への支援

コロナ禍により広がった貧困問題に対して、政府は、海外で積極的に拡大された生活扶助（生活保護）や現金給付ではなく、現金の貸し付けと家賃補助を中心とした支援を実施しました。前者は社会福祉協議会による生活福祉資金の特例貸付です。特例貸付には、緊急かつ一時的な生計維持のための「緊急小口資金貸付」と、生活の立て直しのための「総合支援資金貸付」の二つがあります。前者では20万円を上限に貸し付けを受けることができ、生活状況が長期的に改善できない場合には後者も含め200万円を上限に借りること

▼3　雇用調整助成金の支給決定は、2021年8月26日時点で累計約703万件、支給決定額は6兆円以上となりました。

▼4　正式名称は「新型コロナウイルス感染症対応休業支援金・給付金」です（雇用保険加入者に対するものが「支援金」、そうでないものが「給付金」です）。支給決定は、2022年12月末時点で累計約502万件、支給決定額は約3兆5397億円となっています。

ができました。2022年9月末に申請が終了した特例貸付の申請件数は約380万件に上り、貸付総額はリーマンショック時の約20倍の1・4兆円。生活が困ったときに、すぐに国がお金を貸してくれるということで、困っている人が殺到したのです。

ただし、特例貸付はあくまでも「借金」であり、返さなければなりません。ところがコロナ禍で生活に困って貸付を受けている人たちが簡単に返済できるはずもありません。そこで、コロナ禍では特例的に返済猶予や返済免除の仕組みが整えられました。猶予は仕事が見つかっていない場合や生活が安定しない場合などに原則1年間受けることができます[5]。

また、資産の乏しい失業者に対して民間賃貸住宅の家賃を補助する住居確保給付金の要件も緩和されました。従来は離職後2年以内の人に対象が限られていたため、コロナ禍の影響で休業状態や収入が大幅に減少した人は対象外。これではコロナ禍ではぜんぜん役に立ちませんよね。そこで厚労省は2020年4月20日から、離職はしていなくても収入が減った人も住居確保給付金を使えるように制度改正をしました。また、支給期間も最長9ヶ月から12ヶ月に一時的に延長しました。

一方で、生活保護[6]については、厚労省は利用者が感染のリスクを避けられるように、申請にあたっての調査を簡素化して面談時間を短くしたほか、すでに住居を失っている人が一時的に滞在する施設も個室を原則としましたが、要件の緩和などはおこないませんでした。2020年には一人当たり10万円の特別定額給付金を支給しましたが、他国に比べ金額は大きくないのです。

▼5 また、生活保護を受給した場合や、指導を実施したうえでなお償還の見込みがないと都道府県が判断した場合には返済が免除されることがあります。

▼6 生活保護制度については、第10章を参照。

見えてきた問題点

このように自然災害の際には、さまざまなかたちで社会保障が機能することとなります。でも、そのことで見えてきた問題点も少なくありません。

1　震災で浮き彫りになった「平時」からの福祉の課題

震災のなかで見えてきたことは、平時からの福祉の課題でした。本章で見てきたように災害時の福祉はおおくの「特例」によって成り立っていました。災害で生活が困窮した人々には特例措置が適用される一方で、住んでいる地域などの関係から「被災者」と認定されなかった人は、災害の影響を受けていても十分な生活保障を受けられないという格差が生じてしまったのです。また、「特例」の打ち切りと同時に住居や生活の問題を抱えてしまった世帯も多かったのです。（みなしを含む）仮設住宅がなくなっても自力で引っ越せる人もいますが、それができない人は、途方に暮れてしまいますよね。そうした「自立」する力の格差も顕在化しました。平時から住居などの福祉が十分に整っていれば、「特例」の範囲や期間が大きな問題となることはなかったでしょう。震災は日本の福祉制度の格差是正機能の弱さを浮き彫りにしたのです。

そうした福祉の弱さを埋め合わせようとした民間支援団体の限界も露わになりました。民間団体の支援は資金に裏付けがなく、どうしても「注目されやすい」事業に偏る傾向も見えたからです。東日本大震災では全国から多額の寄付金が寄せられ、それらを配分する団体がNPOなどの支援団体を「評価」するかたちになりました。寄付団体も「成果」を世間にアピールしなければならず、「地道」な支援では必ずしも評価されません。そうしたなかで福祉ニーズを満たすよりも「祭り」のような目立つイベントを繰り返してばかりいる団体が多くなり、地元の行政や当事者からは当惑の声も聞こえてきました。ボランティアの活動は決して国の社会保障の「代わり」にはならないということは肝に銘じなければなりません。

2 コロナ禍で見えた問題

次に、コロナ禍では、政府が休業した労働者のために用意した雇用調整助成金が有効に活用されないケースも多くみられました。せっかく国は支援策を講じているのに、企業側が自分たちの負担を減らすために助成金を申請しなかったのです。特にパートや派遣で働く非正規雇用労働者への差別はひどくて、それが大量の（実質）失業を生み出した原因で

▼7 これはまさに、「平時」から手続きが適正におこなわれてはいないからこそ、このような通知をわざわざ出さざるをえなかったということではないでしょうか。

した。大学生のアルバイト先でも、「学生のために手続きをするのはいやだ」「親から援助してもらえばいい」といって国の助成金を申請してくれないということが相次ぎました。国の支援が事業主の都合で届かないというのはおかしいですよね？

これまでにも日本の社会保障は企業などへの補助金を通じた支給の割合が多く、個々人に届きにくいと指摘されてきましたが、まさにその問題が噴出したかたちです。さらに、生活保護制度は海外では大幅に緩和された一方で、日本では制度そのものが拡大されることはなく、手続きを適正にするように通知が出されただけです。▼7 実際に、日本ではコロナ禍で失業は増加しているのに、以前の不況期のようには生活保護の受給は伸びませんでした。貸し付けや条件付きの家賃補助に相談窓口で誘導されてしまい、本来保護が必要な人たちも保護を受けられずに借金が積み重なるなど生活状況を悪化させていることが懸念されています。実際に、行政は返済が難しいとみられる人にも積極的に貸した結果、窓口となっている東京都社会福祉協議会には自己破産の連絡が700件以上寄せられたと報道されています。このようにコロナ禍では、そもそも「平時」からの生活を守る仕組みと適正な制度の運用が整えられていることの重要さが、改めて浮き彫りとなりました。

3 災害福祉と「自助・共助・公助・互助」

ここまでの話とも関連しますが、災害対策では、「自助・共助・公助」がよくいわれま

▼8 明確な区分けは難しい（というよりは、人によって使い方がまちまち）ですが、おおむね、自助は「自分（家族）で守る」、共助は「地域などで助け合う」、公助は「行政機関（消防署や警察、役所など）が守る」といったイメージでしょうか。さらに地域包括ケアシステムでも、「自助・共助・公助」に加えてボランティアや住民組織による「互助」も打ち出されていますね。

▼9 災害対策基本法でも、町内会単位などの地域住民が、自主的に結成・運営する「自主防災組織」の結成・運営が望ましいとされています。災害対策基本法でも、町内会単位などの地域住民が、自

す。▼8 特に最近は、「自助」の重要性が強調されており、たとえば平成30年版防災白書では、防災対策としては「自助に重点を置いた対応をすべき」との世論が高まってきていること、それを踏まえて、家族や身近な人と話し合いを持つことが重要、と強調されています。

また東日本大震災の時には、「絆」という言葉を頻繁に耳にしました。たしかに地域や近隣の人同士で共に助け合い、支え合って苦難を乗り越えることは大切なことでしょう。特に地方では、高齢者が山奥に点在して暮らしていたりすることもあり、災害時には、地域の自主的なつながり(互助)がなければ、住民の命を守れないという「現実」は否定できません。▼9

しかしそのことと、「公助はやらない（やれない）から自助や共助・互助でやれ」という話ですむのかは、まったく別です。災害の規模が大きければ大きいほど、長期化すればするほど、高齢者や障害者など、社会的弱者にしわよせが来ます。そもそも、避難所まで逃げられない人、さまざまな事情で避難所で暮らせない人もいます。皆が自分自身で主体的に動けるわけではありません。また共助、助け合いというのも、行き過ぎると「相手に貢献できるかどうか」という観点から「自分はこんなに大変なのに、アイツは何もしていない」という軋轢につながりかねません。冒頭でねこにゃんが怒っていたように、国や自治体からの給付金なども、居住している地域のわずかな違いによって手厚い救済が受けられたり受けられなかったりなど、住民同士の軋轢も少なくありません。▼10「絆」や「共助・互助」という「美談」で、覆いかくされてしまっている問題性がないか、もう一度私たちは考える必要があるでしょう。

主的に結成・運営する「自主防災組織」の結成・運営が望ましいとされています。

▼10 もちろん、東日本大震災以降、災害救助法や、災害弔慰金支給法、被災者生活再建支援法などの法も整備されてきており、その意味では、単純に「公助の後退」とはいえないかもしれませんが、災害で壊滅的打撃を受けた自治体が、もともと過疎化・高齢化が進んでいる地域の場合、災害後にはますます人口が減少したり流出したりといった傾向も見られます。これは、そのような自治体が公助を担うことがますます困難になることを意味するのです。

第13章

住まいの支援

1 住宅って必要ですか？

住宅は、人間が生きていくために不可欠なもの、生活の基盤となるものです。いうまでもなく、住宅は、外敵から身を守り、雨風をしのぐシェルターとしての役割はもとより、睡眠や食事、排せつや学習、さらには仕事など人間の生活の場としての機能をも持ち合わせています。

「それだけなら別に住宅じゃなくてもいいんじゃね？」という声もあるでしょうか。たしかに、ホテルや旅館などの宿泊施設、24時間利用できるカラオケボックス、個室があり、シャワールームが完備されたネットカフェや漫画喫茶、さらには、友達の部屋に泊めてもらうなどでも、前述のような機能は果たせるかもしれません。しかし、住宅は寝泊まりできたらよいだけの単なる「ねぐら」ではありません。

1 住宅とは何か

適切な住環境は人間の健やかな成長や精神的充足に大きく寄与しますし、なにより、プライバシーが保護され、誰にも脅かされることのない空間の保障こそは、人間が人間らしく安心して生きていくための絶対条件です。

コロナ禍では、ネットカフェで寝泊まりする人たちが、緊急事態宣言に伴う営業停止を理由に退去を命じられました。暗く、狭く、換気が悪い空間では感染拡大のリスクが高いというのがその理由でした。しかし、追い出された人の多くが、その後、行き場をなくして途方に暮れることになったのです。なぜなら、その人たちは、ネットカフェに寝泊まりをして生活をする事実上の**ホームレス**状態だったからです。

では、**ホームレス**とはどういった状態を指すのでしょうか。その根拠となる法律が2002年に制定された**ホームレス自立支援法**です。そのなかで、ホームレスとは、「都市公園、河川、道路、駅舎その他の施設を故なく起居の場とし、日常生活を営んでいる者」と定義されています（2条）。厚生労働省の報告では、2007年に1万8564人だったホームレス数が2021年には3824人、なんと6分の1にまで減少しています。この減少には、ホームレス支援策が功を奏したという側面もあるかもしれませんが、住宅を失った人が、路上以外の場所、まさしく、ネットカフェのような所に避難しているために正確なカウントができていないということも指摘されています。その証拠に、2018年、東京都が実施した調査によると、住宅がなくネットカフェに寝泊まりする、**ネットカフェ難民**と呼ばれる人は、都内全域で1日あたり4000人と推計されています。これだけの人が、緊急時には、政府の方針や店側の都合で簡単に追い出されてしまうのです。なんとなく、住宅でない場所で生活するということがどれほど危険か理解できたでしょうか。

2 住宅がないとなぜ困る？

住宅がなければ自分が誰なのかを証明できなくなります。入学願書の作成、スマホを借りるときの証明、ショッピングサイトの会員登録ページ、アルバイトの面接時に持参する履歴書など、これらに共通して必要になる情報と言えば、住所です。行政サービスを受けるにも、住所をもとに住民登録をする必要があります。選挙やコロナ給付金申請書、ワクチン接種券、すべて、住民登録のある自治体から送付されてくるものです。コロナ禍では、住所がないために、給付金を受け取ることができないという人々の問題がクローズアップされました。

では、なぜ住宅を喪失するのでしょうか。自然災害や戦争、紛争といった事情が想像しやすいかもしれません。日本は、人命を脅かす災害が毎年のように発生する災害大国です。地震や台風、水害、火山噴火などにより、多くの人が住まいを失っています[1]。なお、2022年に発生したロシア・ウクライナ戦争では、250万人の子どもを含む650万人が国内避難民となり住宅の喪失を余儀なくされました。

先に触れたネットカフェ難民を含むホームレスと言われる人々についても、疾病や失業などから経済的に困窮し住宅が維持できなくなるという理由が想像されます。

災害や戦争はともかくとして、経済的理由で住宅を失うのは、「その人の責任」ではないかと考える人もいるでしょうか。コロナ禍では、自粛要請に伴い飲食店や宿泊施設などが大打撃を受けるなど、多くの企業が倒産しました。そこで働いていた人々も失業の憂き目にあっています。このように、予期せぬ事情、不可抗力により、いとも簡単に失職し、住宅を失うということは誰にでも起こりうることなのです。

3 住まいは人権

住まいは人権という言葉があります。これは、住まいがなければ人間が人間らしく生き

[1] 東日本大震災やコロナ禍での住まいの支援については第12章を参照。

ることができないという意味です。もっと言えば、私たち日本国民は、住宅に住む権利、つまりは、居住の権利が憲法で保障されています。日本国憲法第25条第1項は「すべて国民は健康で文化的な最低限度の生活を営む権利を有する」と明示しています。また、第2項には、「国はすべての生活部面について、社会福祉、社会保障及び公衆衛生の向上及び増進に努めなければならない」と記載されています。つまり、国民が健康で文化的な最低限度の生活が営めない場合には、国が何らかの手段でそれを保障するということです。

さらに、この居住の権利は、世界人権宣言をはじめ、世界の住宅問題について国境を越えてともに協議しようとする国連ハビタット（国際連合人間居住計画）など、数多くの国際条約や国際文書に明記されています。いわば、世界共通の誓約といっても過言ではありません。

それでも、日本には、ホームレスをはじめ、不安定な居住環境に身を置く人はたくさんいます。なぜでしょうか。それは、本来、住宅の不平等をなくすはずの住宅政策がうまく機能していないからと言えます。

2 日本の住宅政策

1 住宅に困る人への住宅政策が乏しい

住宅に住むためには、住宅を買うか、借りるという手段があります。買った住宅は持家、借りた住宅は借家と区別されます。更に借家は、民営借家、**公営住宅**、**都市再生機構（UR）**などに区分されます。この区分のことを住宅の所有関係と言います。

日本の住宅の6割を持家が占めます。4割が借家と言う事になりますが、その大部分を企業が利益を追求するために建設した民営借家が占めます。狭い、古いなど質の悪い住宅は低家賃となり、一方、立地がよく、広くて清潔など良い条件の住宅は高額となるのが民営借家の最大の特徴です。営利を目的として運営されていますから、無職や非正規職など家賃が支払えそうにないと判断されれば、入居はできません。それだけではなく、不動産業界は、高齢、障害、外国籍などといった条件も排除する傾向にあります。一人暮らしの高齢者が孤独死すれば原状復帰のための資金や手間がかかります。認知症となって周囲に迷惑がかかれば、その対応に迫られることとなります。文化の違いからトラブルが発生してもコミュニケーションがとれず解決に時間がかかると考えられることもあります。不動産会社は、入居者のケアに手間をかけると人件費がかかるので損失を避けるために、リスクを排除するのです。

民営借家では保証金などの**一時金**や**連帯保証人**を求めることが一般的です。家賃の**滞納**が発生した場合には、一時金から補填し、それでも損失が出る場合には、保証人に支払いを求めます。商品となる住宅の価値をいかに守るか、これが不動産会社の仕事ともいえます。では、持家を購入することもできず、民営借家からも断られる人はどこに行けばいいのでしょうか。

ここで、ようやく公営住宅の出番です。公営住宅は、**公営住宅法**にもとづく低所得階層向けの住宅です。これこそが、日本で唯一の住宅に困る人への支援、つまり、住宅政策です。自治体が国からの補助金を利用してこれを建設し管理しています。家賃は住宅の立地や築年数等の質と居住者の収入によって決まる、**応能応益家賃制度**が採用されており、収入が低い人はより低家賃で住むことができます。世帯の人数によって適切な規模の住宅が提供され、耐震性が保障された良質な住宅であることも大きな特徴です。このような手厚い制度があれば、住宅に困る人はいないはずと思ってしまいますよね。実は、公営住宅は全住宅のたった3・6％しかありません。公営住宅は、入居基準を満たせば、応募することは可能ですが、数が極めて少ないために、希望しても入居できるとは限りません。よって、これに入りたくても入れない人の多くが、低質で低家賃の民営借家に依存せざるをえない実態があるのです。なお、国の建設費補助が投入されたUR住宅も2％存在しますが、家賃は民間の借家と同等のため、低所得者の支えにならないということが指摘されています。

2 家賃が払えない

諸外国のなかには、低所得階層を支えるために、**家賃補助**を導入する国があります。日本では、一部の自治体が家賃補助を支給しているのみで、国民全員が享受できる仕組みにはなっていません。そのため、失職などにより家賃を滞納した場合には、退去を命じられることとなってしまいます。コロナ禍では、自粛生活などにより、接触型サービス業界の景況が悪化しました。そこで働く非正規職の人の多くが、解雇やシフト減などにより収入が減り、家賃が払えなくなるという事態が発生しました。

こういった人たちが住宅を失わないようにと緊急対策的に活用されたのが、**住居確保給付金**という制度です。この給付金は、厚生労働省の生活困窮者自立支援法に基づく支援であり、**リーマンショック**時に増加した失業者対策として2013年に導入された「住宅支援給付金」が基礎となっています。

利用の要件は、①世帯の主な稼ぎ手が離職や廃業から2年以内であること、もしくは、個人の責任・都合によらず給与が離職廃業と同程度まで減少していることが前提で、③収入基準や④預貯蓄の上限なども設定されています。さらに、失業している場合には、⑤求職活動をおこなうことが義務づけられています。これらをクリアした場合、たとえば、東京都特別区では、１人暮らしの場合には、上限5万3700円、２人暮らしの場合には上限6万4000円が支給されます。この利用は、コロナ禍前の2020年には3972件だったものが、コロナ禍の2021年には13万4946件、実に34倍まで膨れ上がりました。翌年には、利用者が4万5671件にまで減少しましたが、それでも平時の11倍となっています。

この給付金の利用期間は原則3ヶ月、要件を満たした場合、最大12ヶ月までしか利用が認められていません。また、どんなに困窮していても、給与の大幅な減少などが認められなければ利用ができないなどといった課題が指摘されています。[▼2]

▼2　厚生労働省「自治体の支援実績等」
https://www.mhlw.go.jp/stf/seisakunitsuite/bunya/0000059401_00004.html

3 なぜ日本の住宅政策は乏しいのか

1 戦後日本の住宅政策

現代の日本の住宅政策は、第二次世界大戦後に形成されました。大戦期、日本の住宅の多くが焦土作戦により焼失し、戦後の住宅不足は420万戸にまで膨れ上がりました。

多くの人が住宅難に直面し、路上やトタンを重ねただけのバラック、船やバス、電車などを利用した転用住宅での暮らしを強いられました。政府は、簡易住宅等の建設を約束するなどしますが、資金不足、人手不足、材料難などのために計画通りに建設が進まず、国民は、慢性的な住宅難に悩まされることとなります。当時、安定した仕事があっても、まとまった資金がないために自力で住宅を建てることができないという事情がありました。そこで、政府は1950年に**住宅金融公庫法**を成立させます。これは、政府系金融機関である**住宅金融公庫**が、国民に建設費用を融資する、いわゆる住宅ローンの仕組みです。しかし、これが利用できたのは、厳しい融資審査を通過した高額所得者のみでした。そこで、

1951年、政府は、**公営住宅法**を創設し、低所得階層への住宅供給をはじめます。

戦後の復興が進み、景気が回復し始めると、就労機会が豊富な都市部への人口流入が激化します。そのため、都市部ではさらなる住宅問題が発生することになりました。これへの対応として、1955年、政府は住宅公団という組織を作り、仕事はあるけど、住宅に困る中流層に対して**公団住宅**（**現UR住宅**）の供給をスタートさせます。公団住宅は、ダイニングキッチンや水洗便所、ユニットバスなど、当時としては最先端の設備を取り入れた住まいとして注目を集めました。特に、新婚夫婦や子育て世帯層がこぞって「夢の住まい」と称された公団住宅を求め、人気の物件は、応募倍率100倍を超えたと記録されています。

このように、日本の住宅政策は、高所得者に持家を、中所得者に公団住宅を、そして低所得者に公営住宅をという風に、階層別に手当された点が特徴でした。

2 民営による住宅建設

しかし、公営住宅や公団住宅を建設するには、莫大な土地や資金、さらには時間が必要になります。よって、政策ができたからといってすべての住宅需要を満たすことはできません。そこで、政府は、1966年、**住宅建設計画法**を作り、5年を1期として住宅供給目標を定めた計画を策定し、住宅の量をコントロールするという方策に乗り出します。政府や地方自治体の力だけでは限界があるため、持家や民営借家もその計画戸数に含まれました。

住宅難の時代、どんな低質な住宅でも入居希望者が集まりました。そこで、経営者たちは、儲けを出すために、材料などの建設費を抑えるということを積極的にやりました。低質な住宅は、災害時などには人の命にかかわります。よって、住宅の質のコントロールというのは、住宅政策のなかでも優先すべき事項です。しかし、建築の基準を厳しくして、利益が薄くなれば、住宅を建設する魅力はなくなります。基準を緩めて、量を増やすことを優先した結果、現代のように、低質な民営借家が数多く滞留することになったのです。戦後からバブル崩壊まで、日本は好景気に沸き土地の価格も高騰しました。特にバブル期には、土地は買った瞬間から値上がりするとも言われ投機の対象となりました。買う人がいるわけですから値は吊り上がる一方です。他方で、自治体は土地の価格が高騰しすぎて公営住宅が建設できなくなりました。結果、住宅所有関係は、持家と民営借家のボリュームが大きくなってしまったのです。

量から質の時代へ

1990年代の中盤になると、バブルが崩壊し不景気の時代がやってきます。倒産やリストラというキーワードが盛んにいわれはじめたのもこの時期です。

好景気の時期に無理をして高額な持家を購入した人はローン支払に苦悩することとなりました。住宅の価値は下落し、売却できても多額の借金が残るという事態が発生します。結果、**ローン破綻**し住宅を喪失する人が急増しました。公営住宅は、好景気の時代に建設を大幅に控えたため、つぎつぎと溢れてくる居住困難者を救済するには不十分な状況でした。

追い打ちをかけるように、予期せぬ事態が発生します。目下、メディアなどで話題となっている**空き家問題**です。戦後、長きにわたり、住宅難の時代が続きましたが、2000年代に入ると、人口が減少し始めます。世帯の多様化も顕著となり、高齢者だけの世帯も増えました。どんな立派な住宅に暮らしていても、ケアがなければ暮らせないと、高齢者の施設ニーズも高まりました。病気やケガで入院したのち、完治したけれど、行き場がなく、入院を続ける社会的入院という問題も発生しています。

超高齢化社会とは、高齢者の割合が高くなることですが、その死亡数も上昇します。持家に住む高齢者は多いのですが、その人たちが亡くなったあと、それを継承する子世代がいないことも空き家の増加に拍車をかける要因です。

こういった時代の変化を受けて、政府は、住宅の量を増やす政策から、質を高める政策へシフトすることを宣言します。２００６年、８期40年続いた**住宅建設計画法**を廃止し、新たに**住生活基本法**を成立させました。そのなかには、住宅の質を高め、住宅寿命を延ばして、丁寧に住み継いでいく環境を整備することや、来るべき超高齢社会に向けて、自宅での住み続けが可能なように、バリアフリーを支援する制度やケアの充実を図るといった内容などが掲げられています。

それでもなお、空き家の増加は止まらず、２０１８年の住宅・土地統計調査によればその数は８４８万戸、空き家率は戦後最高の13・６%を記録しました。

5 住宅だけ提供すれば問題は解決するの？

住宅に困る人がいる一方で、空き家が増大している。では、空き家と住宅に困る人をつなぐというのはどうでしょうか。実はことはそう簡単ではないのです。不動産業者も空室には困っていますが、リスクの高い人を入れて、問題が発生すれば、費用の負担などが増えるので、そのままにしておくほうが得策だと考えます。

ここで不動産業者が求めるのは、入居者の様子を把握して、問題が発生したときに助けてくれる人や団体です。孤独死や様々な理由からくる近隣トラブルも丁寧な見守りや対応があれば未然に防ぐことができるかもしれません。

こういった仕組みを実現するため、２０１７年、新たな住宅セーフティネット制度がスタートしました。これにより、住宅に困る人が自分に合った住宅をネットで手軽に探せるように、ポータルサイトも準備されました。同制度は、住宅に困る人を支援するための**居住支援法人**という組織を全国につくることをすすめています。これは、住宅に困る人が、住宅を探す際の手助けをしてくれる組織です。業者との交渉など、住宅を探す際の支援をしてくれたり、契約の手助けをしてくれたりします。入居した後も、定期的に様子を確認したり、居住者が孤立しないように、地域の居場所を紹介し、支援者を紹介したりすることも役割の一つです。

こういった仕組みはまだ緒に就いたばかりですが、ケアの必要な人が住宅で、地域で暮らすことができる仕組みに政府が目を向けたこと自体は評価すべきことだと言えるでしょう。

第4部のおわりに

ここでは、「社会福祉」といわれる分野を見てきました。社会福祉と言っても、一般的な障害者福祉、児童福祉だけではなく、住宅や災害のような分野でのサポートもあります。救済の基準を明確にすべきだ、と思う人もいるでしょうが、実際に「誰をどこまで、どうやって守るのか」はとっても難しいところ。

「合理的配慮」は、実際にどこまでやらなければならないのか、やっていればいいのかはケースバイケースで、明確な基準はありません。でも少なくとも、困っている人が何を望んでいるのかは、きちんと聞くべきではないでしょうか。他方で「災害時の補償」は、ねこにゃんのように、自治体ごとに適用が違うことが多く、そのため機械的に、受けられたり受けられなかったりといったこともあって、それが住民間のあつれきにつながることも。そう考えると、「救済の基準」が明確というのも、良し悪しではないでしょうか。

COLUMN 4

ベーシックインカムは究極の社会保障か？

近年、注目を集めている社会保障政策に「ユニバーサルベーシックインカム（以下、ＵＢＩ）」があります。ＵＢＩとは一定の金額の現金をすべての人（国民）に給付するという政策です。論者によってまちまちですが、一般的にはＵＢＩは８万円程度を世帯ごとではなく個人単位で、なおかつ無条件に、生涯にわたって給付されるべきだと主張されています。この完全なＵＢＩ政策を導入した国は現在のところ存在しません。

これまでの社会保障政策と比較してＵＢＩの利点とされていることは、収入や保有できる資産に制限がある生活保護とは違い、あらゆる人に給付されるところにあります。言い換えれば、特定の貧困層にターゲットを絞る階層型の福祉に対し、普遍主義的な社会保障政策だということです（第14章「貧困・格差・平等論」を参照）。普遍主義的な社会保障政策の場合には、対象者を選別するための無駄な経費はかからないうえ、給付される人に社会的なスティグマ（貧困者であるという烙印）が生じません。日本の生活保護の捕捉率（本来給付されるべき人に給付されている割合）は２割程度と際立って低いのも、このスティグマのためです。また、ＵＢＩは一定の所得が就労しているか、仕事を探しているのかといった事情から切り離して給付されるため、過酷な労働を労働者が避けやすくなるともいわれています。

一見いいことばかりのように思えるUBIですが、問題も指摘されています。もっとも重大なのは、UBIの予算をねん出するために、ほかの社会保障が削減されてしまう危険があることです。医療や介護などの福祉サービスは、年齢や障害の有無などによって必要性が異なってきます。大病を患ってしまえば、月8万円ではどうにもならないでしょう。

UBIに対し、別の方法で普遍主義的な社会福祉を実現する方法もあります。こちらはユニバーサルベーシックサービス（以下、UBS）と呼ばれるもので、医療や住居などの社会サービスをすべての人に無償で提供します。学校に行きたい人は収入に関わらず学校に行ける。医療が必要な人も同じです。UBIとは対照的に、個々人のニーズに合わせて必要なサービスが保障されるのがUBSの利点です。

さらに、最近ではAIで仕事がなくなるのだから、UBIを給付して働かなくて済むようにしようという意見もあります。SFのようにもはや多くの人は働かない完全な「自動化社会」がくるというのです。しかし、UBSを削減してUBIに切り替えても生存は十分に保障されませんから、SFのような社会は到来しないでしょう。現代社会では生活のあらゆるニーズが商品化されているために、わずかな現金では生活のニーズを満たせないのです。そのため、みんな必死で仕事を探しています。テクノロジーの進歩は自働化を進めるよりも劣悪な産業をたくさん作りだす方向に採用しているという研究もあるほどです。本当の自働化社会を実現するためにはUBSとUBIの両方が必要だという意見に一番説得力があるように思います。

（今野）

第5部

社会保障を、いろんな角度から考えてみよう

子ども食堂もなかなかムツカシイ

留学生にも社会保険？

第4部までは、「制度」の側面から社会保障のしくみを見てきました。でも、個々の「制度」だけからは捉えきれないような、幅広い問題も実際にはあります。ここでは、そんな問題のうち、貧困、外国人、ジェンダーに着目して、具体的な「問題」から社会保障のあるべき姿を考えていきましょう。

第14章

貧困・格差・平等論

1 餓死するまで助けてもらえない現実

1 繰り返されてきた餓死・孤独死・自殺・変死

現在の日本社会では貧困や格差が社会問題となっています。世界的に高度成長期は終わりをつげ、非正規雇用や失業が増加するなかで、日本は特に経済環境が厳しく貧困が社会

「本当に福祉が必要な人」ってだれ？

に広がっているのです。
この豊かな（といっても最近ではインフレや円安で大変だが！）現代日本で**餓死**が毎年確認されていると聞いたら驚く人が多いのではないでしょうか。国の人口動態調査によれば、「食糧の不足」を理由に亡くなっていると確認された人が2020年には23人、2021年には16人にのぼっています。これまでに把握された餓死者数がもっとも多かったのは2003年の93人です。日本国憲法は生存権（健康で文化的な最低限度の生活）を保障しているはずですから、毎年餓死者がでるというのは明らかにおかしいですよね。ところが、この生存権を具体的に実現するための生活保護制度は十分に機能していないのです。▼1
また、はっきり餓死とはわからないまでも、誰からも助けをうけることができずに孤独になくなっていく「**孤独・孤立死**」も存在します。もともと独居老人などが周囲に助けられずに亡くなっている「孤独死」が社会問題になりましたが、その後、母と子供たちなど家族がまるごと亡くなっているケースも問題視されるようになり、「孤立死」という言葉が生まれました。▼2 孤独・孤立死の場合にも、生活に困窮するなかで適切な福祉制度につながらなかったことで死につながっている人が少なくないと考えられています。たとえば、公共料金を滞納し明らかに生活に困窮する状態におかれたまま亡くなっている姿が発見されるといった事態が繰り返されてきました。もしガスや水道を止める前に生活状況の確認が徹底されていれば防げたケースは決して少なくありません。
さらに、亡くなった人の身元がわからない「**行旅死亡人**」も年間およそ600～700

▼1 生活保護基準を下回り、本来は保護を受けることができるにもかかわらず、実際には保護を受けていない人もおよそ8割に上ります（逆にいえば、保護を受けるべき人で受けている割合＝捕捉率はおよそ2割）。これは、諸外国と比べるととても低い数値です。

▼2 東京都区部で発生した孤独死は増加傾向にあり、2018年には5513件で、うち65歳以上は約7割（3867件）となっています。

人ほどいると発表されています。なかには住所のわからないホームレス状態のまま亡くなった人などが多数含まれていると考えられています。大阪市で研究者によっておこなわれた調査では、２０００年の市内の路上生活者の路上死は２１３人に上りました。死因は餓死が18人、凍死19人、心疾患が38人です。

ホームレスになるまでの経過は、多くの場合、次のようなものです。まず、仕事を失います。そして雇用保険の給付期間を過ぎると非正規雇用や日雇など不安定な仕事に従事しますが、次第に家賃が払えなくなり、ホームレス状態になります。ただし、ホームレス状態に陥ってもすぐには路上で寝るわけではありません。住み込みの寮付き派遣やアルバイトなどで食いつないだり[3]、ネットカフェや深夜営業のファミリーレストランで夜露をしのぎ、携帯電話で日々のアルバイトを探し続けるのです。そんなときに、携帯料金が払えなくなったり、風邪をひくなどしてしばらくアルバイトができなくなると、いよいよ路上で寝泊まりするしかなくなります。東京都が２０１８年に発表した調査結果によると、当時の都内には少なくとも４０００人の「ネットカフェ難民」がいることもわかっています。その多くが働いているにもかかわらず住居を失った状態の人たちです。ネットカフェ難民と路上生活を行き来するパターンも多いといわれています。彼ら住居喪失者は健康で文化的な生活をしているとは到底いえず、常に命が危険にさらされている人々です。

さらに、経済・生活問題を理由とする自殺も毎年たくさん発生しており、２０２１年には３３７６件にものぼっています。現在の日本では街金融やカードローンで簡単にお金を

▼3　もっとも、これらの仕事は簡単に解雇されますし、解雇されれば、寮からも追い出されてしまいます。

借りることができます。失業などで生活に困って借金を重ねるうちに多重債務状態に陥って返済ができなくなってしまい、それを苦に自殺するというケースも多々見られます。経済的に困窮したときに、社会保障に頼るのではなくみずから命を絶ってしまわなければならない人がこれだけいるということは、あまりに悲しいですね。「生存権」が保障されているにもかかわらず、「貧困による死」が日本社会にはあふれているのです。

2 なぜ命が奪われ続けるのか

餓死や孤独死、経済的事情による自殺といった問題を防ぐことができる制度を日本の社会保障・社会福祉は備えています。なかでも、憲法の生存権を実現する生活保護制度は、最低限度を下回る収入と資産しか持たない人々に対して事情を問わずに適用され、生存を保障する役割を担っています。そのため生活保護は「最後のセーフティネット」[4]と呼ばれるのです。この制度が機能していれば、前述のような悲惨なことは起こらないはずです。

生活保護制度は本人が役所に保護申請を出し、役所側が審査をおこない保護が必要だと判断されれば適用されます。[5]もっとも、餓死などで本人が亡くなってしまっている場合には、どうして生活保護申請をしていなかったのかははっきりとはわかりません。ただ我慢をしているうちに亡くなってしまったのか、それとも何か事情があって受けることができなかったのか、死んでしまってからでは明らかにすることは困難でしょう。

▼4 ただし、日本ではそもそも生活保護に至る以前の福祉が脆弱すぎる点に問題があります。それがホームレス状態や餓死を生んでいるのです。そのため、生活保護をもっと活用しやすい制度に改革（解体）し、「最後のセーフティネット」としての役割からより利用しやすい制度へと転換すべきだという議論も現れています。

▼5 生活保護制度については、第10章を参照。

生活困窮者を支援する団体に寄せられる相談を見ていくと、生活が困窮していても生活保護を受けられない理由は主に次のようなものです。もっとも多いのは生活保護を受けること自体を本人が忌避している状態。生活保護は国の法律の一つにすぎず、受ける資格を有していれば誰でも受けられます。それにもかかわらず、多くの人が「生活保護を受けたくない」「受けるくらいなら死んだほうがいい」と思ってしまっているのです。次に多いのは、生活保護を受ける意思があっても、「家族に知られるのがいやだ」という理由です。生活保護の申請を受けると行政は、その人の家族や親せきが養うことができないか確認する「**扶養照会**」をおこないます。そうすると、申請者は自分が貧困であることや生活保護を受けようとしていることを親族に知られてしまうのです。これを苦にして生活保護を申請しない人が大勢います。さらに、行政の窓口で虚偽の説明をされ申請を断念してしまうケースもあります。すでに述べたように、生活保護を受給できるかどうかは申請を受けたのちに行政が審査しますが、申請自体はれっきとした権利であって、行政が「申請させない」ことはできません。それなのに、この審査の手前で、「働けるうちは申請できない」「住所のない人は申請できない」などいろいろな虚偽の理由をつけて「申請できない」と言われてしまうことが少なくないのです(**水際作戦**)。これは明らかな法律違反です。なかには、そもそも生活保護の申請窓口を「封鎖」した状態にして申請をできないようにしていた市や、保護費全体の支出を減らすために「ノルマ」を設定していた市もありました。その地域では餓死者が特に多く発生して社会的に問題となりました。行政としてはなるべく財政支出を削減したいという事情があるのです（だからといって法律違反はもちろんダメです！）。

餓死者の数は、日本弁護士連合会や貧困者を支援する団体が生活保護制度について知識を啓発したり、問題のある行政の取り扱いの是正を求めてきたことでかなり改善してきました。やはり生存権を保障する生活保護制度が適切に運用されることは命を守るセーフティネットとなるのです。

2 「本当の貧困者」「本当に助けを必要としている人」って誰？

1 生活保護バッシングと家族

餓死や孤独死の問題が発生するのは、貧困状態にある人たち自身が保護をなかなか申請できないからでした。もし、みんなが生活保護をはじめとした社会保障制度の利用を「当たり前」だと思っていれば、餓死は起こらないはずです。この問題は、日本社会で貧困や格差をどう考えるのかという問題にも直結しています。「本当の貧困者」や「本当に助けを必要としている人」は誰なのか、という問題をいつも社会保障・社会福祉制度は抱えているのです。また、この問題は生活保護だけに限りません。それぞれの社会保障・社会福祉制度が「誰」を対象とすべきなのかは、常に議論の的です。そのもっとも重大な争点が生活保護だったのです。そこでまずは生活保護が申請しにくい背景を考え、そのうえでその他の制度にも視野を広げていきましょう。

誰が給付の対象となるべきなのかをめぐって第一に問題となるのは、家族との関係です。家族で支える人がいれば、国による保護は必要ないという話になってくるからです。

家族に頼れというメッセージは、一見「正論」のように聞こえますがそれが行き過ぎるとさまざまな問題を発生させます。まず、支える側の生活を破壊してしまうこともあるということです。両親や祖父母の面倒を見ることで、自分たち自身の生活が行き詰ってしまうようなことも起きてきます。たとえば、親の生活を支えるために自分の子供が大学にいくことができなくなってしまう、といったことが考えられます。そのため、家族間の扶養義務を定める民法[6]でも、親の生活を支えるために自分たちの生活まで切り崩すことは求めていません。これを「**生活扶助義**

生活保護バッシング

2012年には、人気芸人の母親が生活保護を受給したことが発覚し、バッシングの嵐が吹き荒れました。子供にお金があるのだから、親の面倒は子供がみるべきだという論調が社会を騒がせたのです。発端は「年収5000万円超人気芸人『母に生活保護』の仰天の言い分」とういタイトルの週刊誌の報道でしたが、その後のバッシングは、国の制度であり人々の権利であるはずの生活保護の受給が、まるで「悪」であるかのようでした。バッシングの結果、本人が謝罪に追い込まれたばかりでなく、政治問題にまで発展し、「不正受給」の取り締まり強化や給付額の削減が実現した上、生活保護法の文言まで書き換えられたのです。しかし、実際にはその芸人は福祉事務所と相談のうえで一定の額の援助を続けており、違法な点はなかったことがわかっています。

▼6 民法877条は「直系血族及び兄弟姉妹は、互いに扶養をする義務がある」と規定しています。

務[7]」といいます。逆に、自分の成人前の子供に対しては自分たちと同等の生活をさせなければなりません。こちらは「**生活保持義務**」といいます。

もっともこのように、家族の扶養が優先される社会では、子供の生活環境は親の収入や親が実際に子供にかける費用にかかってきます。親が子供に十分な食事を提供しなければ、それは虐待の問題になりますが、「子どものために高校や大学の学費は出さない」という家庭もあるでしょう。お金が足りない場合もありますが、お金があっても支えてくれないことも決して珍しくはないのです。だから、家族の支え合いを前提にしてしまうと、親の収入があるのに助けてもらえない若者は、「まず親を頼れ」ということになってしまい、いろいろな福祉制度からも除外されてしまうことになります。

特に深刻なのは、親子の「支え合い」のなかで虐待や人間関係の悪化が助長されることが多いことです。家族での支え合いが優先される社会では、子供が自立して暮らそうと思っても、まともな仕事につくことができなければ親元を出ていくことが難しい状況になります。その結果、親元にとどまり続けることになってしまいます。親元に依存するなかで「お前は自立できていない」「生きる価値がない」などと罵られ続けてうつ病を患い、仕事どころか普通の生活もできなくなってしまったという事例がたくさん報告されています。逆に、子供が親に家庭内暴力をふるうこともあります。こうした状態は、親子の世帯を分離して（つまり、いったん子供が家を出て）、子供が独立して生活保護を受けることで改善することが知られています。家族の支え合いがかえって若者の自立を阻んでいるわけです。

▼7 これは、扶養義務者自身の生活はきちんと送れることを前提として、そのうえで余力があればその範囲で扶養する義務を負う、という考え方です。

2 就労と福祉

誰が福祉を受けるべきかをめぐって次に重要になるのは「就労」との関係です。日本の社会保障制度は特に就労との結びつきが強いとされてきました。昔は高校や大学を卒業すると同時に正社員として就職することが一般的で、転職も少なく多くの人が安定した職業人生を歩みました。また、商店街の店主や下請として働く自営業の人々も、景気がいいなかではそれなりに安定した収入を得ることができました。日本が「一億総中流」と呼ばれた時代ですね。しかも、日本の正社員は長期雇用（終身雇用とも呼ばれました）で年功賃金。年功賃金とは、長く働くほどどんどん賃金があがっていくというしくみです。[8] 景気が良くなればボーナスも増えますし、辞めるときには退職金ももらえます。そうしたなかで、生活上の困りごとはまずはこの年功賃金やボーナス、退職金で対処することが求められたのです。たとえば、学費など子供にかかる経費は歳とともに上がっていきますが、それは年功賃金がカバーしてくれました。住宅もローンを組んで買うことができますし、老後の資金も退職金で賄うことができます。しかも、大企業では男性正社員に低利の貸し付けをしたり、家族手当を支給するなど企業福祉も整っていました。

だからこそ、日本社会では国の福祉を受けて暮らすことに対し「ちゃんと働いていないからに違いない」という感覚が強く働いてしまうのです。こうした「働いて身を立てるべきだ」という考え方は世界中に見られますが、特に日本では昔から「いい会社にはいって、

▼8　実際の上り幅は企業の規模によって大きな格差があったのですが、それでも総じて、長く働けば働くほど賃金が上がっていくという特徴がみられました。

しっかり辞めずに勤め上げる」ということが美徳とされてきました。昔から日本はある種の「自己責任社会」だったということができます。

ところが、現在は非正規雇用の割合は4割程度に上っています。非正規雇用にはパート・アルバイトのようにシフトで働く仕事以外にも、フルタイムで働く契約社員や派遣、嘱託なども非正規雇用です。２０２１年の賃金構造基本統計調査によれば、短時間労働者を除く非正規労働者の月給は21万７０００円です（同正社員は32万３０００円）。そのうち女性に限ると19万５０００円にしかなりません。ここから税金や社会保険料、家賃を払ってしまうと本当に生活はぎりぎりです。しかも、ボーナスや退職金もないことが一般的ですから、将来のために貯蓄したり、住宅ローンを組むといった「当たり前の暮らし」をすることも困難です。そのうえ、非正規雇用は有期雇用契約のため、いつ契約更新を拒絶（雇止め）されてしまうかもわかりません。これでは子供を育てたり、老後の備えをすることもかなり困難です。

また、最近では正社員であるにもかかわらず非常に低処遇の「**周辺的正社員**」が社会問題になっています。正社員であっても賃金が上がらず、実質的な時給制で働いているような社員が増えているのです。たとえば、限定正社員といって、勤務地や仕事の内容が「限定」された働き方では、仕事はきつくない代わりに非正規に近い賃金の社員も増加しています。

それにもかかわらず、昔のような正社員を前提とする社会の感覚からすれば「働いて自分のことは何とかする」のが当たり前です。収入が足りないならば、いくつもの仕事を掛け持ちするダブルワークをして稼いだりしなければなりません。結果として、無理をして身体を壊してしまい、働けなくなってしまうことも珍しくはありません。さらには、「**ブラック企業**」と呼ばれるような、過酷な長時間労働をする働き方（しばしば違法行為を伴います）でも、我慢せざるを得なくなってしまいます。「ブラック企業」では、時給は非正規に近い水準で、残業をたくさんすることでやっと家族を支えて暮らせるだけの賃金が得られるような賃金体系になっています。基本給に残業時間を組み込む固定残業制や、そもそも残業した分を必ずしも支払わなくてもよい裁量労働制という仕組みが悪用されています。こうしたことを反映して、就業構造基本調査によれば、過労死ラインを超える週60時間の労働に従事していても、年収が250万円に満たない正規雇用の男性は、1997年には7・9％でしたが2012年には11・2％へと増加しています。300万円未満まで含めると、20・8％に上ります。過労死するほど働いても、5人に1人は年収が300万円にも満たないのです。

近年は高齢者が働く割合も増えています。高齢者の就労は、社会参加というポジティブな側面もありますが、貯えや年金が足りなかったり、安定した仕事に就くことができない子供世帯のために無理をして働いていることも多いのです。結果、全世代中で60歳以上の高齢者の労働災害、特に死亡労災の件数および割合は急増しています。

このように、みんな必死に働くことでなんとか暮らしていこうとしていることがわかると思います。でも、どんなに頑張っても「普通の暮らし」には届かない、あるいは頑張りすぎて身体を壊してしまう結果になってしまうことも珍しくはありません。本当は、社会保障の仕組みは無理をしなくとも普通の暮らしが守られるためにあるはずですが、理想と現実は離れていくばかりです。

親族間の扶養や就労では解決できない問題がたくさんあるのに、どうしてもそれらで問題を解決すべきだと皆が考えてしまう。そこに、日本が餓死や孤独死をなくせない根本的な原因があるといえます。そしてそれは、過酷な働き方や少子化という多くの人に関わる問題にもつながっているのです。

3 大学や子育てはぜいたく?

1 大学はぜいたく?

社会保障制度は、家族による扶養や就労では解決できない問題を解決するものです。しかし、その内容を「どの程度」にするべきなのかをめぐって意見は大きく分断されています。ここでは、大学進学を例にとって考えてみましょう。

いまの日本では、一般の世帯にとっても大学への進学は大変厳しい状況になっています。[9]海外では学費を無償にしていたり、給付型の奨学金制度が整えられていることが一般的ですが、日本ではそのどちらも貧弱です。学費が免除／減免されたり、返済の必要のない給付型奨学金を得られるのは、世帯年収270〜380万円（段階的に給付額が変動）とかなり限定的です。

そのため、基本的には親の収入による負担に加え、貸与型奨学金や学生自身のアルバイトによって賄うしかないのが現状です。ここでもまた、家族による援助と就労による収入が、社会保障制度よりも優先されています。たしかに、かつての日本型正社員に就職することが一般的であれば、奨学金を借りて大学を卒業した後に、上がっていく給与（年功賃金）でこれを返済することもできました。しかし、今日では卒業後に非正規雇用や周辺的正社員として働くことしかできず、返済ができない状態に陥ることが珍しくなっています。そのため、2021年度には、日本学生支援機構による支払い督促申し立て予告が1万3393件、支払い督促申し立てが6297件にものぼり、奨学金に関する自己破産件数は2016年度までの5年間でのべ1万5338件にもなりました。また、学生が自分のアルバイトで学費を負担することで、授業や就職活動に集中できなくなってしまうという問題も指摘されています。

一方で、生活保護受給者の世帯では、大学に進学することは原則的にできない運用になっ

▼9 国立大学の学費は1975年には授業料が3万6000円、入学料が5万円でしたが、2005年以降現在に至るまでに授業料は53万5800円、入学料は28万2000円（現在は国立大学法人、いずれも標準額）と、授業料は14.8倍、入学料は5.6倍も高騰しています。私立大学もこれと連動して値上げされてきました。

ています。生活保護を受ける人は、まず自分で働くべきだと考えられているからです。[10] 学校基本調査によれば、大学を含む高等教育機関進学率は２０２１年に83・8％となっており、この点からも大学生に対する保護の適用を認めるべきタイミングにきているように思われますが、政府は慎重な姿勢です。

大学への進学は、まだまだ社会によって保障される権利とはみなされていないのです。しかし、こうした考え方は決して先進国に一般的なものではありません。国によって異なりますが、学費が無償とされていたり、広範に給付型奨学金が認められている国も存在します。

最近では、子育てそのものが「贅沢」だという風潮も見られます。貧しい世帯が子供を産むことは、「計画性がない」「贅沢だ」と非難されることがしばしばです。子育てする能力がないにもかかわらず、子供を作ることはおかしいというのです。こうした意見を反映してか、近年の統計では、低所得世帯の子育て割合が減少し、中・高所得者に偏る傾向がみられます。一時期問題となった「子どもの貧困率」の改善も、実は低所得世帯ではそもそも子供を持つことをあきらめていることに起因していると考えられます。

▼10　そのため、中学を卒業すれば働けるとして、かつては高校への進学も認められていませんでした。しかし、高校進学が一般化し、進学率が8割を超えた１９７０年に保護の適用が認められたという経緯があります。

「弱者の救済」と「普遍的な福祉」の違い

ここまで、日本の社会保障・社会福祉の課題を家族と就労への依存という観点から見てきました。平等や格差を考えるときに、現実にはこれらの問題を避けては通れません。最後に、社会保障・社会福祉の公正さにはさまざまなかたちがあることを見ていきましょう。

1 働ける人の福祉

一つ目のポイントは、働ける人を主たる社会保障・社会福祉の対象とするのかどうかです。この点が社会保障・社会福祉の見方を大きく隔てます。基本的に就労の収入によって多くの社会サービスを購入できると考える社会では、働いている人たち向けの社会サービスは脆弱になります。日本の場合には教育や住居といったニーズは、年功賃金によって賄うことが想定されてきましたから、これらの政策が脆弱になっています。医療保険や年金など働いている人向けの社会保険制度は充実してきましたが、福祉制度全体で見ると弱い

▼11 住宅の取得に関しては、住宅ローン減税など国による支援もあるほか、大企業では男性正社員に対し低利の融資をおこなうことや、家族手当を支払うことも一般的でした（企業福祉）。

のです。

これに対し、福祉国家を世界で最初に作り出したイギリスのアプローチは大きく異なるものでした。イギリスで福祉国家が形成されたのは、20世紀の初頭です。当時のイギリスで問題になっていたのは、今日の日本のように、働いても貧しい人々（ワーキングプア）でした。彼らは「労働者階級」というアイデンティティを持ち、労働党も結成され、積極的に自分たちのための政策を国に要求しました。労働党の存在はそれまでの政治の構図を大きく変え、政権与党である自由党の積極的な福祉政策を後押ししたのです。自由党は学校給食や学内での健康診断、無拠出の老齢年金制度、失業保障を含む国民保険法などを制定しました。働いている貧しい家庭全体に行き届く福祉制度を作り出す。ここに「福祉国家」の原点があるといってよいでしょう。

「働けない」から福祉を必要とするのだと考えるのか、それとも「働いていても」だれにでも福祉は必要だと考えるのか、この違いは福祉の公正・平等を考えるうえで極めて重要です。福祉が働けない人を主な対象にすると考えるからこそ、福祉が「働いている人」と「働いていない（働けない）」人との間の分断と対立を生み出してしまいます。端的に言えば、「働いてがんばっている自分は福祉をもらえないのに、働いていないあいつがもらえるのはおかしい」という不公平感が生まれてしまいます。そして、もっと努力して「働けばいいのだ」という厳しい考えが福祉の利用を萎縮させてしまうのです。逆に、働いている人が福祉の対象になることを当たり前だと考える社会では、福祉に対する抵抗感は低くなります。

2 選別主義と普遍主義、現金給付と現物給付

働いている人を対象とするのかどうかとも関連して、もう一つ大事な論点は、収入や資産が足りないから福祉を利用するのか、そもそも社会的に必要なニーズは収入や資産に関係なく保障するのか、という違いです。これは「**選別主義**」と「**普遍主義**」と呼ばれる考え方の違いです。選別主義の福祉政策では、収入や資産が一定以下の場合に福祉制度を利用できるようにします。本章で例に挙げた大学の学費や子育て支援の場合が典型です。日本の給付型奨学金は基本的には課税最低限（およびその周辺）の低所得世帯に基準が設定されており、かなり限定的です。また、各自治体が定める就学援助の基準もおおむね同水準です。このように、就労の有無に加え、収入・資産の少ない限定的な人々にしか福祉が行きわたらないことによっても、社会は強く分断されてしまいます。「あいつはもらっているのに自分はもらっていない」ということがここでも起こってしまうからです。

特に生活保護制度に関してはこれが顕著です。生活保護を受給することになると、生活費だけではなく、住居や医療費などがすべて保障され保険料も免除されます。ところが、生活保護の対象とならないぎりぎりの収入を得ていたり、多少の資産がある世帯では、保険料の支払いさえ困難な場合が少なくないのに、住居費や保険料などは支払いを求められ

ることとなります。実際に、国民健康保険の滞納世帯は2013年には18%にも上っていました（現在は13%程度）。また、生活保護を受けている世帯は歯科の受診率がそれよりも少し上の収入の世帯よりも高くなることも指摘されています。ぎりぎりのところで耐えている世帯からすれば、「生活保護をもらっている人はずるい」という気持ちが出てきても不思議ではありません。もし医療や住居支援が選別的な制度ではなく、誰にでも保障される普遍的な制度になっていれば、こうした対立は生じないのです。そのため、生活保護制度に関しては、住宅扶助など機能ごとに分割し、それぞれをより幅広い人々が受けられるようにしたほうがよいという意見もあります。

ここでさらにもう一つの論点が登場します。普遍的に福祉を提供する場合に、それを**現金給付**でおこなうのか**現物給付**でおこなうのかという違いです。[12] 一定額の現金を給付する方法は**ユニバーサルベーシックインカム**（**UBI**）、現物で保障する方法を**ユニバーサルベーシックサービス**（**UBS**）と呼びます。一定額の現金給付の場合には、教育や医療など、生活に必要なニーズを満たすことができるかはわからない一方で、UBSでは必要な人が必要なニーズを満たすことができます。たとえば、月に8万円を給付されていても、重病にかかっている人や大学に通いたい人にはそれでは足りません。一方で、医療が無償になっていれば、病気の人も病気でない人（将来いつ病気になるかは誰にもわかりません！）も等しくニーズを満たすことができますし、大学が無償であれば学びたい人は誰でも学ぶことができます。

▼12 コラム④「ベーシックインカムは究極の社会保障か？」を参照。

もちろん、大学や医療や住居の補償を「贅沢」だと考える社会では、UBSを実現することはできないでしょう。しかし、UBSが進んでいるといわれる北欧諸国では、選別的な福祉政策をとる国よりも、ずっと社会保障・社会福祉に対する支持が高いことが知られています。

3 家族と個人

三点目のポイントは、福祉を家族や世帯を単位におこなうのかそれとも個人を単位におこなうかです。世帯単位で福祉政策の対象とすると、福祉が必ずしも個々人のニーズを実現できるとは限りません。まずは世帯内で問題を解決してください、ということにもつながってしまいます。ここでも大学への進学を考えるとわかりやすいでしょう。世帯単位でみた場合には、両親がどれだけ子供にお金をかけようとしないとしても、進学したい子供は「高所得世帯」になってしまう場合があります。最近ではコロナ禍に伴う特別定額給付金について、世帯主に一括して払う方式がとられたことで、DV被害を受けている家族や子供は自分の意思とは無関係に使われてしまうといった問題も指摘されました。世界的に見ても福祉の「個人化」は時代の流れだといってよいでしょう。

以上のように、社会保障・社会福祉に対しては何が公正、平等なのかをめぐりかなりの意見の隔たりがあります。日本社会では家族による扶養と就労による自立を追求したうえで、選別的に福祉をおこなうことが支持されてきました。しかし、そうした考え方には以前から批判があり、労働の現実が変わるなかで変化を求める声はますます高まっています。年功賃金の正社員が減少し、非正規雇用や周辺的正社員、さらにはフリーランスの働き方が増加するなかで、日本の社会保障のあり方は根本から問い直されているのです。

第15章

多国籍社会の社会保障

コロナ禍によって「社会の底が抜けた」と形容されるほど、私たちの生活は打撃を受けることになりました。これを読んでいるあなたも、多かれ少なかれ、何かしら影響を受けたことでしょう。確実にいえることは、この先も私たちはウイルスと共存しながら生きていかなくてはならないということ、そして、ウイルスは、国籍や人種、民族などを選ばないということです。

現在日本に生活基盤を置く外国籍の人たちも、コロナ禍のなかで生活不安や苦悩を抱えています。病気になったらどうしよう、失業したらこの先どうなるのか、子どもを産み育てていくことはできるだろうか、将来介護を受けられるのだろうか、などなど、心配がつきないのは、日本人と何ら変わりません。だからこそ、セーフティネットたりうる社会保障制度は「**内外人平等原則**」（自国人と外国人は差別されることなく、平等に社会保障を受ける権利をもつべきという原則）を貫かなくてはならないとされているのです。

でも現状はどうでしょうか。筆者は、２０２１年１月２日、日本最大の歓楽街、東京都新宿区歌舞伎町に位置する大久保公園で開催された「年越し支援コロナ被害相談村」に相談員として参加しました。寒風吹きすさぶなか眼の前に映った光景は、正月気分も吹っ飛ぶような生活困窮にあえぐ人々の列、列、列。さながら「野戦病院」の様相を呈していました。なかでも、これまでになく目立ったのが外国籍の人でした。突然雇止めをされて途方に暮れる人、失業してホームレスになった人、仮放免中の人、難民申請中の人、在留期限が超過して身動きが取れない人……生活困窮に直面する外国人がここまで多くいるとは予想できないことでした。

なぜ、こんなことになっているのでしょうか。制度上の問題もありますが、それ以外に「自国人が優先されてしかるべき」という私たちの意識の問題もどこかにあるのではないでしょうか。筆者はいま大学で「社会保障」の授業を担当していますが、学生からは、「命や生活に直結する社会保障制度は外国人にも等しく適用されるべきだ」という意見と、「国民国家である以上、その国の社会保障制度はまず自国人から適用されるべきだ」という意見、両方の反応があります。どちらの意見にもそれぞれの理由があることでしょう。

ここでは、どちらが正しいのか、答えをひとつに決めることはしません。ただ、争いのない事実として、現在日本には、約３００万人の在留外国人が生活をしています。これは全人口の約２％を占めます。１００人いれば２人は外国人、日本はすでに「多国籍社会」

になりつつあるといえるのではないでしょうか。ここでは、こうした事実を見つめたうえで、まずは日本の社会保障制度が外国人に対してどのような取り扱いをしているのか、現状を知ることから始めましょう。

1 「外国人」ってだれのこと？

1 「外国人」の法律上の定義

日頃何気なく交わす会話のなかで、「外国人は……」という言葉を使っていませんか。たとえば、「日本人は……だよね。やっぱり外国人とは違うよね」、「今日、バイト先に外国人が来て話が通じなくて困ったよ」など。

でも考えてみてください。地球上にはおよそ２００の国が存在します。言語も、文化も、歴史も、それぞれ異なります。それを一緒くたに「外国人」という言葉で片づけるのは、乱暴すぎると思いませんか。また、わかりやすく〝見た目〟で判断して「外国人」と決めつけることもよくありますが、日本語を話し、アジア人の外見であっても、その人が「外国人」である場合もありますし、逆に日本語より他の言語が堪能で、白人や黒人であっても、その人が「日本人」である場合もあります。たとえば、テニスプレイヤーの大坂なおみさんは日本国籍を取得した「日本人」です。[1] 外見や言語から「ある人が外国人か否か」を決めることはできないのですが、往々にして「人種」と「国籍」をごちゃまぜにしてしまうことがあるので、注意が必要です。

ここで、法律上の「**外国人**」の定義の確認をしておきましょう。まず、日本国憲法10条には、「日本国民たる要件は、法律でこれを定める」という規定があります。これを受けて制定されたのが国籍法です。国籍法2条には「出生による国籍の取得」として、子どもは、①出生のときに父または母が日本国民であるとき、②出生前に死亡した父が死亡のときに日本国民であったとき、③日本で生まれた場合において、父母がともに知れないとき、または国籍を有しないとき、の3つのいずれかに当てはまれば日本国籍を取得すると定められています（ちなみに、1985年まで、母の国籍が問われない父系血統主義を採用していました）。

すなわち、法律上の日本における「外国人」の定義は、「国籍法に基づく日本国民の要件に合致しない者であり、外国の国籍を有する者」であり、国籍の有無が全てを決定づけることになります。ここから先は、この定義に基づいて「外国人」という言葉を使います。

---

[1] 彼女は22歳までアメリカ国籍と日本国籍の二重国籍でした。

2　日本で暮らす外国人の実像

ここで日本に住んでいる外国人についての最新の統計をみてみましょう。2021年末の在留外国人は276万635人となっています。国籍別でみると最も多いのは中国、その後、ベトナム、韓国、フィリピンと続きます（図1）。在留資格別だと最も多いのは、永住者、その後、特別永住者、技能実習、技術・人文知識・国際業務と続きます（図2）。なお、「特別永住者」は入管法上の在留資格ではなく、かつて日本の植民地であった朝鮮と台湾出身で、戦前「日本人」とされた人びととその子孫のために創設された地位です。このように戦前から日本で生活を送っている人たちのことを「オールドカマー」と呼びます。「在日コリアン」という呼び方のほうがよく知られているかもしれません。それに対して、1980年代から主に出稼ぎのために来日した人びとのことを「ニューカマー」と呼びます。在留資格は「永住者」「日本人の配偶者等」「技能実習」「留学」「技術・人文知識・国際業務」が比較的多くなっています。

オールドカマーの代表である在日コリアンの人びとも、いまや6世が誕生するまでになっています。また他方、ニューカマーの人びとの国籍も時代に応じて変遷をたどりますが、ここ数年はベトナムとネパール出身者の増加が顕著となっています。

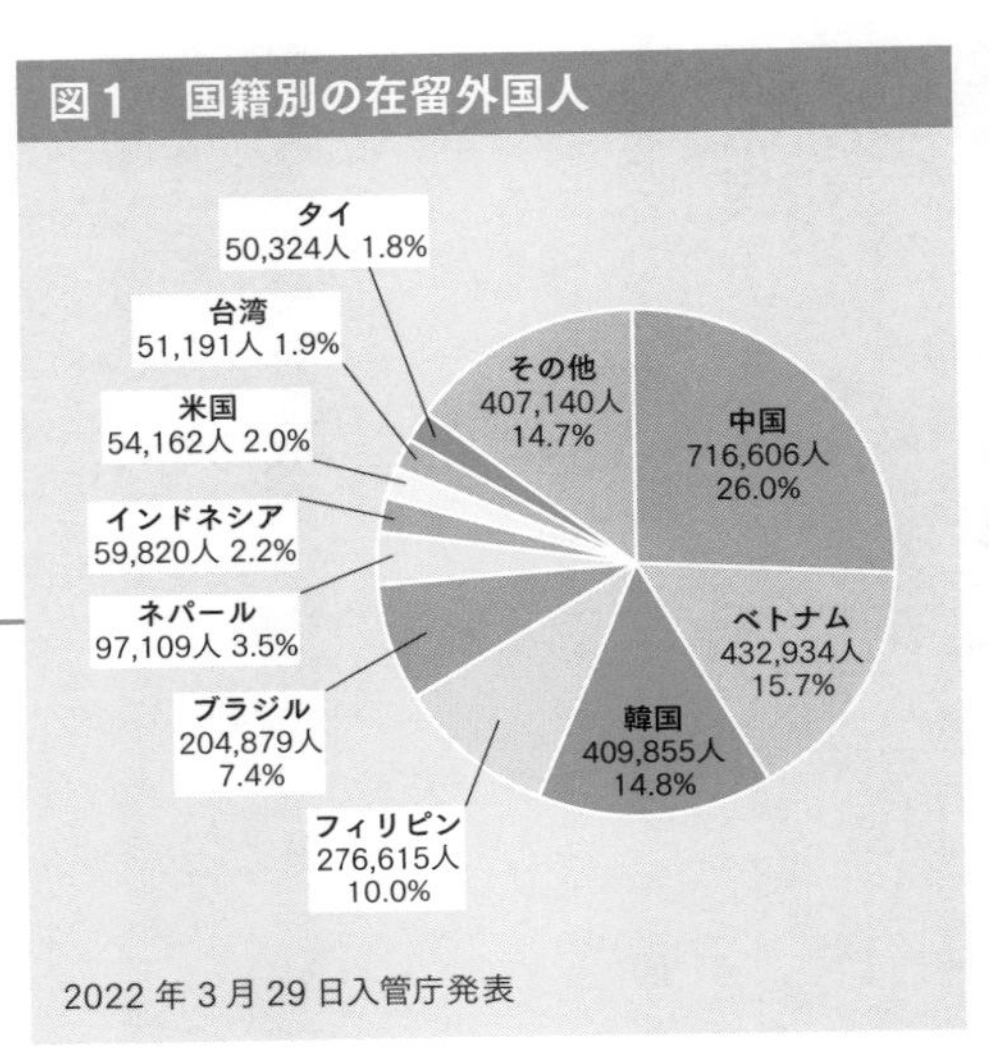

図1　国籍別の在留外国人

2022年3月29日入管庁発表

3 在留資格

外国人が日本で生活をするためには許可が必要となります。その許可を与える権限を有するのが、法務省出入国管理庁です。その許可の具体的な内容が「**在留資格**」と呼ばれる

図2　在留資格別の在留外国人

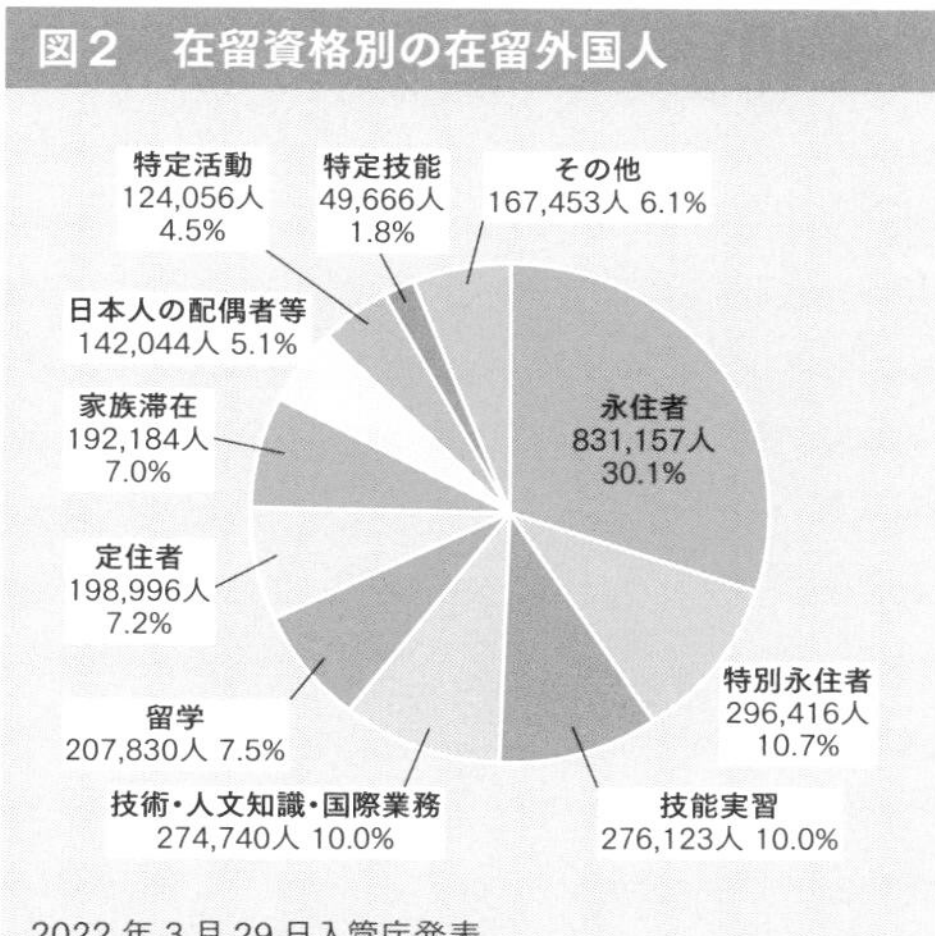

2022年3月29日入管庁発表

図3　在留資格の一覧

限定された就労が認められている在留資格
外交
公用
教授
芸術
宗教
報道
高度専門職(1号・2号)
経営・管理
法律・会計業務
医療
研究
教育
技術・人文知識・国際業務
企業内転勤
介護
興行
技能
特定技能
技能実習

就労が認められていない在留資格
文化活動
短期滞在
留学
家族滞在
研修

身分・地位にもとづく在留資格
永住者
定住者
日本人の配偶者等
永住者の配偶者等

指定された活動の内容により、就労の可否が決まる在留資格
特定活動

もので、入管法に定められており、全部で29種類あります（図3）。

ちなみに、外国人は「在留カード」を交付されますが、入管法にはいついかなる場合も在留カードを携帯しなければならないと定められています。家の前のコンビニにちょっと買い物にいく間も、です。もし不携帯の状態で外出したことが見つかったら、罰金もしくは懲役といった罰則が科せられる可能性があります。これは日本人には全く無縁のことですが、外国人にとってはきわめて重い義務になります。

2 社会福祉・社会保障の法政策と外国人

1 憲法の権利と外国人

では、ここから、社会保障と外国人をめぐる法律上の権利の問題をみていきましょう。

まず日本国憲法の保障する人権は「人類普遍の原理」（憲法前文より）であるとともに、憲法が国際協調主義の立場をとっていることを根拠として、「権利の性質上、適用可能な人権規定は、外国人に対してすべておよぶ」と解する肯定説が現在の通説です。ここまで聞くと、では、いったいどんな人権が「適用可能」なものなのか、ということが気になってくると思います。

一般的な憲法のテキストには、外国人に適用「しがたい」権利として、「入国の自由」「参政権」「社会権」の3つの権利が挙げられており、この3つの権利は外国人に対して「制限しうるもの」として記述されています。このうち本章で最も関連があるのは「社会権」なので、これに絞って話をしていきます。

2 社会権とは

社会権とは、国家に対して、主として社会的、経済的に弱い立場にいる者を保護し、実質的な平等を実現するための施策を要求する権利であり、日本国憲法の条文としては、25条の生存権、26条の教育権、27条の勤労権、28条の労働基本権の4つの権利が該当します。

(1) 塩見訴訟

外国人が社会権を保障されるべきかについてはさまざまな見解があります。まず、社会権の保障は、その人の所属する国家によって実現されるべきであり、外国が当然に保障すべきものではないとする見解があります。この立場を明確にしたのが**塩見訴訟**の最高裁判

図4　社会権の内容

社会権
生存権
勤労権
教育を受ける権利
労働基本権

決です。▼2

これは、日本で生まれ育ち、幼少期の病気で両目の視力を失った韓国籍（のちに帰化して日本国籍を取得）の塩見日出（しおみひで）さんが、障害福祉年金（現在の障害基礎年金）の受給手続をしたところ、当時は障害認定日に日本国籍を有することを要件としていたために却下されたというものです。塩見さんは、過去の国籍を理由に社会保障の権利を否定することは法の下の平等に反すると訴え、却下処分の取り消しを求めて提訴しました。

判決は、第一審、第二審、最高裁すべて原告の訴えをしりぞけました。最高裁は、「障害福祉年金は全額国庫負担の無拠出制の年金であり、立法府は支給対象者の決定について、広範な裁量権を有している」としたうえで、社会保障上の施策における外国人の処遇について、国は政治的判断により決定することができ、「限られた財源で福祉的給付を行うに当たり、自国民を在留外国人より優先的に扱うことも許される」と結論づけたのでした。つまり、社会権は外国人の所属国政府が責任を負うべき性質のものであると考え、自国民を優先して支給対象者とすることは、立法府の裁量の範囲に属する事柄であり、日本国憲法14条違反ではないと結論づけたのです。

基本的には、現在の通説判例も塩見訴訟と同じ考えに立っています。ただ他方で、同じ社会に居住し、生活者として自国民と同様の義務・負担を負っている外国人に対して同じ権利が保障されてしかるべきとの見解も徐々に広がりを見せています。日本は、1979年に**国際人権A規約**を批准しています。本規約2条2項には、社会権の保障において「内

▼2 最一小判 1989. 3.2

外人平等待遇原則」を遵守することが明記されています。

また、国籍を有する国に一度も行ったことがなく、その国の文化や言語の影響下にない人びとが現実に相当数存在するなか、もっぱら国籍至上主義に依拠し、現実に生活基盤を置いている国の社会保障制度から排除しようという姿勢は、人権上問題があるうえ、国境を越えたグローバリゼーションが加速する現実にそぐわないのでは、との批判もあります。

(2) 難民条約と国籍条項の撤廃

前述の国際人権A規約の批准、ならびに**難民条約**[▼3]の批准(1981年)をきっかけとして、日本の社会保障制度にも「内外人平等原則」の適用が求められるようになり、その動きに背中を押されるように、社会保障法各法において、法律の対象を国民に限定する「国籍条項」の撤廃が次々とおこなわれました(表1)。

ちなみに、難民条約23条は「締約国は、合法的にその領域内に滞在する難民に対し、公的扶助及び公的援助に関し、自国民に与える待遇と同一の待遇を与える」と定めています。

▼3 「難民の地位に関する条約」(1951年採択)、「難民の地位に関する議定書」(1966年採択)の2つをあわせて難民条約と呼びます。

表1　社会保障各法のなかの国籍条項

法律	国籍条項の有無	
国民年金法	なし	1982 年に撤廃
国民健康保険法	なし	1986 年に撤廃
厚生年金保険法	なし	もともと国籍条項は設けられていない
健康保険法	なし	もともと国籍条項は設けられていない
児童手当法	なし	1982 年に撤廃
児童扶養手当法	なし	1982 年に撤廃
生活保護法	あり	現在は限られた在留資格の外国人に対して準用
恩給法	あり	同法９条１項３号で、日本国籍を失ったときに失権する旨規定している
戦傷病者戦没者遺族等援護法	あり	同法附則２号で戸籍法の適用を受けない者は「当分の間」適用しないとの定めあり
原子爆弾被爆者に対する援護に関する法律	なし	もともと国籍条項は設けられていない。ただし国外に居住地を移したら失権となる旨定めた通達があった（現在は廃止されている）

3 生活保護制度と外国人

それではここで、外国人の社会権を考えるうえで最大の論点をはらむ生活保護法との関係について、少し深掘りしてみたいと思います。

1 「準用」とは

現行生活保護法1条は、その対象を「生活に困窮するすべての国民」としており、生活保護を受給できる者は日本国籍を所持する者に限定されています。しかし1950年に「生活保護法における外国人の取扱に関する件」という通知[4]が出され、外国人で「困窮の状態が現に急迫、深刻であって、これを放置することが社会的人道的にみても妥当でなく他の救済の途が全くない場合に限り、**当分の間、本法の規定を準用して保護してさしつかえない**」（強調筆者）とされました。

その後、1954年には「生活に困窮する外国人に対する生活保護の措置について」と

▼4 1950.6.18 社乙発第92号

いう通知[5]が新たに出され、「外国人は法の適用対象とならないのであるが、**当分の間、生活に困窮する外国人に対しては一般国民に対する生活保護の決定実施の取扱に準じて**左の手続により必要と認める保護を行う」（強調筆者）としました。

ここでいう「当分の間」とは、行政によれば「外国人保護に関する法的措置が確立されるまで」を意味すると解されていますが、この通知が出されて以降、外国人に対して行政措置というかたちで、生活保護法上の扱いに準じて保護費の支給を実施しています。これが、外国人への生活保護法の「**準用**」と呼ばれる内容になります。

内容自体は、適用であろうと準用だろうと関係なく一律なのですが、「法律上の権利として保障されている」か、「行政上の扱い（行政措置）として一応保護している」かが異なります。そのため準用だと、仮に生活保護申請が却下されたとしても、生活保護法9条に規定されている不服申立てをすることができず、その意味で「恩恵的」「反射的」といわれています。たとえるならば、「日本人は、家の正面玄関からどうぞお入り下さい。外国人は、正面玄関からは入れません。でも、裏口からなら入れてあげてもいいですよ」というような感じでしょうか。「入れてあげる」というといかにも上から目線で感じが悪いですが、権利か権利でないかというのは、そのくらい大きなちがいがあるということです。

国際人権規約や難民条約の批准を契機に、日本の社会保障制度にも「内外人平等原則」の適用が求められるようになり、社会保障法各法において国籍条項の撤廃がおこなわれました。しかし生活保護法については、従来から準用という形式ですが、外国人も日本人と

▼5　1954.5.8 社発第382号

同様に生活保護制度が利用できているのだから、あえて法改正をしなくていいだろうということになり、国籍条項が維持されたまま現在に至っています。国はいたって軽い気持ちでこの決定をしたような印象を受けますが、ここで生活保護法に国籍条項が維持されたことが、現在に至るまで大きく影響を及ぼすことになります。

これだけではありません。さらに1990年になると、当時の厚生省は「口頭指示」という形式で、生活保護法を準用する外国人は、入管法「別表第2」の在留資格に限定しました。[6] これにより、入管法「別表第1」に掲げる在留資格を有するすべての人、在留資格を有しない人などは、生活保護法の準用の対象からも除外されることになりました。[7] これは外国人当事者からすればきわめて重大な変更ですが、お役所の「口頭指示」だけでさくっと決まってしまうことに違和感を感じないでしょうか。

コロナ禍における例でいうと、レストランなどで働いていた「技能」の在留資格をもつ外国人が閉店により仕事を失ってしまった場合などがあります。もし日本人が同じ状況に置かれたら、ほかに取りえる手段がなければ生活保護の対象になりますが、別表第1の「技能」の在留資格の外国人の場合、生活保護の準用の対象にすらなりません。それだけでなく、失業によって在留資格も失うことになり、帰国するしかなくなってしまうのです

▼6 「永住者」「定住者」「日本人の配偶者等」「永住者の配偶者等」

▼7 これに加えて、難民認定を受けた者も対象となります。

2 大分外国人生活保護訴訟

ここで、外国人と生活保護をめぐる非常に重要な判例「大分外国人生活保護訴訟」を紹介しましょう。

まずは、事実の概要を簡単にお伝えします。原告は戦前の1932年に日本で出生し、永住者の在留資格を持つ中国籍のXさんです。Xさんは出生以来一度も中国に行ったことがありません。Xさんは夫と料理店を切り盛りしていましたが、やがて夫が体調を崩して仕事を辞めたため、それ以後はXさんの義父が所有していた駐車場の賃料収入などで生活していました。

やがて夫は認知症の症状が悪化したため入院し自宅を出ましたが、時を同じくして、夫の弟がXさんの家に引っ越してきてXさんとともに生活をするようになりました。Xさんは弟から頭を叩かれるなどの暴力を受けたり、暴言を吐かれたりしたうえ、Xさん夫婦の預金通帳や印鑑も取り上げられ、ついには家を追い出されてしまいました。

住むところがなくなり所持金もないXさんはやむなく社会的入院をすることとなりました。入院費の支払いも滞り、生活に困窮したXさんは生活保護申請をしましたが、大分市の福祉事務所は、Xさんと夫名義の預金残高が相当あることを理由に申請を却下しました。

そこでXさんは、却下処分を不服として、大分県知事に対して審査請求をしたところ、知事は、行政不服審査法上、不服申立ての対象は「処分」とされているが、外国人に対する生活保護は法律上の権利として保護されたものではないため「処分」に該当しないとして、Xさんの審査請求は不適法であり却下する旨の裁決をしました。そのためXさんは、大分市に対して、主位的に本件却下処分の取消し(取消訴訟)および保護開始の義務づけ(義務付け訴訟)を求め提訴しました。

第一審判決[8]ではXさんの訴えがすべて棄却されましたが、第二審[9]では、「一定の範囲の外国人に対して日本国民に準じた生活保護法上の待遇を与えることを認めたうえで、「永住的外国人」という表現を用いて、永住的外国人であるXさんには、この待遇を受ける法的地位があることを司法の場で初めて認定し、却下処分の取り消しを認めました。塩見訴訟以来ずっと否定されてきた外国人の社会権が動いた瞬間でした。

本件の最大の争点は、①外国人が「権利」として生活保護法に基づく受給権を有しているかどうか、そして、②生活保護の申請が却下された場合に、これに対して不服申立てや、その取消しを求める訴訟等で救済を受けることができるかという点にありました。どちらも非常に重要な論点ですが、ここでは①に絞って話したいと思います。

第二審では、①について、「権利」という言葉は用いなかったものの、「永住的外国人」には、生活保護を受ける地位が「法的に保護」されることを初めて認めました。

これに対して、最高裁がいかなる判断をくだすのか、広く注目を集めましたが、結局のところ、高裁判決を破棄し、Xさん逆転敗訴の判決を言い渡しました。[10] つまり、最高裁判決はこれまで続いてきた外国人に対する行政上の運用を踏襲したものに過ぎず、新たな論

---

[8] 大分地判 2010.10.18

[9] 福岡高判 2011.11.15

[10] 最二小判 2014.7.18

点を提示することなく、再び振り出しに戻したという感じです。

注意しなくてはならないのは、最高裁はあくまでも、外国人には「生活保護法」に基づく権利としての生活保護受給権はない、といっただけであって、以前から実施されてきた準用（行政措置としての事実上の保護）もできない、と言っているわけではありません。最高裁は、行政措置としての保護費の申請に対する却下処分に対して、それを裁判で争うことができるかどうかということについては審理対象にしていないので、まだ答えは出ていないのです。それなのに、そこを一部メディアがすっ飛ばして報道してしまったことで、世間に「この判決によって外国人は生活保護制度が利用できなくなった」「生活保護を受けている外国人はすべて違法」という誤解も広がってしまいました。

3 まとめ――これは「外国人」の問題？

原告であるXさんも、戦前から京都で生まれ育ち、国籍を持つ中国には一度も行ったことがない方です。日本人の夫とともに、戦後の貧しい日本のなかで必死に働き生きのびてきました。少子高齢化一直線の日本社会で社会問題化する高齢者への虐待や、配偶者に先立たれた後の高齢単身者の生活不安など、Xさんが経験したことは、まさに現在の日本社会全体が抱える問題そのものです。

日本に限らず、どこの国であっても、同じコミュニティで一定期間生活の基盤を置けば、多かれ少なかれその国の慣習や思考に影響を受けるでしょう。ちょっと想像してみましょう。たとえばあなたが移住して、韓国でもアメリカでもスペインでもどこでもいいですが、どこかの国で生活をして10年、20年、30年経ち、子どもや孫もできて、地域社会に根を張って暮らしていたとしましょう。それでも、「あなたは外国人だから、ここで社会保障制度をつかわないでください。困っているのなら、国に帰ったらいかがですか？」と言われたとしたら……？

社会保障制度ってなぜ存在しているのか……そんな根源的な問いを、「外国人」の立ち位置から改めて考えてみる意味は大きいかもしれません。

第16章

ジェンダー

① ジェンダー視点からみる社会保障

本章では、「**ジェンダー**」視点から社会保障を眺めてみたいと思います。ジェンダー（gender）と辞書で調べると「生物学的な性別（sex）に対し、**社会的・文化的につくられる性別**のこと」と説明されています。ジェンダーのつく言葉を思いつくままに挙げてみてください。ジェンダーフリー、ジェンダーレス、ジェンダーギャップ、ジェンダーバイア

▼1　LGBTQ
レズビアン（Lesbian）、ゲイ（Gay）、バイセクシュアル（Bisexual）、トランスジェンダー（Transgender）、クエスチョニング（Questioning）の頭文字。詳細は本章③を参照。

▼2　SOGI
Sexual Orientation and Gender Identityの頭文字。性的指向と

ス、ジェンダーアイデンティティ、トランスジェンダー……さて、みなさんはいくつ挙げられたでしょうか。

ジェンダーは、これまでは、男女の社会的・文化的役割の違いや男女間の関係性を指すものとされてきましたが、近年では、そもそも男女の二分法に収まらないグラデーションをもつ「多様な性の在り方」を含めたものとして理解されています（表1）。**LGBTQ**[1]や**SOGI**[2]といった用語も広まり、特に若年層は、同性愛や同性婚を特別視することなく、フラットに受け入れる人も多くなってきました。

しかし、こうした性の多様性が認識されるようになったのは、ごく最近の話です。社会保障制度が作られた当時は、男性と女性のほかにも多様な性が存在するといったことはまったく考慮されていませんでした。加えて、社会保障制度も、「個人単位」ではなく、男性を家長とした**家父長制**に支えられた「家」（世帯単位）を前提として組み立てられてきたものが、まだまだ多く見られます。たとえるならば、家という名の「船」が座礁することなく安全に航海ができることを最優先させる一方で、船のなかにいる乗組員の個別の権利

表1　セクシャルマイノリティ

名称	内容
ノンバイナリー	生物学上の性に関係なく、性自認や性表現において、男性・女性といった枠組みをあてはめようとしない人
クエスチョニング	自身の性が、どの枠にも属していない、もしくはわからない人
Xジェンダー	性自認を男性・女性のいずれにも限定しない人
FtM	トランスジェンダーで女性から男性への性別移行を望む人
MtF	トランスジェンダーで男性から女性への性別移行を望む人

性自認と訳されます。

保障については、あまり深く考えてこなかったということだと思います。

だから、社会保障制度についてジェンダーを通して語る際には、いまもなお「男性と比較して社会保障が脆弱な〝女性〟」のジェンダー不平等性の問題が大半を占めると言えるでしょう。それは当然のことです。

近代の日本は、明治民法により家父長制を敷いてきました。戦後の民法改正により家制度は廃止されたはずなのですが、今日においても、男性を家長と見る「家」意識にもとづく家族構造は根強く残っています。さらに戦後は、「男は外でお金を稼ぎ、女は家のなかで家事や育児、介護に従事する」というはっきりした**性別役割分業体制**がより確固たるものとなり、妻は家長たる夫が適用される社会保障制度の「傘」のなかに入れてもらうという図式が定例となっていきました。

しかし、当たり前ですが、国内外の社会情勢はどんどん変容していきます。家族のあり方や役割、大きくいえば個々の人生観も、これまでの画一的で固定化されたものから、よ

家制度

家を制度として制定したのは1898年の明治民法です。家制度の政治的な目的の一つに、天皇制の国家体制を支えることがありました。家長である戸主と家族の関係を天皇と国民の関係になぞらえたのです。天皇は国の家長である、と。こうした考えは、親孝行などを説く教育勅語などを通じて浸透していきました。戦後の民法改正で家制度は廃止されました。それなのに、いまも慣習などに「家」という意識が残っているのは、戦後改革で民主主義の徹底が不十分だったからでしょう。戦後、GHQからは家制度の廃止を求められましたが、政治家や資産家のなかには強い抵抗がありました。彼らを説得するために、ある民法学者は「制度としての家はなくなるが、家族の共同生活は存続し、家族は同じ氏を名乗る」と説明しています。氏が家と同じ役割をするから大丈夫だ、ということです。当時、ある憲法学者はこのことを見抜いて、「家破れて氏あり」と批判しました。その結果、氏は個人の呼称になったはずなのに、実態は男系の氏の継承という家制度の名残として存在し続けています。

り複雑で多様なかたちに変貌していくのは自明のことでしょう。

たとえば、第二次ベビーブームに生まれた筆者の世代では、女性が高等教育を受けることについて、まだ障壁がありました。機会の平等こそ保障されていましたが、「団塊」の世代[3]に象徴される筆者の親世代の人たちは、女性が高等教育を受けることに否定的ないし消極的であることが普通でした。その大きな理由の一つが「婚期が遅れるから」でした。実際、筆者の友人の何人かは、家族から「女の子が四年制大学に行っても意味がない」と大学進学を反対されたり、進学するとしても短大のほうが結婚市場により早く出られて「有利」だと諭されたりしていました。

女性の幸せのほとんどすべては「結婚」に左右されると信じられていた時代。「シンデレラ・コンプレックス」といった言葉も生み出されました[4]。さすがに現代はそういった考えは少なくなったでしょうが、完全に消え去ったわけではありません。これを読んでいる女性のなかには、親が自分よりも男きょうだいの教育に熱心だったという方もいらっしゃるのではないでしょうか。

こうした歴史を踏まえ、まずは「女性」に基軸をおいたジェンダー視点で社会保障制度を考えてみたいと思います[5]。

▼3 団塊世代
戦後の第一次ベビーブーム期（1947〜1949）に生まれた世代のこと。作家の堺屋太一氏の同名小説に由来しています。

▼4 米国の女性作家コレット・ダウリングが1981年に提唱した概念。彼女は、他人に面倒を見てもらいたいという潜在的願望によって、女性が「精神と創造性」とを十分に発揮できずにいる状態を「シンデレラ・コンプレックス」と表現しました。

▼5 LGBTQの社会保障については、3で取り扱います。

1 「標準世帯」はどうやって生まれた？

毎年4月は年金支給額の改定がおこなわれることをご存じでしょうか。日本年金機構のウェブサイトの「大切なお知らせ」という欄を見ると、毎年、その年度の年金支給額が発表されています。２０２２年度は、現役世代の賃金の減少などを反映し、年金支給額は前年比０・４％引き下げられました。さらに、その年に新たに受給者となる厚生年金加入者の〝標準的〟な支給額を示す「**モデル年金**」を見ると、２０２１年度は月22万４９６円、２０２２年度は９０３円減の21万９５９３円となっています（表2）。

さて、この「モデル年金」、夫が40年間厚生年金に加入して平均的な収入を得て、妻は40年間専業主婦である世帯を「**標準世帯**」としたうえで、その世帯に支給される年金額を算出したものとなっています。いやいや待てよ……。現代の日本社会で果たしてそれを「標準」と呼べるのか？　みなさんのアタマのなかにも「？」が浮かんだのではないでしょうか。

夫が働いて収入を得て、妻は専業主婦、子どもは2人の4人世帯——この構成を「標準世帯」と位置づけ、税や社会保障の給付・負担などを算出する際のモデルケースとして扱うことがしばしばあります。▼6

総務省（当時の総理府）の「家計調査」において標準世帯の調査・集計が始まったのは

表2　モデル年金

	2021年度	2022年度
国民年金 老齢基礎年金（満額）	65,075円	64,816円
厚生年金 夫婦2人分の老齢基礎年金を含む標準的な年金額	220,496円	219,593円

1960年代後半ごろとされています。ここでいう標準世帯は、「4人世帯、うち有業者1人」であることに加え、この4人の構成は「夫婦と子2人」というものでした。したがって、たとえば、有業者の父もしくは母1人と子3人といった世帯は、標準世帯とされないのです。ちなみに1974年の統計によると、「世帯人員4人、うち有業者1人」世帯が最多で、全世帯の14・56%を占めていました。当時であれば「4人世帯、うち有業者1人」を標準世帯とすることも一定の理解はできます。

そしてあえていうまでもないことですが、ここでの「有業者1人」は女性（妻）ではなく男性（夫）というパターンが主流です。当時であれば、「4人世帯、うち有業者（＝男）1人」を標準世帯とすることも一定の理解はできますが、さて現代においてはどうでしょうか？

2 もはや「標準」ではない？

しかし、時代とともに世帯構成は変化を遂げていきます。1988年の時点では、世帯数のトップは「有業者の1人世帯」に代わり、「4人世帯、うち有業者1人」のシェアは9・67%にまで低下しました。さらにその後も1人世帯の割合は上昇し続け、現在では、世帯数のトップは「無業者の1人世帯」です。「4人世帯、うち有業者1人」は世帯数で9番目の存在でしかなく、シェアは4%近くまで減少しました。また、「4人世帯」のな

▼6 たとえば、財務省「個人所得課税の実効税率の国際比較」における家族構成は、「夫婦子2人（片働き）の給与所得者」となっています。https://www.mof.go.jp/tax_policy/summary/income/028a.pdf

かでは有業者1人より「有業者2人」、すなわち「夫婦共働き世帯」のほうが多くなっています。

「標準世帯」は日本の総世帯数の5％にも満たず、もはや「標準」とは言えません。高齢者のみの世帯や単身世帯、夫婦共働きの世帯などが日本の総世帯数の相当の割合を占めています。このことは、制度改正の家計への影響を考える際に、自戒も含め、強く意識しておきたいことです。

3　「M字」「L字」そして「胃袋」

女性の働き方を象徴するものとして「**M字カーブ**」の存在は広く知られています。出産や育児を機に一度仕事をやめて、再び働き始める――上昇した労働力率が出産・育児期にあたる30代に落ち込み、再び上がる様子が「M」の字に似ていることから、M字カーブと呼ばれてきました。もっとも、近年M字カーブの〝谷間〟の部分が徐々に平坦になりつつあります（図2）。女性労働者が結婚、出産、育児でキャリアを中断することが減少傾向にあるのは確かでしょう。

図1　共働き等世帯数の年次推移

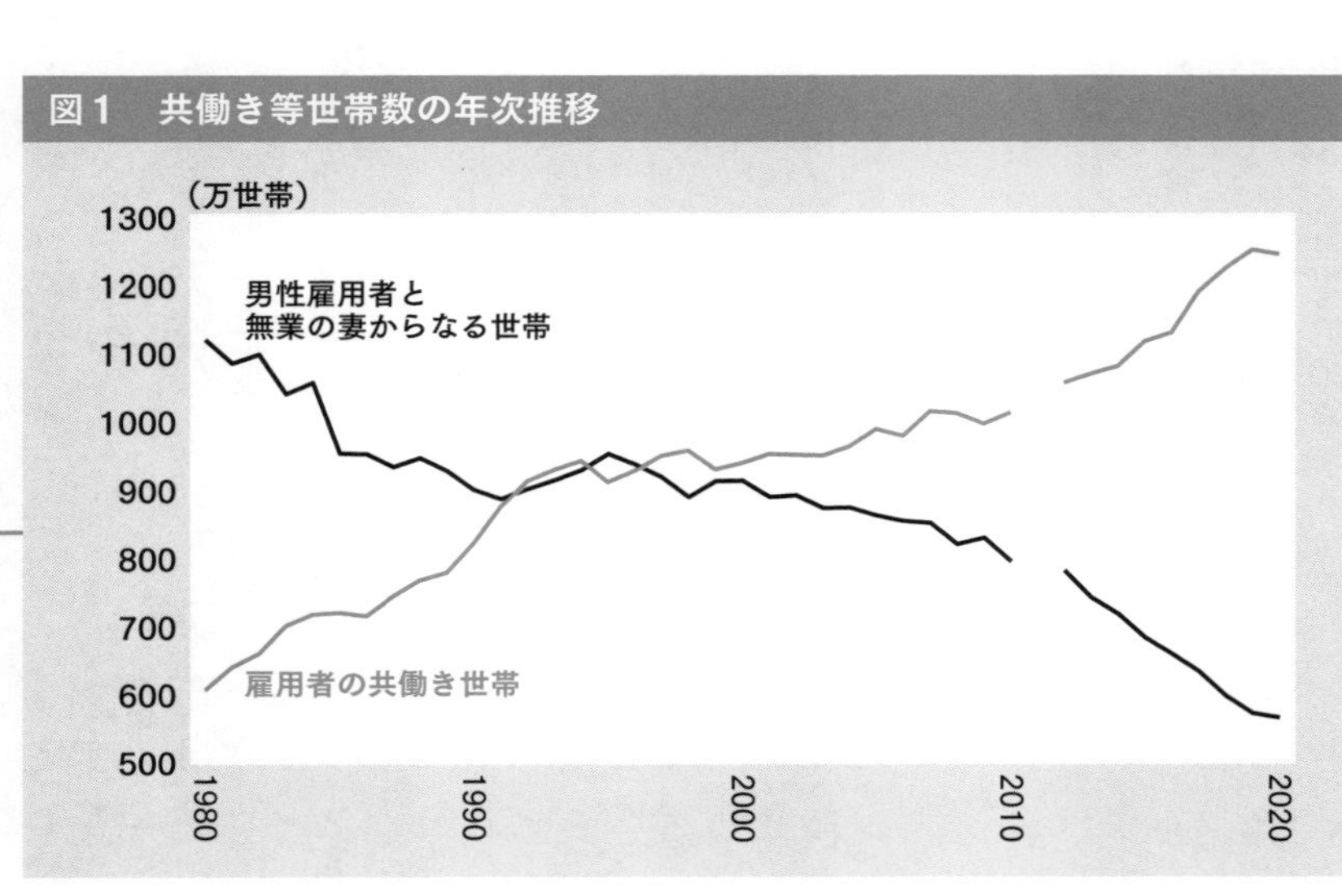

しかし、それを前進だと諸手を挙げて評価することもできない、気になる傾向があります。それが「**L字カーブ**」です。これは女性の「正規雇用」の比率の年代毎の推移を表すものです。2020年の政府文書[▼7]で初めて登場しました。女性の正規雇用率が20代後半に5割を超えてピークに達したあと、下降の一途をたどるかたちがアルファベットの「L」のようだと形容されているのです。

育児休業の拡充などもあり「M字」は解消されつつあるものの、いまだ再就職の際に正規雇用で働く女性は少なく、労働条件が相対的に低く不安定な非正規雇用「しか」残されていない現状があります。

さらにもう一つのチャートを見てください。図3は日本の非正規雇用の比率を男女別ならびに年齢階層別に表したものです。男性労働者の場合、非正規雇用の割合が多いのは若年期と高齢期で、中年期は正規雇用が主流であるのに対し、女性労働者は年齢とともに非正規労働者の割合が一貫して伸びていることがわかります。

労働経済学者の権丈英子（けんじょうえいこ）氏は、この形から「**胃袋型**」と

図2　M字カーブ・L字カーブ

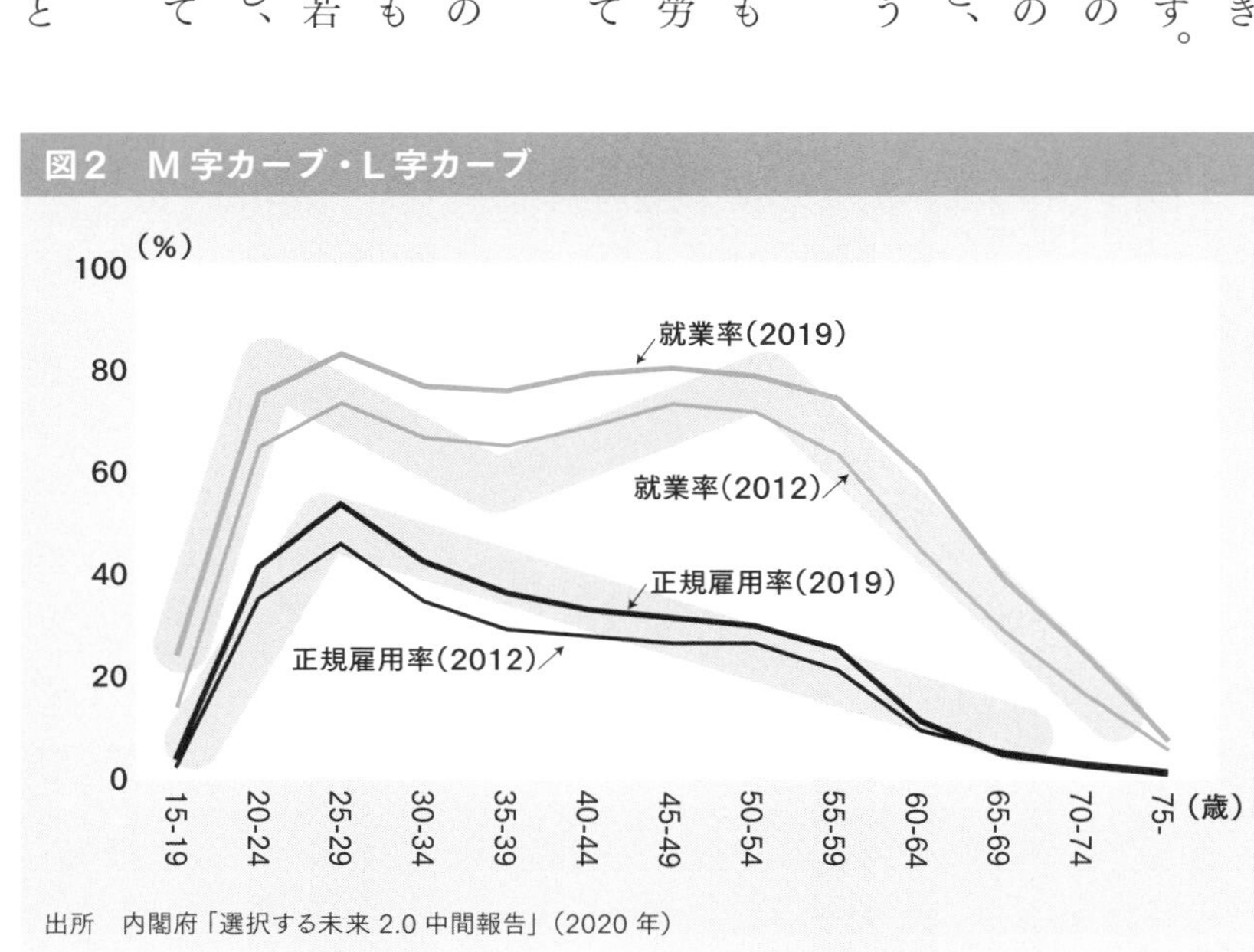

出所　内閣府「選択する未来 2.0 中間報告」（2020年）

形容しています。育児休業や保育所の整備・拡充などもあって、継続して働く女性が徐々に増える一方、いったん離職した女性が再就職を果たそうとしたとき、結果的に非正規雇用が多数を占めているという厳しい現状がうかがえます。

4 「第3号被保険者」問題

「年金」[▼8]のところで触れられている「第3号被保険者」は、対象を「女性」に限定しているわけではありませんが、実情としては、ほぼ「専業主婦」を念頭に置いて作られたものです（最近、男性が専業主夫となるパターンも出てきていますが）。

国民年金制度がスタートした1961年時点では、厚生年金が世帯単位の給付設計となっていたことを踏まえ、被用者年金の被保険者の配偶者（圧倒的多数は「妻」で「専業主婦」）については、国民年金の強制適用の対象とはせず、任意加入としていました。妻が国民年金に任意加入している場合には、夫婦2人分の水準である夫の厚生年金と妻の国民年金が支給され、世帯の所得代替率はおよそ109％でした。一方で、妻が任意

図3　年齢階層別非正規労働者の割合（男女別、2021年）

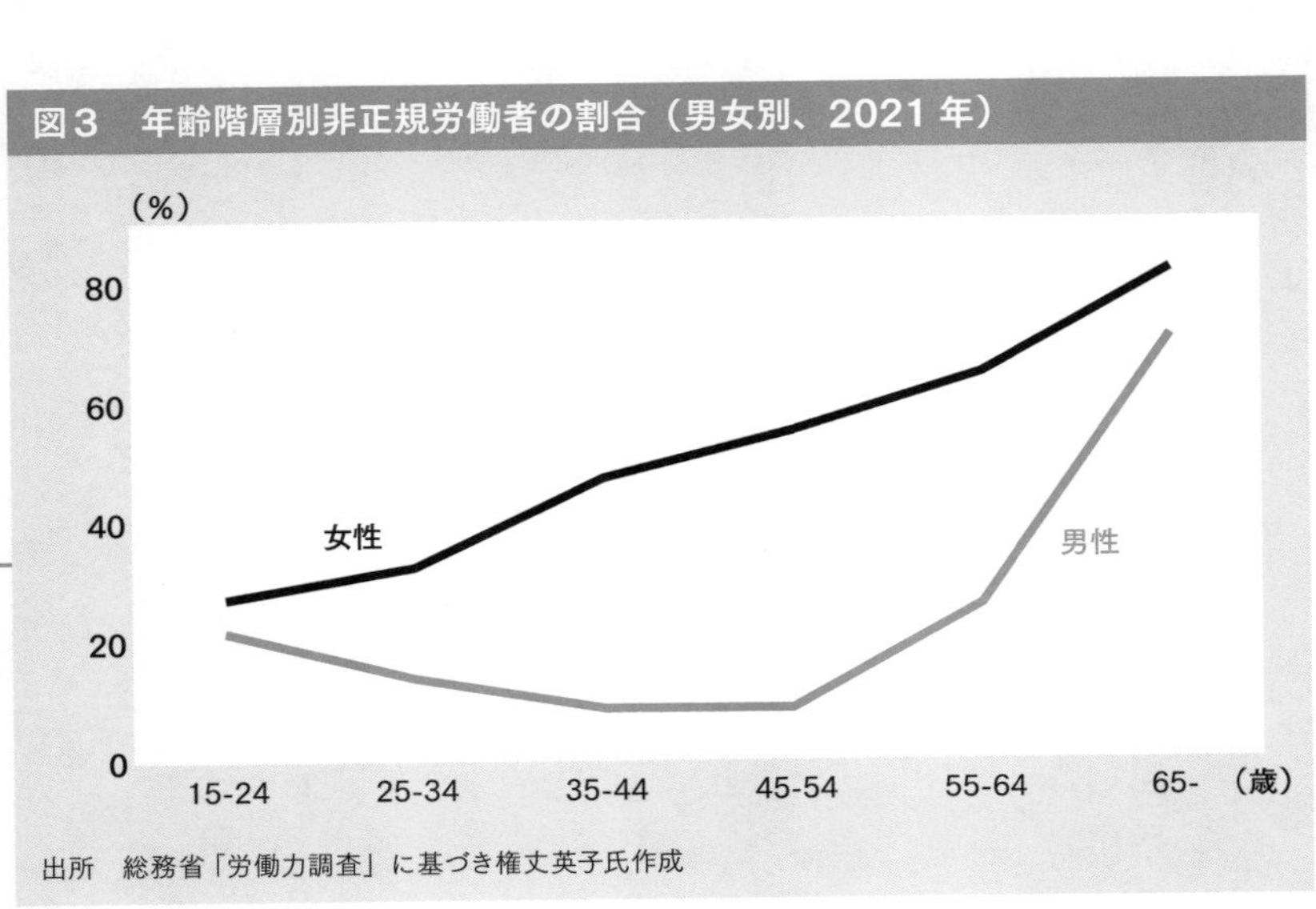

出所　総務省「労働力調査」に基づき権丈英子氏作成

加入していない場合、妻は障害になっても障害年金がもらえず、さらに離婚した場合には、妻側に年金の権利がいっさいおよばないといったシビアな状況に置かれることになりました。

そこで、1985年の国民年金法の改正により、被用者年金の被保険者（第2号被保険者）の妻も「第3号被保険者」として国民年金への加入を義務づけ、加入者一人ひとりに個人名義の「**基礎年金**」を支給することになりました。ただし、圧倒的多数を占める専業主婦には通常独自の所得がないことを考慮して、第3号被保険者の保険料負担については、医療保険と同様に個別の負担を求めず、夫の加入する被用者年金制度のなかで負担することになりました。

第3号被保険者の大多数が専業主婦と書きましたが、実は完全な専業主婦というパターンはそれほど多くありません。第3号被保険者の場合、一定の所得に収まっていれば、外で働いてもOKなので、多くの女性は、家事や育児の合間を縫って、一定の所得の範囲内で働いているものと思われます。

この「一定の所得」についてですが、基本は年130万円以内です。「**130万円の壁**」という言葉を耳にした方も多いのではないでしょうか。しかし近年は、社会保険（厚生年金＋健康保険）の対象を拡大させる動きが進んでおり、130万円の壁以外にも新たな上限が設けられています。この辺りはちょっと複雑なので、表3にまとめておきます。

第3号被保険者をめぐっては、制度発足当初から現在に至るまで激しい論争が繰り広げ

▼7　政府の有識者懇談会「選択する未来2・0」中間報告

▼8　第5章②1「国民年金」を参照。

られています。被保険者本人が保険料を負担せずに、基礎年金の給付を保障されていることへの批判、いわゆる「専業主婦優遇」に対する批判です。また、第3号被保険者制度があることで、多くの女性が就業制限をすることになり、そのことが女性全体の社会進出や地位向上を阻むことになる、といった批判もあります。さらに、同じ専業主婦でも、第1号被保険者（自営業やフリーランス）の妻であれば、第3号被保険者の対象とならず、夫と同じ第1号被保険者として保険料を夫と同額支払うことになるので、女性間で不平等、不公正が生じる制度になっているといった指摘もあります。

表3　社会保険加入の対象拡大の流れ

2016年10月	次の5要件をすべて満たした場合、社会保険に加入。 （第3号被保険者⇒第2号被保険者に変わる） （A）1週間の所定労働時間が20時間以上あること （B）1年以上雇用される見込みがあること （C）賃金月額が8万8000円（年収だと約106万円）以上あること （D）学生ではないこと （E）従業員数が501人以上の企業で働いていること
2022年10月	上記（B）と（E）の要件が次のように変更され、対象が拡大された。 （B）2ヵ月を超えて雇用される見込みがあること （E）従業員数が101人以上の企業で働いていること
2024年10月	上記（E）の要件が、次のように変更され、さらに対象が拡大される。 （E）従業員数が51人以上の企業で働いていること

2 シングルマザーの社会保障

1 ひとり親世帯とは

ひとり親とは、母親と子、あるいは、父親と子といった組み合わせからなる世帯を指し、それぞれ、**母子世帯**、**父子世帯**と呼ばれます。ひとり親は年々増加傾向にあり、2021年の厚労省のデータによれば、ひとり親は134万世帯と推計されますが、その88・9%を母子世帯が占めます。

第二次世界大戦直後は、戦争により夫を亡くした母子世帯が急増しました。しかし、社会の変化とともに、離婚率が上昇し、厚労省の報告では、離婚による母子世帯が8割を占めるまでに至りました。未婚で子どもを産むという選択肢もあります。しかし、この割合は低く推移しており1割にも達していません。

2000年代の後半から、**子どもの貧困**という言葉がさかんに言われるようになりました。政府は、**相対的貧困率**[9]という指標を用いて、それ以下で暮らす人たちを貧困状態にあ

▼9 等価可処分所得が中央値の半分の額に満たない人の割合です。ここで出てくる等価可処分所得とは、世帯の可処分所得（いわゆる手取り収入）を世帯人員の平方根で割って調整した所得のことです。

ると定義しています。

2019年の厚労省の調査によれば、日本国内で貧困状態にある子どもは7人に1人、子どもがいる世帯の13・5％とされています。そのなかでも、養育する親が一人、つまり、ひとり親の子どもたちの貧困は深刻です。先にふれた調査によれば、親が二人いる世帯の子どもの貧困率は1割程度ですが、ひとり親の子のそれは、約5割、実にひとり親の半数が貧困状態にあるということが明らかにされています。

経済的に困るひとり親に対しては、金銭的な支援が準備されています。その支援は、死別か離別か未婚化など、なぜひとり親になったかによって異なることが特徴です。

たとえば、子の親が亡くなって、ひとり親世帯となった場合は、条件を満たせば、**遺族基礎年金**が支給されます。その金額は、年間77万7800円に子ども分が加算されます[10]（2022年度実績）。また、故人が**厚生年金加入者**であった場合には遺族厚生年金があわせて支給されます。

他方で、離婚や未婚により母子世帯となった場合にも、**児童扶養手当**が支給されます。支給金額はひと月あたり、満額で4万3070円、第2子がいる場合には1万170円、第3子目以降は1人につき6100円が加算されるしくみです。ただし、この受給には厳しい所得制限があり、収入が増えるにつれ、手当が減額されるというルールがあります。なお、夫と死別したけれど、要件を満たせずに、遺族年金が受給できないといった場合には、児童扶養手当を受給することができます。

▼10 第1～2子では、1人あたり22万3800円、第3子目以降7万4600円

実は、長い間、これらの支援は、父子世帯を対象外としていました。父子世帯は数も少ないうえ、経済力もあり、金銭的な支援は不要だと考えられていたことがその背景にあったためです。しかし、父子世帯のなかにもさまざまな事情から貧困に陥っている人がいます。同じひとり親で、同じように困窮していても、男親だからという理由で支援対象から外されるというのはあまりにも理不尽です。この不平等に対して、父子世帯当事者から改善を求める声が挙がったことをきっかけに、2010年8月より、所得基準を満たせば、父子世帯も児童扶養手当が受給できるようになりました。また、2014年4月からは、妻の死亡を理由とした父子世帯についても、遺族基礎年金の受給が認められるようになりました。

2 なぜ、母子世帯は貧困なのか

なぜ、ひとり親は貧困に陥るのでしょうか。女性の労働力率が高く、男女の賃金格差が縮小傾向にある北欧諸国などでは、夫婦共働きが一般的です。よって、ひとり親では、稼ぎ手が一人となるため、二人親よりも収入面で不利となるといった実情があります。

しかし、日本では事情が違います。夫婦が揃い一方が働く片働き世帯の貧困率は1割程度に抑えられているのに対して、ひとり親の貧困率は5割です。

統計的に見て、ひとり親の貧困は母子世帯の貧困、つまりは、女性の貧困といっても過言ではありません。母子世帯数は、父子のそれを大きく上回るうえ、その平均年収は、母子は、父子より低位にあります。[11]

女性は、結婚や出産によって、仕事を辞めたり、家事や育児と両立ができるように働き方を制限したりといった傾向があります。これは、夫が外で稼ぎ、その収入で家族の生活を維持することが前提の選択なのですが、いざ離婚となったときには、この選択は女性に不利に働きます。無職だったり、育児のために働き方を制限していたりした人が、離婚後に、安定した職に就くことが難しいことは容易に想像ができます。

さらに、育児と仕事の両立が難しいという問題もあります。これについては、父子世帯も同様の問題を抱えています。保育所でカバーできない領域、たとえば、早朝出勤、残業、出張などをこなすためには、親類などに頼るか、それが難しい場合には、自分でシッターサービスを利用するほかありません。自治体も**ファミリーサポート事業**など、育児支援サービスを実施していますが、事前予約やシッターとの綿密な調整が求められるなど、必要な時にすぐに利用ができないという声が挙がっています。子どもが病気になったらどうでしょうか。**病児保育所**、**病後児保育所**などもありますが、数は絶対的に不足しています。いうまでもなく、民間サービスは高額で手が届きにくいのが現状です。

このように、育児と仕事を両立するための環境が整備されていないため、思うように働けず、保障の薄い非正規職に就き、複数の仕事を掛け持ちするなどして生計を立てる母子世帯は少なくないのです。

▼11 母子は２４３万円、父子は４２０万円。

3 母子世帯の居住の貧困

さらに母子世帯は深刻な**居住貧困**に陥る傾向が高いことが指摘されています。

持家を購入するときには、所有者、つまり、住宅の名義を決める必要があります。このとき、所得の多い夫を名義人にすることが一般的です。結婚生活のなかで、妻が家事や育児などを負担し、夫の働く環境を整えてきたのだから、「二人の住宅だ」といいたいところですが、名義人が夫になっていると、法律上の所有者は夫となってしまいます。民間賃貸住宅についても、契約者を夫にすることが多く、離婚して、母子がそこに住み続けるためには、契約者の変更をする必要があります。しかし、妻に所得がない、あるいは、低所得である場合には、不動産業者の審査に通らず、退去しなければならない可能性があります。こういった事情から、離婚によって家を失う女性と子どもは多く存在するのです。

しかし、所得が低い母子世帯が住宅を確保することは簡単ではありません。行き場に困った際には、**母子生活支援施設**▼12を利用することもできます。しかし、その数は全国に200ヶ所程度しかなく、住まいの近くに施設がないということもあります。その上、施設という場所に馴染めない親子もたくさんいます。第13章で指摘したように、住宅に困る人を支えるはずの公営住宅も供給量が絶対的に不足していて、簡単には利用ができません。生活保護の住宅扶助を利用して住宅の確保を目指すこともできますが、母子世帯は貧困であるにもかかわらず、その受給率は全体の4・6%とごくわずかです。

▼12 児童福祉法38条

結果、母子世帯の多くが、実家に戻るか、民営の借家へ転居することになります。民営の借家に入居するためには、毎月必ず家賃を支払うことができるという証明が必要です。その証明となるのが、安定した仕事と収入です。しかし、結婚しているときに働いていなかったり、育児のために働く時間を大きく減らしていたりすれば、不動産業者から「信用がない」と判断されてしまいます。たとえ、紹介してもらえても、低家賃の物件は、質が悪く、健康的とはいえない水準のものが多いのが現状です。

母子世帯からは、住宅が古くて、狭く、子どもたちが集中して勉強する空間がないという声が上がっています。概して、低質な住宅は低家賃ですが、所得の低い母子世帯にとっては負担の大きな支出になります。食費や衣類は、寄付を受けたり、節約したりできますが、家賃は毎月同じ額を納める必要があり、滞納すれば追い出されるリスクもあります。

コロナ不況では、失職や減収により、家賃が支払えず、住宅を失うという人が続出しました。母子世帯も例外なくそのあおりをうけました。民間支援団体が実施したアンケート調査では、食事の回数を減らしたり、水光熱費などの支払いを後回しにして、家賃支払いに充てたりするなど、必死で居所の喪失を防ごうとする母子世帯の姿が浮き彫りになりました。

4 足りないケアを補い合う

母子世帯が自立しようとするとき、就労と育児の両立は欠かせません。日常の家事や育児はもちろんですが、子が発熱した、けがをしたなど、不測の事態が起こると、そのつど対応が求められます。仕事で疲れた体にムチを打ち、食事の支度をし、子を風呂に入れ、学習の状況を気にかけ、一日の出来事に耳を傾けてやる。そんな過酷な生活のなかでも、生活費が足りないからと、無理を重ねてダブルワーク、トリプルワークをこなすシングルマザーは少なくありません。金銭的に余裕があれば、シッターや家事代行などのケアを買うこともできますが、所得の低い世帯にとって、それが現実的ではないことは容易に推測できます。

こういった母子世帯のケアニーズや離婚前後の住まいの確保の問題を解決しようと、2000年代の後半からシングルマザー向け**シェアハウス**が開設されています。シェアハウスとは、1住戸を非血縁関係にある複数の世帯で共有する住まい方です。

いま、日本は空き家の増加が社会問題となっています。使われなくなった空き家を複数の母子世帯でシェアすれば、低家賃で住むことができます。なかには、働く母親のニーズに寄り添おうと、夕食や育児サービスを提供したり、保育所や就労の場をセットしたりとさまざまな工夫も始まっています。ハウスの共有空間を地域に開放し、子ども食堂や無料学習塾を開催するユニークな事例もあります。こういった物件は、全国に50ヶ所ほど存在します。

低家賃で安全な環境が保障されたコミュニティがある住まいへの関心は高まっています。「シェアハウスなら下校後の子どもが一人で留守番せずにすむ」、「災害のときに母子だけだと不安」など、誰かと暮らすことへの安心を得るために、入居を決めるという人もいます。

5 住宅―家族を超えた多世代で暮らす家

東京自由が丘にあるGlendale(グレンデール)自由が丘は、2019年に開設された多世代型シェアハウスです。そこでは、母子世帯はもちろん、留学生や単身の女性や高齢者が一緒に暮らしています。

開設者は「高齢者が自分らしく、自宅に限りなく近い場所で生活できる環境が必要」と空き家を改修して事業を開始しました。日本国内には、高齢者ばかりを集めたグループホームもありますが、入居者同士だけの助け合いは難しくなります。ならば、多様な世帯と高齢者が住まうというコンセプトはどうだろうかと、企画を進めるなかで、高齢者側から「若い人が身近にいれば活気があっていいけれど、世話になるばかりでは気を遣う」という声が聞かれたといいます。その結果、高齢者には費用面を負担してもらい、若者にはできる範囲でお手伝いをしてもらう仕組みとなりました。プランによりますが、高齢者は、月に数十万円を負担する計算になります。一方、母子世帯や単身者は都心の一等地に数万円の

家賃で住むことができます。

留学生は、掃除や配膳の準備といったアルバイトができることが条件で、家賃は無料です。居住者が利用する食堂はいつも賑やかです。入居者の誕生日はもちろん、ハロウィンやクリスマスなど、居住者が待ち望むイベントとなりました。

たとえば、コロナ禍で在宅ワークが増えたというあるシングルマザーは、幼い子が騒ぐために、仕事が進まず苦労をしていました。その状況を察した別の入居者が子の面倒を買って出てくれたことで、なんとか、急場をしのぐことができたと語っていました。また、別の入居者は、シェアハウスのサービスを利用して時間を有効活用し、キャリアアップを図っていました。

世帯構造の変化や人口減少に歯止めが掛からない社会情勢のなか、独居の高齢者も急増しています。結婚を選択しない人、子どもを持たない人、そして離婚する人も増えました。これまでのよう

図4　ケアを相互に補完しあうシェアハウスのイメージ

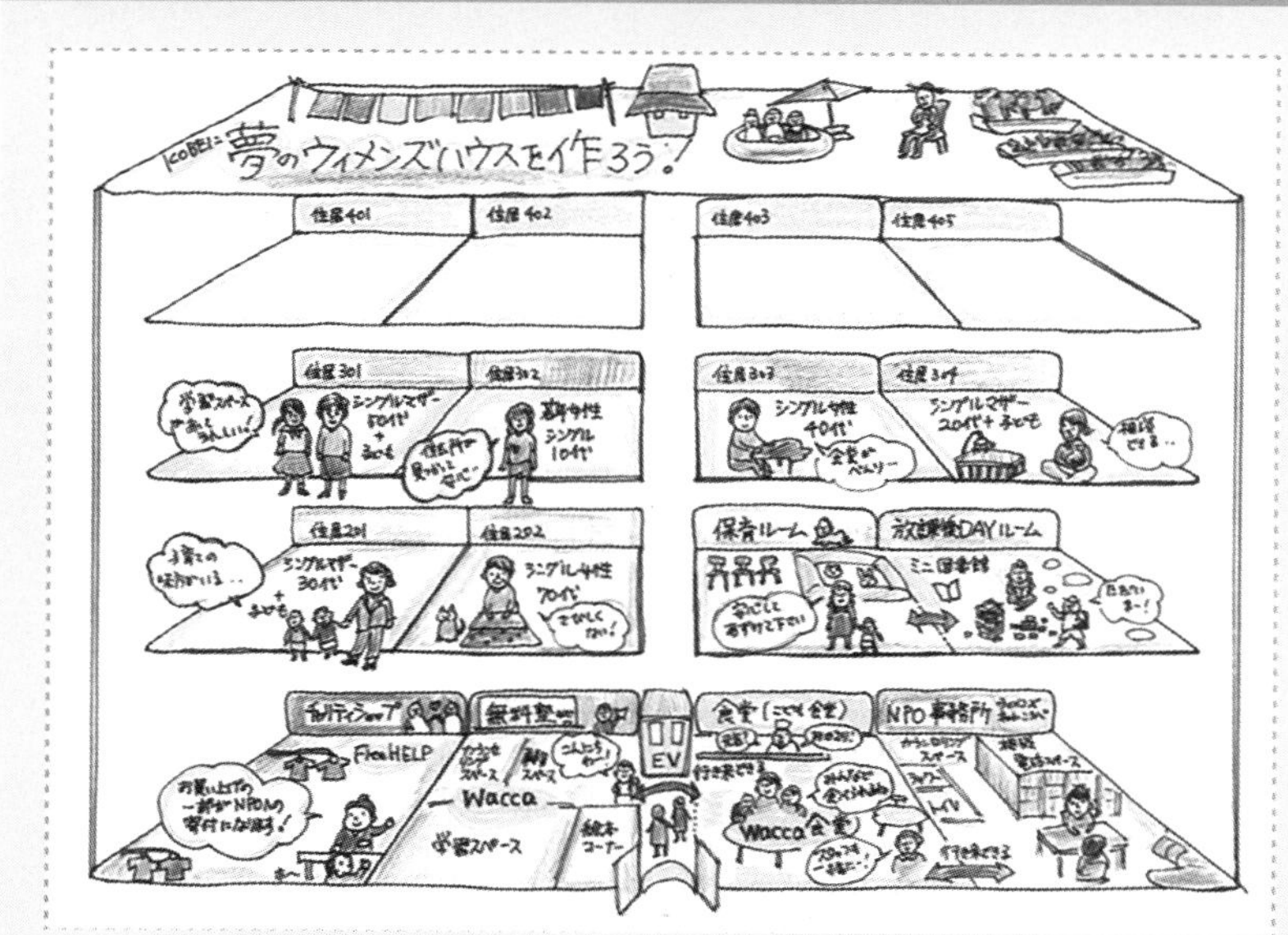

出典　NPO法人ウィメンズネットこうべ提供資料より

に、家事や育児、そして介護を婚姻や血縁関係のなかで賄うことは限界がきています。必要なケアを社会的に工面する仕組みは整備されつつありますが、それだけでは人間の生活が立ち行かなくなることは、多くの人がすでに経験していることです。

地域社会から孤立し、もがき苦しむ人も増え、誰にも気づかれずひっそり亡くなる孤独死問題も深刻化しています。８０５０問題や、ヤングケアラーなども、生じた課題を個人化し、自助努力で解決しようとすることで、さらなるゆがみをうむ典型事例だといえます。

こういった課題を解決するために、社会保障制度の充実は欠かせません。しかし、そこだけに固執するだけではなく、いまある社会通念や仕組みを再構築することも重要なことではないでしょうか。

本節で紹介した事例にように、一世帯一住宅の枠を超え、誰とどこでどのように暮らすかを自分が決める。これも、人が豊かに生き抜くための一つの手法だといえるでしょう。

図５　グレンデール自由が丘の様子

左写真：葛西撮影
右写真：https://motherport.net/fudo/1976?bk=&shu=&mid=99999&nor=99999

LGBTQの生活の困難

1　性は男女の2つだけ？

この節では、本章の冒頭でも言及したLGBTQと社会保障の関係を見ていきましょう。世界的に、男女という2つの性に当てはまらない多様な性を受容する動きが始まっています。**LGBTQ**というワードがあります。

このような、男女という区別にはおさまらない、多様な性を生きる人たちは、**性的少数者**や**セクシュアルマイノリティ**と総称されます。

異性のカップルと同じように結婚して、一つ屋根のしたで、ともに暮らしたいと願う同性カップルもいます。最近では、子を育てる同性カップルも増えました。

世界に目を向ければ**同性婚**を認める国はたくさんあります。2001年に世界で初めて同性婚を認めたのがオランダでした。その後、スペイン、カナダ、ノルウェーやスウェーデン、アルゼンチンやブラジル、そして、台湾がなど多くの国でそれが法的に認められるようになりました。しかし、日本では同性婚は法律上は認められていません。

2 結婚しなくても一緒に暮らせるよね？

結婚しなくても一緒に暮らせると考える人もいるかもしれません。実は、同性カップルが一緒に住む場所を確保することはとても難しいことなのです。民営借家を借りる際、不動産業者から、二人の関係を尋ねられ、夫婦と同等の関係だと伝えても、住宅を貸してもらえないということが多発しています。この問題の裏には、婚姻関係や血縁関係にある者が一緒に暮らすことがあたりまえで、それ以外の関係にある者がともに暮らすのは、不自然だという社会通念があるからにほかなりません。

それなら「隠れて一緒に住めばいいのではないか」と思う人もいるでしょう。しかし、不動産業者に申告せずに隠れて住むことは違法ですし、火災や災害などがあったときに、存在の証明ができないことはとても危険です。何より、隠れて暮らすことは、正当な権利を失った状態で生活していることに等しいことを忘れてはなりません。同性愛者の住宅問題は愛する人と堂々とそこに住む正

LGBTQ

Lは、レズビアンを意味し、心も体も女性として、女性を好きになる人を指します。Gは、ゲイのことで、心も体も男性として、男性を好きになる人のことです。さらに、Bのバイセクシュアルは、恋愛の対象が男性にも女性にも向く人を指します。

これらのように、身体と心の性が一致している人はシスジェンダーと呼ばれます。一方で、Tはトランスジェンダーを意味し、身体と心が一致しない人を指します。たとえば、男性として生まれたけれど、心は女性である人などがいます。

最後に、Qというのは、クエスチョニングのことで、自分自身の性や好きになる性が決められない、あるいは決めない、わからないという人がこれにあてはまります。

当な権利が保障されてこそ解決するといえるのです。

ともに暮らすために、住宅を購入するという選択をするカップルもいます。しかし、名義人が亡くなり、その人の近親者が相続を主張したために、パートナーが追い出されてしまうということは各地で起こっています。

事実、何十年も連れ添ったパートナーが亡くなり、法的な関係性がないという理由で、遺されたパートナーは病院への付き添いも許されず、葬式への出席も拒否されたというケースがありました。同性婚が導入されれば、婚姻関係が成立するわけですから、男女の夫婦と同じように、住宅を借りたり、ローンを組んで住宅を購入したりしてともに暮らし、子を育て、財産を作り、それを相続することも可能です。しかし、日本ではそれが認められていません。

日本では、同性カップルの関係を証明するための仕組みとして、自治体が独自に発行する**パートナーシップ宣誓制度**というものがあります。これを利用するためには、同性のカップルが、二人の関係を証明するために書類を整えて手続きをおこない、登録をする必要があります。しかし、全ての自治体がこの制度を実施しているわけではありません。ある自治体で登録したけど、転勤などで引っ越した先に制度がなければ、何の恩恵も受けられないということになってしまいます。

3 LGBTQは社会福祉制度が利用しにくい

LGBTQ当事者は、家庭や学校、職場などで自認する性とは異なる性を強要されること、さらには、性を理由にいじめや不当な扱いを受けた経験がある人が多いことも特徴です。その結果、メンタルヘルスの問題を抱え自殺リスクが高いことや、貧困リスクが高まるというデータもあります。

家族に自身の性を受け入れてもらえないつらさから、実家を出ることを選択する当事者もいますが、貧困やセクシュアリティを理由に住宅の確保が難しい傾向にあることが指摘されています。

その際、生活保護をはじめとする、社会保障制度を利用するためには、出生時の性別や戸籍名を記載しなくてはならず、それを苦痛に感じる人もいます。国内には、住宅を失った人のための、一時利用ができるシェルターや社会福祉施設が多数ありますが、これらはいずれも男女に区分けされており、特に、トランスジェンダー当事者には利用しにくいものになっています。また、災害時、LGBTQ当事者に対応した避難所計画はいまだなされていません。住宅が被災すれば、世帯単位で復興支援がなされますが、婚姻関係のないカップルはそこから排除されるなど、問題も山積みです。

高齢化して、介護サービスや高齢者施設への入所を検討しようとしても、セクシュアリティへの配慮のない支援環境では、当事者は常にストレスを抱えることとなります。

性の多様性を受容し、固定観念にとらわれない社会システムへの転換は、ＬＧＢＴＱのみならず、誰にとっても生きやすいはずです。
性別二元制を超え、どの性を生き、誰と生きるか。それは、私たち国民の側が決める。それを実現する社会のあり方が今後目指されるべきだと言えるでしょう。

夜職は女性の社会保障たりうるか

1 〝裏面〟からの社会保障？

さて、本章のラストは、いわゆる水商売や性風俗などの「夜職（よるしょく）」についてです。読者のみなさんは「なぜここで夜職？」と唐突なイメージを持つかもしれません。しかし「女性の仕事と社会保障」について考えるとき、いわゆる「夜職」の存在は切り離せないと筆者は考えています。

夜職は「アンダーグラウンド」な存在であり、あえて実態を明らかにしないでおくというのも一つの姿勢かもしれません。そして、闇に潜む存在であることが、業者にとっても、夜職に就く女性労働者にとっても、どちらにも「好都合」な側面があるのかもしれません。

それでも同時に、不可視化されることによって、労使双方の権利・義務意識の稀薄化、労働者に向けられる剝き出しの危険が放置されることにつながるかもしれません。さらに、労働条件や労働環境の改善を求めるといった労働者として当たり前の権利主張や、仕事中に危険が発生したときにSOSを出すことを躊躇したりすることにもつながるのではないか、といった懸念も拭い去れません。

働く者と雇う者、両当事者の力関係に圧倒的な差がある状態では、健全で公正な透明性ある労使関係を構築することはきわめて難しいと思われます。これは、夜職に限った話ではありませんが、とりわけ、闇に潜む存在になりがちな夜職業界においては、権利侵害が発生してもなかなか問題が表面化しにくい面があるのではないかと思います。

本書で夜職を女性の社会保障の観点から考えてみたいと思ったのは、一部の間で「夜職は〝裏面〟から女性への社会保障の役割を果たしている」といった声もあるからです。夜職に対置される昼職の世界に目を転じてみても、女性労働者は概して不当な扱いをされているではないか、というわけです。昼職に就く女性労働者は、男性と比べて概して低い地位に置かれ、賃金も低いまま、キャリアアップも望めない、サービス残業やハラスメントも横行している……などなど、それに比べて、夜職は、まずもってお給料が昼職では望めないほど高水準だし、面倒な採用手続もほとんどない、夜職がばれないようにアリバイ会社が準備されていたり、小さな子どもがいる女性のために託児所も完備している、などなど。だから、女性にとって夜職の意義は決して小さくない、むしろ、夜職を頑なに否定する人は、職業差別をしているのではないか、との主張があります。

夜職をどう評価するか、そして夜職はあるべきなのか、それともなくすべきなのか、こういった議論について興味は尽きませんが、ここでは、夜職を評価することが目的ではありません。ここでは、夜職の現場でどのようなことが起こっているのか、まずは現状を把握したいと思います。そのうえで、現代を生きる女性のライフコースに夜職というものがいかなる影響を及ぼしているのか、現在進行形で進められている法政策にも言及しながら、検証したいと思います。

2 女性と夜職

女性にとって「夜職」とはいかなるものでしょうか。「私には夜職しかない」と夜職の世界を渡り歩く女性もいれば、「夜職だけは絶対しない」とかたく決めている女性、または、興味があるが決心がつかず迷っている女性などなど、とらえかたはさまざまだろうと思います。夜職に対して一定の親和性のある女性と、拒否感や戸惑いのある女性、どちらも女性ですが、いずれにしても、女性にとって夜職は一定のインパクトをもつものとして存在し続けているといえます。

もちろん夜職に就いているのは女性だけではありません。しかし、夜職の労働市場の大半を占めるのは女性です。だから、女性の労働を語るときに夜職を外すことは、現実において多くの女性を捨象することにほかならないのではないでしょうか。また、それに対置するかたちで、夜職業界における顧客＝消費者の大半が男性であることは間違いありません。さらに、夜職の事業経営者も圧倒的多数が男性です。すなわち、夜職は構造的にジェンダー不均衡性をはらんでいるといえます。本章で夜職を「女性」に限定したのは、夜職がほかの業種に比較しても、ジェンダー不均衡が顕著であり、そこに問題の所在があるのではないかと考えたからです。

3　夜職の定義

まずは、ここでの「夜職」の定義を確認しておきましょう。夜職とは一般的には、キャバクラやホスト、クラブ、ニュークラブ、ラウンジ、ガールズバー、スナックなどのお店や、デリバリーヘルス（デリヘル）やソープランドなどの風俗店などの職業を合わせた呼び方です。法律用語ではないので、あくまでも筆者の理解によりますが、夜職と呼ぶからといって夜間のお仕事だけではなく、昼営業の風俗店や昼キャバ、朝キャバなども夜職に含まれます。はっきり言ってしまえば、夜職とは「水商売」と「性風俗」を合わせた呼称ということになります。

混同されることの多い夜職と水商売は、重なる部分もありますが、含む範囲が異なります。水商売はいわばお酒を提供するお店に限った呼び方で、性風俗店は含みません。それに対して夜職は、性風俗も含めて語られることが一般的です。

4 統計からみえること

性風俗に関しては、風営法が根拠規定となっていますｓ。かなり込み入った内容ですが、日本の性風俗というものの複雑さを理解していただくために、ここで警察庁生活安全局保安課が発表している「令和3年における風俗営業等の現状と風俗関係事犯の取締り状況等について」（2022年4月）をもとに、風俗営業のなかの「性風俗関連特殊営業」の届出数を紹介しておきます。過去5年間の届出数（営業所等数）は、ほぼ横ばい状態になっています（2021年末の性風俗関連特殊営業の届出数は3万2349件で、前年より283件（0・9％）増加傾向を示しています）。

性風俗関連特殊営業の届出数

❶店舗型性風俗特殊営業

店舗型性風俗特殊営業（1号（ソープランド等）、2号（店舗型ファッションヘルス等）、3号（ストリップ劇場等）、4号（モーテル・ラブホテル等）、5号（アダルトショップ等）、6号（出会い系喫茶等））は毎年減少傾向を示しています（2021年末の届出数7215件、前年より187件（2.5%）減少）。このうち最も多いのが4号(モーテル・ラブホテル等)の5042件、1号（ソープランド等）の1185件となっています。店舗型の減少に代わり、デリヘルのような無店舗型が、最近の主流になりつつあるようです。

❷無店舗型性風俗特殊営業

過去5年間の無店舗型性風俗特殊営業の届出数（事務所数）は毎年増加傾向を示しています。2021年末の届出数は2万2021件で、前年より184件（0.8%）増加しました。1号（派遣型ファッションヘルス等）と2号（アダルトビデオ等通信販売）がありますが、1号が圧倒的に多く、2万674件となっています。

この統計からも、現在の性風俗の主流は「無店舗型」であることがわかります。無店舗型の場合、見知らぬ不特定多数の人間と密室で会うことになるので、女性への危険度は自ずと高くなります。また統計に上がってこないいわゆる「パパ活」や「ギャラ飲み」といった、事業主を介さないフリーランス的な形態も多数存在することが推測できます。

5 売春防止法から困難女性支援法へ

2022年3月30日のNHK WEBのニュースで「コロナ禍で生活に困窮した女性の売春が増加した」ことが報道されました。

報道によると、「新型コロナウイルスの影響で生活に困窮した女性が都内の繁華街で売春を行うケースが増えたことなどを受け、警視庁は、取り締まりとは別に、検挙された女性を対象に自治体の生活相談窓口に同行するなどの支援を行う担当者を配置することになった」ということです。つまり、本来売春した女性を厳しく取り締まる役割を負った警察が、取り締まりだけではなく、社会福祉的な観点に立って女性たちの今後の生活をサポートすることを始めたということになります。

1956年に制定された**売春防止法**はあくまでも「売春した、あるいは売春のおそれのある女性の保護更生」という〝上から目線〟的アプローチで、これまで一度も改正されることなく続いてきました。しかし近年、居場所がなく家出した若年女性、性虐待・性的搾取の被害者、家庭関係の破綻、生活困窮などの問題が複合化、複雑化し、困難を抱える女性に対して、これまでの売春防止法で対応することはできなくなってきました。さらにそこにコロナ禍が拍車をかけるかたちとなり、支援を必要とする女性が増えているにもかかわらず、支援につながらないという実態が浮き彫りになりました。

そうしたなかで、2022年、女性の人権の尊重や多様な支援の提供などを理念として打ち出した困難女性支援法が成立しました（表4）。今後この法律をどう活かしていくか、一人ひとり考えてみましょう。

表4　困難女性支援法

第1条（目的）	この法律は、女性が日常生活又は社会生活を営むに当たり女性であることにより様々な困難な問題に直面することが多いことに鑑み、困難な問題を抱える女性の福祉の増進を図るため、困難な問題を抱える女性への支援に関する必要な事項を定めることにより、困難な問題を抱える女性への支援のための施策を推進し、もって人権が尊重され、及び女性が安心して、かつ、自立して暮らせる社会の実現に寄与することを目的とする。
第2条（定義）	この法律において「困難な問題を抱える女性」とは、性的な被害、家庭の状況、地域社会との関係性その他の様々な事情により日常生活又は社会生活を円滑に営む上で困難な問題を抱える女性（そのおそれのある女性を含む。）をいう。
第3条（基本理念）	困難な問題を抱える女性への支援のための施策は、次に掲げる事項を基本理念として行われなければならない。 一　女性の抱える問題が多様化するとともに複合化し、そのために複雑化していることを踏まえ、困難な問題を抱える女性が、それぞれの意思が尊重されながら、抱えている問題及びその背景、心身の状況等に応じた最適な支援を受けられるようにすることにより、その福祉が増進されるよう、その発見、相談、心身の健康の回復のための援助、自立して生活するための援助等の多様な支援を包括的に提供する体制を整備すること。 二　困難な問題を抱える女性への支援が、関係機関及び民間の団体の協働により、早期から切れ目なく実施されるようにすること。 三　人権の擁護を図るとともに、男女平等の実現に資することを旨とすること。

6 夜職と「自己決定」

夜職に対して、日中の仕事を俗に「昼職(ひるしょく)」と呼びますが、コロナ禍になってから、もともと昼職に就いていた女性たちが、仕事を減らされたり、解雇されたりしたことで、夜職に流れてくるといった傾向があることが報告されています。女性にとって夜職は通常、非常にハードルが高いものではないでしょうか。少なくとも筆者にとってはそうです。毎夜キラキラのドレスを着て、ヘアメイクをばっちりきめて、男性客を惹きつけるために努力しなければいけません。また、人気商売であり、容姿や年齢で常に自分に値段がつけられるシビアな世界であり、心穏やかにいられないことも多そうです。

あくまでも筆者の個人的感情ですが、同じ女性として、夜職はさまざまな意味で危険を内包するものであり、積極的にやってほしい職業ということはできません。夜職のなかでもとりわけ性風俗業は、身体の健康はもちろんのこと、プライベートゾーンを酷使するがゆえに、心の健康も大きく損なうことになると思うからです。このようにいうと、「性風俗だって立派な職業だ」「昼職だって、セクハラやパワハラ、差別など、女性蔑視ははなはだしいではないか」「女性自身が自己決定して性風俗を選んでいるのだから、それを尊重すべき」「性風俗だけを特殊視するのは職業差別だ」といった批判が飛んでくることも承知しています。

筆者自身、未成年でない限り、本人の自己決定が全てとの立場であることはいうまでもありません。しかし、自己決定という際には、女性を取り巻く労働環境が、果たして自己決定が可能なほどにフェアなものとなっているのか、をまず考えてみる必要があるのではないでしょうか。

たとえば、昼職のなかに、女性が自立して生活していけるだけの労働環境がどの程度備わっているのか、たとえば、小さな子どもを抱える女性が、家庭と仕事を両立して働ける労働環境がどの程度整備されているのか、たとえば、物心ついた頃から、親の暴力や虐待に苦しみ、満足に教育を受ける機会を得られなかった女性が、後からちゃんと教育支援や生活支援を受けて、安定した仕事につけるだけの労働環境がどの程度あるのか……。

子どもの頃から何一つ心配のない、裕福で温かい家庭に育ち、十分な教育を受ける機会に恵まれた女性でなければ、いざ自己決定しようにも、そこで提示されうる選択肢は極めて狭いものです。そして、性風俗業を自ら「選択」したという女性のほとんど全ては、「自己決定」という名のもとに、実は、その段階で、性風俗業しか選択しえない状況に置かれているのだと思うのです。

人間の身体と心は分かち難くつながっている……。プライベートゾーンである自らの性器を一つの商売道具と割り切って、報酬を得るために、1日に何回その商売道具を使って効率よく稼ぐべきか……、そうした発想で仕事をするためには、自分の心に麻酔をかけて麻痺させなければ、とてもやっていけないように思います。「麻酔」と称して、違法薬物やオーバードーズに走る女性を筆者は複数知っています。ここまでしないとできないような仕事が存在し、それが女性の労働市場のなかで昼職では得られない高報酬が設定されている現実は、やはり何かがおかしい、と思わざるをえません。

夜職には、無論物理的な危険も伴います。2021年には、30代のデリヘルで働く女性が、東京都立川市のラブホテルの部屋のなかで客の男に刃物で70か所以上刺され死亡する事件が起こりました。2022年にも、池袋で売春を持ちかけた20代の女性が、金銭トラブルで客の80代の男性をカッターナイフで刺して殺害する事件が起こりました。前者は女性が被害者、後者は加害者になった事件ですが、見知らぬ男性と密室で二人きりになるということ自体、想像を絶する状況です。

7　さいごに

ここまで、「女性」と「夜職」について見てきました。筆者の予想以上に、夜職の世界はジェンダー不均衡性が固定化していることを改めて実感しています。だからこそ、困難女性支援法が作られたのでしょう。もちろん、大変なのは女性だけではありません。しかしながら、女性であるがゆえの生きづらさは確実にあるのだと思います。その生きづらさは、労働政策や社会保障政策の不備も理由の一つでしょうが、それだけではなく、現代の社会が女性を絶えず「値踏み」し、「商品化」し、とことん消費し尽そうとする逃れ難き視線がある気がしてなりません。そんな視線から逃れることができず取り込まれ、がんじがらめになってもがき苦しむ女性。そこから自由になるためには、何が必要でしょうか。いまのところ、社会保障や社会福祉の公序の力よりも、夜職の業者のほうが、もがき苦しむ女性を掬い上げる力をもっていることを直視しなければならないのかもしれません。

第5部のおわりに

コロナ禍や物価高が続くなかで「困っている子どもを支えたい」と思う人もいるでしょうが、実際にはこのようになかなか難しい面も。もちろん「やらないよりいいではないか」との反論もあるでしょうが、そもそも行政機関がやるべきことを民間の善意にやらせているのでは？との批判も。

外国人の社会保障は、近年は「日本の社会保障はこんなに大変なのに、外国人の面倒まで見られない」といった考え方も高まっています。その点への反論は本文でも触れられていますが、一方では「自分たちもこんなに大変なのに、なぜアイツらばかり？」という、弱者やマイノリティへの反発とみることもできます。そうした反発を「そんな差別的思想は許されない！」「思いやりや理解が足りない」と切り捨てるのは簡単ですが、なぜそういった反発が起きてしまうのか、それに対してどう向き合っていくのかも、実はあわせて考える必要があるかもしれません。

COLUMN 5

生理の貧困

コロナ禍は人々の日常生活を大きく変貌させましたが、それにより実にさまざまなことが可視化されるようになりました。「女性の貧困」はなかでも代表的な一つと言えるでしょう。コロナ禍以前から存在していた「生理の貧困」問題も、コロナ禍以降、急速に注目を集めるようになりました。

生理の貧困とは、経済的な理由などから生理用品を入手することが困難な状態にあることを指しますが、その背景には、単なる経済的理由に留まらない問題が横たわっています。たとえば、親との関係が良好ではない場合、生理についての知識を得る機会に恵まれない、などといったことも往々にしてあります。

一つのエピソードをご紹介しましょう。父親と2人暮らしの10代女性Hさんは、幼いころから父親との折り合いが悪く、家賃や光熱費は自分のバイト代で賄ってきました。Hさんは一度だけ、父親に生理用品が買えないほど困っていることを話しましたが、まったく取り合ってもらえなかったそうです。

私自身50代の人間として、これまで「貧困」研究を進めてきた身でありながら、「生理」について〝社会的〟に考えたことは一度もありませんでした。やはりどこかで、生理については、女性が個別に考えるべきことであり、表立って口にすることが憚られると感じていたのだと思います。

しかしコロナ禍が後押しをするように、世界中から「生理の貧困」を訴える声が上がりました。たとえば、アメリカでは、40の州で生活必需品が非課税であるにもかかわらず、生理用品がぜいたく品と同じ扱いをされて課税対象となっていることに疑問に感じた若い女性たちがSNSで問題提起をしたところ、予想以上の反響があり、課税対象から外されることになりました。またフランスやニュージーランドでは学校での生理用品の無償配布を決定するなど、生理の貧困をめぐる各国の動きが徐々に活発になってきました。

私は2021年度、相模原市社会福祉協議会の「女性のつながりサポート事業」に携わりました。これは、長引くコロナ禍の影響で、社会とのつながりが薄くなり不安を抱える女性や、制度の狭間に落ち込んでしまっている女性を対象に生理用品や日用品の配布をおこなうとともに、潜在的に支援が必要な女性を掘り起こすことを目的とするものでした。1万個の生理用品を準備しましたが、あっという間になくなりました。私の勤務先の女子大でも、来年度から生理用品をトイレに備え付けることが決まりました（もちろん無償）。ちなみに、神奈川県内の全ての公立高校では、すでに生理用品が常備されています。このように、生理の貧困をめぐる状況は、いま大きく変わろうとしています。

生理の貧困の問題により、1960年代のフェミニズム運動の「個人的なことは政治的なこと」というスローガンをあらためて思い起こしました。おかしいと思ったことがあれば、まずはみんなでとことん話し合うこと、そしてあきらめずに声を上げることの大切さを教わった気がします。

（奥貫）

おわりに

　啓蟄を過ぎ、冬ごもりしていた虫たちが春の陽気に誘われ始めました。本書が世に出るまであと数週間となりました。タイトル「生きのびるための社会保障入門」が決定するまで、編者、出版社の人たちと議論に議論を重ね、悩みに悩みました。結果、当初のタイトル案から全く異なるものになりましたが、とても満足しています。

　本書を作るにあたり、編者4名の共通する思いは、これからの社会の主役となる若い世代の人たちに、社会保障という学問分野を「じぶんごと」としてリアルに考えていただきたいということでした。〝生きのびる〟と聞くと、限られた資源を他人と競い合い、他人を蹴落として自分だけ生き残るといったサバゲーのようなイメージをもつ人がいるかもしれません。しかし本書はむしろその逆で、「みんなで」生きのびるために、社会保障制度がどうあるべきか、「みんなで」考え議論するための一つのネタとして活用してほしいという願いのもとで企画しました。

　先人たちが社会保障という理念を築き、具体的な制度を作り上げてきたのは、弱い人がかわいそうで手を差し伸べてあげたい……といった慈善の気持ちだけではありません。むしろ、ある意味クールで透徹した視点に立ち、持続的で安定的な社会を志向することはすべての人に利益となる、貴重な財産になると考えたからではないでしょうか。目先の「得か損か？」といった点だけで語られがちな社会保障ですが、少し視野を広げて考えてみることで、新たに見えてくるもの、気づくことがあると思います。

　本書には、社会福祉士や看護師などの国家試験に頻出の重要ポイントを盛り込みました。国家試験の科目の一つである「社会保障」は多くの人が苦手意識をもちますが、本書ではなるべく分かりやすい叙述を心がけました。

　本書の出版に際して「沖縄大学出版助成金」の補助を受けました。イラストレーターの成瀬優美さんは、あっちいったりこっちいったりしがちな編者の意図を正確に汲み取り、絶妙なイラストと漫画に仕上げてくださいました。堀之内出版の鈴木陽介氏は、魂のこもった懇切丁寧な編集作業と適切なアドバイスをいただきました。一人欠けても本書の誕生はありませんでした。編者を代表して、厚く御礼申し上げます。

２０２３年３月　編者を代表して　奥貫妃文

な

は

索引

索引

プロフィール

春田 吉備彦　はるた きびひこ

沖縄大学経法商学部経法商学科教授

担当　はじめに／1章⑦／7章／コラム③

コレにハマり中　全国各地の米軍基地めぐり。米軍基地は日本の中のアメリカです。フェンスの境界線では、未解決な様々な法律問題があります。地域によって、地域住民の米軍基地に抱く感情にも、様々なものがあり、話を聞くのは楽しいです。

読者へひとこと　社会保障(法)は、法律のジャンルの中でも、最も複雑で難解です。それをどこまで、この本が読み解いているのか、ご確認いただけるとうれしいです。

奥貫 妃文　おくぬき ひふみ

相模女子大学人間社会学部社会マネジメント学科准教授

担当　2章①②／3章／11章／15章／16章①④／コラム⑤／おわりに

コレにハマり中　日本各地の牛乳瓶の蒐集。廃業や紙パックへの移行が物凄い勢いで進んでいて寂しいかぎり。時間との闘いです。

読者へひとこと　家族、ジェンダー、民族…あらゆる規範が揺らぐ不確実な時代ですが、揺らがないこともあります。人は一人で生きていくことはできないこと、そして、誰もが平等に年を取ることです。社会保障は、まさにこの2点を出発点とした学問です。本書を通して私たちとともに考えましょう。

河合 塁　かわい るい

岩手大学人文社会科学部准教授

担当　はじめに／1章①～⑥／2章③④／4章／5章／6章／12章①／コラム①

コレにハマり中　ふらふらと一人で温泉巡り。廃墟。ギャップ萌え。猫グッズ(最近は現場猫と仕事猫にはまってます。いつか教科書作成とかでコラボできないかな笑)。

読者へひとこと　年金などは特にそうですが、将来不安を煽るだけの根拠のない噂に、研究者ですら惑わされていることが少なくありません。社会保障は、政府の言い分の鵜呑みではなく、また「あてにならない」と思考停止するでもなく、多角的に「正しく恐れる」ことが大事です。

今野 晴貴 こんの はるき

NPO法人POSSE代表／駒澤大学経済学部・聖学院大学政治経済学部非常勤講師

担当 12章②〜④／14章／コラム④

コレにハマり中 講演先の郷土資料館に行くのが楽しみです。特に、古代や中世の人々が、何を食べて何を着て、どんなところに住んでいたのか知るのがとても面白いです。

読者へひとこと 昨今の金融危機や戦争、そして急激なインフレの中で、以前よりも社会の不安定性が明白になっています。ほうっておいても経済がうまくいって将来が見通せると思っている人はあまりいないでしょう。社会保障制度は、不安定な時代だからこそ、学んでいく必要があると言えます。

佐々木 達也 ささき たつや

名古屋学院大学法学部専任講師

担当 8章

コレにハマり中 ランニング。2年半ほど前からできる限り毎日、走る時間を作るようにしています。心身に良い効果があるだけでなく、同じコースでも季節によって違う景色を見られるのも楽しみの一つです。

読者へひとこと 社会保障は雇用や税制、家族政策など広範な領域と密接に関連しています。本書をきっかけに読者の皆さまが隣接領域にも興味をもって、「誰もが安心して生活できる社会」について考えを深めていただければ幸いです。

井村 真己 いむら まさき

追手門学院大学教授

担当 9章

コレにハマり中 十数年ぶりにスキーを始めました。昔取った杵柄というよりは年寄りの冷や水という方が近そうですが、斜面を無心に滑走するのはとても楽しいですね。

読者へひとこと 私たちの生活上のすべてのリスクについて、国家が何かしらの保障（給付）をしてくれるのが理想ですが、現実には難しいので優先順位をつけざるを得ません。どのようなリスクへの保障が行われているかについての理解を深める上で、この本がその一助となれば幸いです。

藤田 孝典 ふじた たかのり

NPO法人ほっとプラス理事／聖学院大学客員准教授

担当 10章

コレにハマり中 サウナ。ストレス発散と体調管理のため毎月数回サウナに通っています。サウナは温度や湿度で発汗量が違うため、サウナ管理者の腕前が優れていると「プロだ」と感心します。

読者へひとこと 生活保護は社会保障制度の根幹、基準と言ってもいいにもかかわらず、世間で非常に誤解や偏見が多く、間違った報道も多々見受けられる制度です。本書を通じて少しでも正しい情報を得ていただければ幸いです。

葛西 リサ くずにし りさ

追手門学院大学地域創造学部准教授

担当 13章／16章②③

コレにハマり中 布団に入って、サブスクで好みの映画を見ながら寝落ちすることです。沼にハマると、抜け出せず、寝不足になることもしばしば。

読者へひとこと 住まいを失ったり、低質な住宅にしか住めなかったりということは、それに直面する人の責任ではなく、社会の側の責任である。これが本書を通じて広がってくれることを期待します。

松﨑 吉之助 まつざき きちのすけ

相模女子大学人間社会学部社会マネジメント学科准教授

担当 コラム②

生きのびるための社会保障入門

2023年3月31日　第1刷発行

編者　春田吉備彦・奥貫妃文
河合塁・今野晴貴

発行　堀之内出版
〒192-0355
東京都八王子市堀之内3-10-12
フォーリア23　206
Tel：042-682-4350
Fax：03-6856-3497

装丁・本文デザイン　成原亜美
イラスト　成瀬優美
印刷　中央精版印刷株式会社

ISBN978-4-909237-90-3